INHALT

VORWORT
KEIN LEICHTER ABSCHIED

Wir stehen vor der Schule und warten. Die ersten Kinder strömen schon heraus. Sie tragen große Kopfhörer, einige haben Skateboards, die Älteren sind modisch gekleidet. Meine Söhne Leo und Quinn sind neun und sieben Jahre alt. Mich selbst hat niemand mehr abgeholt in dem Alter. Wir leben im Stadtviertel Prenzlauer Berg, in dem gut gebildete Eltern die Herrschaft übernommen haben. Die digitale Boheme holt ihre Kinder eben ab. Gut für mich, ich mag das Plaudern mit den anderen Erwachsenen und habe heute eine Nachricht mitgebracht: Wir ziehen um! Nach Neukölln! In den sicher schwierigen, aber auch aufregendsten Stadtteil Berlins. Damit kann ich auftrumpfen. Dachte ich.

Carl kommt mir entgegen, Chefredakteur einer Zeitschrift. Und Peter, der Fotograf. Und Hannes, der teure Kaffeemaschinen an die Cafés der Gegend verkauft. Keiner reagiert, wie ich gehofft hatte. »Das könnt ihr nicht machen, nicht mit Kindern!« – »Überleg dir das noch mal. Idealismus in Ehren, aber es geht hier um deine Familie.« – »Ja, ja, das ist der verdammte Berliner Mietwucher. Jetzt müsst ihr Armen nach Neukölln gehen.«

Ich gehe ins Schulgebäude, drinnen wird alles noch schlimmer. Die Lehrerin, die unseren großen Sohn nach einer sehr modernen, freien Methode durch die ersten Schuljahre gebracht hat, ignoriert meine Ankündigung, dass wir gehen müssen, zunächst und sagt nur: »Nein, nein, das wäre nicht gut für ihn.«

Später wird auch noch unsere Kinderärztin skeptisch lächeln und sagen: »Oha, mitten rein in die Szene.« Meine Begeisterung sollte auch meine eigenen Befürchtungen überdecken. Das ist gehörig misslungen.

Trotzdem bin ich kurz vor dem Umzug erst einmal erleichtert. Leo gefällt die Wohnung. Wir stehen auf der Besichtigung mit zwanzig anderen. Ein paar Frauen mit Kopftuch sind da, ein paar Studenten, die eine WG gründen wollen. Aber auch ein Single um die vierzig, der diese Wohnung ganz allein möchte, in die wir zu fünft einziehen wollen. Mein Sohn gibt sein Okay, und das war uns wichtig. Auf der Straße vor der Tür reden wir noch mit einem anderen Paar, das zwei Kinder hat. Die Frau, eine Koreanerin, hat schon Erfahrungen mit Neukölln. »Dort hinten«, sagt sie und zeigt die Straße, in der ich bald wohnen soll, entlang, »habe ich zum ersten Mal gesehen, wie eine Frau mitten am Vormittag einfach auf den Gehweg gekackt hat. Die sah auch noch relativ normal aus.« Ich packe meinen Sohn an der Hand und ziehe ihn schnell weg.

Wir bekommen den Mietvertrag, ein zwei Jahre währendes Drama Wohnungssuche findet sein Ende. Und als wir kurz darauf also wirklich nach Neukölln ziehen, hören wir von Nachbarn: »Wie ungewöhnlich, ihr *kommt* hierher?« Normalerweise gehen die Eltern in eurem Alter. Sie kommen als Studenten, führen hier ihr Single-Leben, Ausgehen kann man ja auch gut. Dann bekommen sie Kinder, und bevor die ins Schulalter kommen, ist die Familie schnell weg – drüben in Schöneberg oder Treptow. Bloß nicht Neukölln.

Dabei haben wir es in Prenzlauer Berg, wo unsere drei Kinder geboren wurden, nicht mehr ausgehalten. Der Modell-Stadtteil der jungen Bourgeoisie, für den das Wort »Bionade-Biedermeier« erfunden wurde, hat es sich dort etwas zu hübsch eingerichtet.

Irgendwann war die aufregende Untergrund-Kultur weg, wegen der man dort lebte, die Mieten zu teuer und die Clubs von lärmempfindlichen Nachbarn weggeklagt. Das bürgerliche Cocooning hatte gesiegt und ein Idyll aus teuren Kochschulen, Privatkitas und Geschäften für besondere Olivenöle geschaffen.

Gegangen sind wir aber trotzdem erst unter dem Druck der teuren Mieten. Wo der Quadratmeter mittlerweile fünfzehn Euro kalt kostet, findet man als mittelprächtig verdienende fünfköpfige Familie keinen Wohnraum mehr. Dabei waren wir eine richtige Vorzeigefamilie für Berlin-Prenzlauer Berg: Nach den zwei Jungs haben wir – meine Frau Julia und ich – noch eine Tochter bekommen, Maja ist jetzt zwei Jahre alt. Wie die meisten im Viertel wählten wir Grün, hatten Apple-Computer und hohe Ideale. Ich engagierte mich an Schule und Kita auch nachmittags noch, ich habe für kleine Jungs Klavier gespielt, mit anderen Eltern über Vegetarismus und Playstation-Konsum diskutiert. Ich habe mich für die neue Spielstraße in unserem Viertel eingesetzt, ich ging zum Yoga. Ich bin die linksliberale Moderne. Und dann bin ich nach Neukölln gezogen. Nur zehn Kilometer entfernt, wirkt der Stadtteil wie ein anderer Planet. Eine Gegend, die schon die »Bronx Berlins« genannt wurde oder »Deutschlands härtestes Pflaster« oder schlicht »Hölle«. Wir sind in ein sogenanntes Problemviertel gegangen. Mit Kindern. Dort sind manche Träume von früher dann ziemlich schnell zerplatzt.

Der nördlichste Zipfel dieses Stadtteils ist zwar schon gentrifiziert, mithilfe von Cafés und Loft-Wohnungen relativ bürgerlich ruhiggestellt, aber eben nur der. Die Kunst- und Kulturszene trifft auf harte soziale Verhältnisse und herbe Kriminalität. Romane werden über Neukölln geschrieben, Filme kommen ins Kino. Aber in der allgemeinen Wahrnehmung bleibt der Stadtteil der Problemkiez schlechthin. Bis zu 90 Prozent sind (je nach Gegend) arm. Spätestens seit dem sogenannten Brandbrief-Skandal an der Rütli-Schule 2006, als die Lehrer öffentlich vor dem Unwillen und der Gewalt ihrer Schüler kapitulierten, ist Neukölln ein Reizwort, das die ganze Republik elektrisiert. Heinz Buschkowsky, der frühere Bezirksbürgermeister, landete einen Bestseller mit dem Buch *Neukölln ist überall*, ging durch alle Talkshows und machte den Namen seines Stadtteils zum Symbol für soziale Probleme und angeblich scheiternde Integration.

Im Winter 2015 ist es wieder passiert: Auf einer Pegida-Demonstration am 11. November wird ein Rentner von *Spiegel Online* vor der Kamera befragt. Er sagt: »Ich habe Angst, dass meine Enkel mal an die Schule kommen, und die haben dasselbe Problem wie zum Beispiel in Neukölln.« Die Reporterin fragt nach zum Thema Islamisierung, er erwidert: »Dass wir im Endeffekt als Christen nicht mehr das Abendland beherrschen und dass wir von anderen Leuten übertüncht werden und dass wir nichts mehr zu sagen haben.« Aber ob man hier tatsächlich »übertüncht« wird, möchte ich herausfinden.

Eine Zeitung nannte Neukölln den »schmuddeligen Hinterhof der Stadt«. Keines der zurzeit zwanzig Berliner Sterne-Restaurants (ein oder zwei Sterne im *Guide Michelin*) befindet sich in Neukölln. Bizarrerweise gibt es hier dennoch die heftigsten Mietsteigerungen Berlins.

Der Stadtteil ist ein Labor für das, was Deutschland sein kann – mit allen schönen und hässlichen Seiten. Auf den Straßen liegen Müll und Hundekot, manchmal hört man von nächtlichen Gang-Schlägereien. Ein Drittel der Menschen lebt von Hartz IV. Gleichzeitig sind die Szene und das Nachtleben hier so interessant wie sonst nirgendwo, das Leben ist nirgends so urban, Multikulti ist oft wunderbar intakt. Hier sind türkische Mädchen mit Kopftuch die Klassenbesten. Amerikanische Künstler betreiben die Bars. Ungarische Juden organisieren in Moscheen Infoabende. In Neukölln ist Deutschland schon ein Einwanderungsland. Und man kann hier auch sehen, was das bedeuten kann.

Neukölln hat 325 000 Einwohner. Würde man es in eine Liste der deutschen Großstädte einreihen, käme es auf Platz 19. Es ist größer als Bonn, Münster oder Karlsruhe. Seltsamerweise hat die Gegend eine Geschichte, als gefährlich wahrgenommen zu werden. Sie hieß früher Rixdorf und wurde 1912 in »Neukölln« umbenannt, auch weil der alte Name stark mit Kriminalität und Sittenverfall assoziiert war. Heute ist Rixdorf der schicke und bürgerliche Teil von Neukölln, vor allem der Richardplatz. Hier hat der Sänger Frank Zander seine Kunstgalerie, und die Restaurants servieren deutsche Küche, die Verhältnisse von einst haben sich umgekehrt. Allerdings nicht so weit, als dass die Mittelschicht ihre Kinder auf die Grundschule am Platz schicken würde. Ein Bekannter, der hier wohnt, hat mit Nachbarn zum Beispiel eine Fahrgemeinschaft gegründet, um die Kinder jeden Tag tief in den Süden Neuköllns zu fahren, zu einer acht Kilometer entfernten Schule.

In Nord-Neukölln, dem ursprünglichen Neukölln, der Gegend innerhalb des Berliner S-Bahn-Rings, die man eigentlich meint, wenn man von Neukölln spricht, sind knapp mehr als die Hälfte der Einwohner Migranten. Als Deutscher bin ich in meinem Kiez in der Minderheit – jedenfalls rechnerisch. Über das Gefühl sagt das noch gar nichts.

Vieles, worauf deutsche Stammtische und Medien besorgt oder belustigt reagieren, ist in Neukölln Wirklichkeit. Der »Härtetest« meiner Familie, mitten in diese Gegend zu ziehen, wird zeigen: Es ist aufregender hier, irgendwie lebensnäher, auch anstrengender. »Keine Angst, hier gibt's auch Deutsche!« Diesen Satz sagte eine Erzieherin zu uns, als wir eine Hortgruppe für unsere Kinder suchten. Als wir sie konsterniert anschauten, setzte sie noch nach: »Und die meisten können auch mit Messer und Gabel essen.« Das war nicht zynisch oder despektierlich gemeint. Sie ist selbst »nur halb deutsch«, wie sie es nennt. Aber sie ist einfach schon lange hier und hat gelernt, Klartext zu sprechen. Was man im »Problemviertel« lernen kann und muss, darum geht es in diesem Buch.

ERSCHRECKENDES

AUF DEN UMZUG
FOLGT DER SCHOCK

Oder: Wo sind wir denn hier gelandet, Papa? Wie ich meinen Kindern erklären musste, warum diese Gegend so seltsam ist.

Am Ende unserer ersten Woche in Neukölln schaut mein Sohn mich mit großen Augen an. »Papa«, fragt er, »in was für eine Gegend sind wir hier eigentlich gezogen?«

Wir waren auf dem Tempelhofer Feld, dem einstigen Flugfeld mitten in der Stadt – dem herrlichen, glücklicherweise vom geplanten Bauvorhaben der Verwaltung unangetasteten gigantischen Park. Nun spazieren wir durch kleine, von Altbauten gesäumte Straßen nach Hause. Allerdings nicht ganz so, wie wir wollen. Die Oderstraße, am Zaun des einstigen Stadtairports gelegen, ist zum Teil mit rot-weißen Bändern abgesperrt. Mehrere Polizisten bewachen die Szene. Achtzehn Autos sind verkratzt, zerstört oder weisen mächtige Dellen an der Seite auf, zwei davon stehen ineinander verkeilt auf der Straße.

Nachdem wir in den wenigen Tagen in der neuen Gegend schon Zeugen zweier großer Unfälle auf der offenkundig lebensgefährlichen Hermannstraße wurden und jeden Abend Polizeisirenen durch die Fenster hereindringen, als wäre das Leben ein Krimi aus Manhattan, kam mein Kind ins Grübeln.

Später lese ich die Polizeimeldung: Zwei Männer waren auf der Hauptstraße in Streit geraten. Wie so oft in solchen Fällen ging es darum, dass einer dem anderen Geld schuldete. Der

Schuldner hatte keine Kohle, der Gläubiger keine Contenance. Man stritt sich, und auf einmal zerrten der Gläubiger und sein Kumpel die Freundin des Schuldners in ihr Auto. Die Männer entschlossen sich sozusagen zu einem Spontan-Kidnapping und rasten mit der Frau im Wagen davon. Leider waren sie dann aber zu ungestüm, zu nervös oder einfach zu doof. Der düpierte, seiner Braut beraubte Schuldner war jedenfalls viel schneller. Während einer kurzen Verfolgungsjagd rammten die beiden Gas-Gockel geparkte Autos, bis der Verfolger die Flüchtenden einkeilte, was diese aber nicht an dem Versuch hinderte, sich »freizufahren« – ein großartiges Wort, das ich seitdem immer gern mal wieder in den Mund nehme –, also sinnlos vor- und zurückzusetzen und noch weitere Zerstörung anzurichten. Die Polizei kam und nahm die gesamte Mannschaft fest.

»Only in Neukölln!« So lautet ein Hashtag, das auf Twitter und Instagram umgeht. Besonders bizarre Begebenheiten werden mit #onlyinneukoelln markiert. Wenn etwa im Columbiabad, von den Boulevardmedien gern als das »gefährlichste Freibad Deutschlands« bezeichnet, die Jugendlichen aufeinander losgehen. »Massenschlägerei!«, heißt es dann. »Bei den Temperaturen kochten wohl auch die Gemüter: Im berüchtigten Berliner Columbiabad im Stadtteil Neukölln gerieten fast 60 Badegäste aneinander.« Das war im Juli 2015. Wir selbst hatten am Morgen noch in der Schlange vor den Kassenhäuschen gestanden, bevor wir angesichts der Massen aufgaben und ins Hallenbad gingen. Bei 36 Grad Außentemperatur! Berlin ist längst ein internationaler Magnet, hier kaufen Skandinavier und Japaner massenhaft Immobilien, hier schieben sich Touris durch, die Härte ist gegangen. Dachte man. In Neukölln bleibt sie noch ein bisschen.

Während der Recherche zu diesem Buch sammle ich folgende Nachrichten, die nur ein halbes Jahr betreffen:

- Auf dem U-Bahnhof Schönleinstraße macht die Polizei vier Heroin- und Kokaindealer zwischen 16 und 31 Jahren dingfest, einer versucht noch erfolglos, über die Gleise zu fliehen.
- Am Columbiadamm prügeln sich zwei Männer, weil es dem einen nicht passt, dass die Freundin des anderen raucht.
- Zwei bewaffnete Teenager versuchen, in der Donaustraße ein Bordell zu überfallen.
- Im August 2015 schlägt einen Mann mit einer Machete einer Frau einen Finger ab. Das geschieht vor einer Kneipe, die etwa 150 Meter von meiner Wohnungstür entfernt liegt. Irgendwann abends um zehn halten zwei dunkle Autos vor der Kaschemme, und es steigen Männer mit Messern und Macheten aus. Sie gehen sofort auf eine Frau und ihre Begleiter los, hacken und stechen wie in einem schlechten Brutalo-Gangsterfilm auf die Gruppe ein. Immerhin geht niemand drauf, außer einem linken Daumen.
- In der Hasenheide, dem Park wo wir manchmal Minigolf spielen gehen, findet ein Jogger frühmorgens einen toten Mann im Gebüsch.
- Ebenfalls in der Hasenheide verprügeln zwei der dort in Scharen herumstehenden Dealer einen Zivilpolizisten mit einer Eisenstange und rammen ihm danach ein Messer in den Oberschenkel. Der Beamte muss eine Woche im Krankenhaus verbringen, die Täter entkommen.
- Auf dem S-Bahnhof Hermannstraße liefern sich ein halbes Dutzend Rumänen eine Messerstecherei. Und zwar am hellen Nachmittag.
- In der Nähe des S-Bahnhofs Neukölln wird an einem Sonntagmorgen um sechs Uhr früh ein britischer DJ erschossen. Die Tat findet vor einem kleinen Technoclub statt, der Täter ist vermutlich ein Bewohner desselben Hauses, dem es zu laut

war. Die Polizei gibt folgende Täterbeschreibung heraus: Cowboyhut, lange schwarze Kutte, Schrotflinte.

- Die zahlreichen Raubüberfälle auf Spätkauf-Kioske erwähne ich gar nicht. Auch nicht, dass dabei immer wieder Macheten und andere große Waffen im Spiel sind. Vielleicht nur diesen: Im Oktober überfallen drei mit einer Axt bewaffnete Männer einen Kiosk in der Okerstraße. Obwohl der Kassierer das Geld sofort herausgibt, schlagen sie ihm mehrmals ins Gesicht.
- In der Gropiusstadt wird einem Mann aus unbekannten Gründen ins Bein geschossen.
- Vier Männer zwischen 16 und 20 Jahren betreten eines Abends eine Bar, schlagen die Gäste mit einem Stromkabel, treten einer Schwangeren in den Bauch. Vermutlich ein Bandenstreit, denn es kommen immer weitere dazu, am Ende sind 80 Personen anwesend.
- In der U-Bahn U7 prügeln zwei Männer wahllos auf mindestens sechs Fahrgäste ein.
- In der Nähe des Körnerparks greifen zwei Unbekannte an einem Donnerstagabend einen 21-jährigen Spaziergänger an, stechen mit einem Messer zu. Der junge Mann kommt mit lebensgefährlichen Verletzungen ins Krankenhaus.
- Zwei Räuber, die an der U-Bahn-Station Neukölln einen Mann verprügelt haben, dann aber ohne Beute fliehen mussten, stellen sich zwei Wochen später der Polizei: Sie sind 14 und 16.

Meine Kinder dürfen von alldem nichts erfahren, denke ich. Und ich muss darauf achten, dass sie abends nicht so lange allein draußen rumrennen.

ALLEIN UNTER MIGRANTEN

In den Schulklassen, auch mitten in den Ausgehvierteln, beträgt der Migrantenanteil manchmal 100 Prozent. Das liegt nicht an den Einwanderern und ihren Kindern, sondern an uns Immer-schon-Deutschen: Die weiße Mittelschicht meidet einen ganzen Stadtteil, wenn es um ihre Kinder geht.

Der kleine Karel antwortet nicht. Ich bin Gast in einer Neuköllner Grundschule. Wir überlegen, ob wir unsere Kinder auf diese Schule schicken sollen, und dürfen einen Vormittag lang hospitieren und sogar mitarbeiten. Bisher lief alles richtig gut. Die Schüler wuseln um mich herum, freuen sich offenbar und wollen mir ihre Zettel und ihre Aufgaben zeigen. Nur Karel schweigt und schaut nach unten. Wir sollen zusammenrechnen, einfache Aufgaben, eins plus vier und so was. Es gibt kleine Kugeln, die man auf Felder legen kann. »Schau doch mal«, sage ich, aber alles ohne Erfolg. Endlich bemerkt uns die Lehrerin und rauscht auf mich zu. »Ach ja, das habe ich vergessen«, erklärt sie freundlich, »Karel kann kein Deutsch. Die Familie ist gerade erst aus Albanien gekommen. Und mit Männern hat er auch ein Problem. Es gibt da leider negative Erfahrungen.«

Zu Hause ertappen meine Frau und ich uns bei der Diskussion, die wir immer gleichermaßen feige wie falsch fanden: Wollen wir unsere Kinder in eine Klasse geben, in der keiner außer ihnen deutscher Herkunft ist? Wobei uns die Herkunft herzlich egal ist, aber einige Kinder sprachen überhaupt kein Deutsch, etliche andere schlecht. Die Klassenbeste war eine niedliche Siebenjährige mit Kopftuch. Einige Kinder waren hypernervös oder anders verhaltensauffällig, sodass sie einmal am Tag zum »Psychomotorik-Training« abgeholt wurden.

Trotzdem machten all diese Kinder einen fröhlichen und freundlichen Eindruck, alle wollten mit mir reden und stolz zeigen, was sie gerade geschafft hatten. Schwer beeindruckt war ich auch davon, wie die Lehrerin, eine zierliche Person Ende fünfzig, die immer sehr leise und ernst sprach, die Klasse im Griff hatte – gerade die hibbeligen Jungs mit Konzentrationsschwierigkeiten. Aber würde es den Kindern überhaupt einen Gewinn bringen, wenn nun zwei Deutsche kommen? Zwei unter fünfundzwanzig? Und wie würden meine Jungs das aufnehmen, die noch vor ihrem zehnten Lebensjahr in einem Vorzeigestadtteil der oberen Mittelschicht mit Schlagzeugunterricht, eigener Tanztheateraufführung an der Volksbühne, Besuchen beim koreanischen Konsul und selbständiger Projektarbeit in Kleingruppen groß geworden waren? Wenn es nun plötzlich primär darum ginge, dass alle eine gemeinsame Sprache sprechen?

Wir drücken uns vor der Entscheidung. Am Ende wird es eine andere Schule, nämlich einfach die, die sich direkt in unserer Straße befindet. Wir reden uns auch ein, dass das der Grund sei. In Wirklichkeit waren wir aber eben doch nicht ganz einverstanden damit, dass unsere Kinder die einzigen deutschen Muttersprachler in ihrer Klasse sein würden.

Zweimal empfängt die Rektorin der Schule, die wir später dann auch wählen, meine Frau und mich zu langen Gesprächen. Wir sagen klar, was wir uns von einer Schule erhoffen, und sie sagt klar, dass es schwer ist mit den Eltern, die immer zählbare Resultate sehen wollen. Ihre Schule ist überlaufen, sie befürchtet Klagen zum Beginn des nächsten Schuljahres. Bei ihr sind in jeder Klasse auch ein paar Emils, Antons und Lilis neben Mohammeds, Achmeds und Evrims, und das hat sich herumgesprochen. Meine Frau und ich erzählen davon, dass wir schreiben, ich spreche von Klavier und einer Jazzband, wie die Eltern an der hoch engagierten alten Schule mithelfen, die Kinder Tanztheater machen, Schulbands und Turniere, und da unterbricht die Rektorin uns irgendwann schon: »Also, ich nehme ihre Kinder jetzt einfach. Ich weiß gar nicht, wo ich sie sonst hinschicken soll mit ihrem Profil.«

Die Klassenlehrerin, zu der die Kinder dann kommen, ist froh. Sie wünscht sich ein bisschen Wandel, ein bisschen mehr Zuzug von »anderen Leuten«. Und die anderen, das sind wir, die mit dem Abi und dem Hochschulabschluss. Dass wir trotzdem wenig Geld haben, sei gut für die Förderung: »Wenn Sie Wohngeld bekommen, immer her mit dem Antrag auf Nachlass. Jede benachteiligte Familie ist gut für unsere Förderung.« Auch für ausländische Kinder in der Klasse gebe es Zuschüsse vom Bezirk, aber leider haben sie nur eine Ausländerin hier. Ich schaue mich um und sehe zwei Mädchen mit Kopftuch, den agilen, sehr dunkelhäutigen Sammy, der so gut Fußball spielt, Yussuf und Juri und Pawel. »Die sind alle deutsch. Unsere Ausländerin kommt aus Südtirol. Italienische Wurzeln.«

Das Kopftuch sei wichtiger geworden. Es gab früher mehr Zusammenarbeit mit den Eltern. Heute habe sie manchmal Probleme, dass Mädchen sich vor dem Schwimmunterricht nicht ausziehen wollen in der Dusche, das habe es früher nicht gegeben. Es scheint, als wäre das Leben mit den Menschen nichtdeutscher Herkunft schon einmal lockerer gewesen.

EIN EX-ZUHÄLTER
TRAINIERT MEINE KINDER

Andreas Marquardt, der knallharte Karate-Weltmeister, war der Schrecken des Berliner Rotlichtmilieus. Der Neuköllner machte manchmal 60 000 Mark im Monat, verprügelte Menschen ohne Grund. Erst als er achtein-halb Jahre im Knast saß, arbeitete er den jahrelangen Missbrauch durch seine Eltern auf. Er kehrte um, begann ein zweites Leben, will heute Kin-dern mit Karate Stärke geben. Und ja, natürlich dürfen meine Jungs bei ihm trainieren.

Würden Sie diesem Mann Ihre Kinder anvertrauen? Er war zwan-zig Jahre lang Zuhälter, und zwar ein richtig brutaler. Seine Hu-ren schlug er zusammen, erklärte ihnen dann, wie sie ihren Job richtig machen, und dann mussten sie ihm noch einen blasen. Einmal, als er als Geldeintreiber unterwegs war, schnitt er einem Mann einen Finger ab. Nach Jahren einer Karriere als gefürch-teter harter Hund saß er achteinhalb Jahre im Knast in Berlin-Tegel. Also, würden Sie? Ich schon! Mein Sohn trainiert jetzt zweimal pro Woche Karate bei Andreas Marquardt.

So heißt der Mann, der 1956 in Neukölln geboren wurde und auf eine schreckliche und wechselhafte, mit diesem Stadtteil un-trennbar verbundene Lebensgeschichte zurückblickt – auf eine mit gutem Ausgang. Sagt er. Seine Biografie, die er vor neun Jah-ren aufschrieb, hat der Regisseur Rosa von Praunheim verfilmt, *Härte* heißt der Kinofilm. Praunheim ist eine Ikone der Schwu-lenszene, ein sehr aktiver Berliner Undergroundfilmer und dem Rest der Republik eigentlich nur durch ein paar alte Talkshow-

Auftritte bekannt. Als Andreas Marquardt vor über zehn Jahren aus dem Knast kam, war er ein neuer Mensch. Er ließ das Rotlichtmilieu hinter sich, nur seine Partnerin Marion blieb aus jener Zeit, seine einzige Begleiterin in beiden Welten und wahrscheinlich die Frau, die ihn gerettet hat. Heute betreibt er in Neukölln sein Sportcenter mit ihr. Die Zuhälter oder andere Kontakte von früher lassen sich hier nie sehen.

Wenn ich zu meinem großen Sohn Leo sage: »Tob hier nicht so in der Wohnung rum, sonst steck ich dich zweimal die Woche in das anstrengende Karate-Training, bei dem wir letztens zur Probestunde waren«, dann schreit er: »Ja, das will ich doch!« Die Übungen mit dreißig anderen Kindern, Deutschen und Migranten, Mädchen und Jungen, haben ihm imponiert. Besonders der Schrei, den man beim Schlagen und Treten ausstoßen soll. Der drang jedes Mal bis zu mir durch, der ich zwanzig Meter entfernt vor der Tür saß und fasziniert die dort ausliegende Lebensgeschichte des Trainers las.

Es war wie bei *Karate Kid*. Das 600 Quadratmeter große Studio von Marquardt, halb Fitnesscenter, halb Kampfsporthalle, liegt in einem kleinen Industriegebiet. Hier ist nichts mit Design zurechtgemacht wie bei den Yogastudios in Prenzlauer Berg. Wir fahren mit dem Rad die laute Lahnstraße entlang, am Baumarkt vorbei und beim Discounter-Supermarkt um die Ecke. Hinter einem kleinen, seltsamen Hof mit einem Laden für Großküchenbedarf und einer Country-Tanzkneipe liegt es dann, das Sportstudio.

Der Karatemeister Marquardt, der seine Fähigkeiten einst auf der Straße einsetzte, um andere fertigzumachen, nutzt sie heute nur noch, um Kinder und Jugendliche zu stärken. Sein Karatetraining richtet sich speziell an die Neuköllner Jugend, und er sagt den Kindern immer offen, was für einer er früher gewesen sei, dass er viele Fehler gemacht habe und dass Gewalt ins Nichts führe. Verteidigen sollen sie sich aber können und selbstsicher werden. Marquardt weiß, dass sein Weg in der Kindheit die falsche Abzweigung nahm: Der Vater schlug ihn, zertrümmerte dem Sechsjährigen einmal die Hand so heftig, dass über Monate mehrmals operiert werden musste, um die kleinen Knochen wieder zurechtzurücken. Und die Mutter nötigte ihn zum Sex. Jahrelang. Als der Teenager das nicht mehr wollte, drohte sie: »Du kommst ins Heim.« Aus diesem Elternhaus zog dann ein gefährlicher junger Mann voller Wut in die Welt.

Ich treffe Andreas Marquardt außerhalb seiner Trainingszeiten noch einmal in Ruhe, weil ich wissen möchte, wie Gewalt entsteht. Wenn einer es erklären kann, dann er, denke ich mir. Noch immer gibt es im Stadtteil Neukölln entsetzliche Straftaten. Greift man sich aus der Kriminalstatistik ein Delikt heraus, das die Lage in einem Stadtteil und auf seinen Straßen symbolisieren soll – zum Beispiel die Körperverletzung –, werden im gesamten Neukölln rund 4000 Fälle pro Jahr gezählt. In Pankow, dem Verwaltungsbezirk, der aus Prenzlauer Berg, Weißensee und dem eigentlichen Pankow selbst besteht, sind es nur 2800. Im eigentlichen Prenzlauer Berg selbst wurden im Jahr 2013 insgesamt 1280 Körperverletzungen gezählt, in Nord-Neukölln, also dem ursprünglichen Neukölln, dagegen 2865, mehr als doppelt so viele. Von der Einwohnerzahl her sind beide Stadtteile fast gleich groß.

Vor dem Treffen mit Marquardt habe ich etwas Angst, nachdem ich ihn aus seiner Biografie und dem Film mit den so grausamen Passagen kenne. Darüber hinaus heißt er mit Nachnamen genau wie der berüchtigte Türsteher des großen Berliner Szene-Clubs »Berghain«. Noch so ein Mensch, der einen Teil seines Lebens darauf gründete, andere einzuschüchtern. Nur dass mein Marquardt, der Karate-Marquardt aus Neukölln, viel gefährlicher sein kann.

Und dann sitze ich neben einem freundlichen Herrn, der Jogginghose trägt und wirklich höchst sympathisch wirkt. Am ehesten ist er: besorgt. Das Wort passt am besten. Davon, dass Neukölln sich wandele und angeblich teuer, ruhig und schick werde, spürt er nicht viel. Seine Kinder berichten ihm, wie sie in der Schule angegriffen werden, in den Bauch getreten, der Schulranzen wird ihnen abgenommen oder das Geld.

»Die Brutalität da draußen wird schlimmer«, sagt er. »Die menschlichen Werte sind nicht mehr da. Heute hauen sich die Jugendlichen an den Schulen nicht mehr in die Fresse wie wir, sondern treten den anderen halb tot.« Für die erwachsenen Kriminellen gelte das erst recht. Früher im Milieu habe man einem eine gescheuert, der sei umgefallen, und damit war der Streit beigelegt. Heute gehe das nicht mehr so, sagt Marquardt. »Heute wird gleich eine Waffe gezogen. Oder der Bruder kommt.« Die Hemmschwelle sei viel niedriger. »Wer ne Waffe trägt, benutzt die auch.« Er glaubt, dass wir »irgendwann amerikanische Verhältnisse« bekommen und in zehn Jahren eine noch viel härtere Szene auf den Straßen erleben. Da spricht ein kulturkonservativer Mann, der vieles kritisch sieht, auch die Eltern. »Die Erwachsenen holen den Kindern heute iPads und Ähnliches, um die einfach loszuwerden. Man gibt denen das in die Hand und lässt sie allein damit.«

Lieber wäre es ihm, die Kinder würden Kampfsport machen und lernen, ihren Mann zu stehen. Viel Hilfe hatte er nicht bei seiner Mission, ihnen das zu ermöglichen. Von Heinz Buschkowsky, dem Ex-Bürgermeister, dessen Name so eng mit dem Bezirk Neukölln verbunden ist, hält er zum Beispiel wenig. Der habe sich nur nach außen präsentiert. Als Marquardt vor einigen Jahren sein Sportstudio auflösen und in ein anderes umziehen musste, bot er dem Bezirk die Sportgeräte für einen symbolischen Euro an. Aber niemand nahm seine Idee auf, ein

Fitnesscenter für ganz wenig Geld einzurichten, damit die Jugendlichen nicht auf der Straße sind. Oft habe er im Rathaus angerufen, wurde immer nur abgewimmelt. Am Ende bot er das Studio im ganzen Land an – direkt am nächsten Tag schickte ein Jugendzentrum aus München einen Lkw. Vier Wochen später erhielt er einen Dankesbrief aus der bayerischen Hauptstadt mit Fotos von fröhlichen Jugendlichen an seinen Geräten.

Ich war auch mal Karateka, als Student. Zwei Jahre lang habe ich Wado-Ryu und Shotokan an der Universität trainiert. Ich hatte einen besonderen Lehrer, der sich aus Prüfungen nicht viel machte und seinen paar Schülern eher das Denken des Kämpfers nahebringen wollte, die Achtsamkeit und die schnelle Reaktion. Allerdings durchaus auch die schnell ausgeführten dreißig Liegestütze zu Beginn jedes Trainings. Weil ich davor und danach eher der Typ war, der an Schreibtischen rumsitzt und liest, darf ich sagen: So fit war ich nie wieder. Meine damalige Freundin packte mich irgendwann am Arm und sagte: »Du hast ja richtig Muskeln bekommen.« Große Freude im Leben eines Geistesarbeiters! Deswegen empfinde ich eine grundsätzliche Zuneigung zu dem japanischen Sport. Die schwindet immer dann ein wenig, wenn hart gekämpft wird und man echte blaue Flecken mit nach Hause nimmt. Die Gewalt schreckt mich eben auch in dieser sublimierten Form noch etwas ab, und in jeder Trainingsgruppe gibt es Schüler, die richtig heiß darauf zu sein scheinen, sich zu prügeln. Das führt mich zu der Grundfrage zurück, um die es auch bei der Straßenkriminalität oft geht: Letztlich verstehe ich nicht, warum jemand seine Wut brutal in die Umwelt trägt.

Danach gefragt, überlegt Marquardt erst einmal einen Moment. »Ein Verbrecher wird nicht geboren, der wird gemacht. Im Elternhaus geht's los. Wenn das Kind Gewalt spürt, will es sich rächen. An Mama oder Papa kann es nicht ran, also sucht es sich einen Kleineren draußen«, sagt er. »Oder es passiert in der Gang, dann will man mitziehen, um weiter dazuzugehören.«

Ich habe eine unschöne Anekdote für den Karatemeister im Kopf. Gerade zwei Tage vor unserem Treffen wurde mein neunjähriger Sohn Leo auf der Straße angegriffen. Von einem anderen Jungen, der kaum älter ist. Leo ging mit seiner Freundin Sona auf den Bolzplatz. Plötzlich kam Diego, ein Junge aus der Nachbarschaft, den sie schon kannten, auf sie zu, beschimpfte sie und trat beide Kinder in den Rücken. Am nächsten Tag sprach ich mit der Rektorin unserer Schule über den Vorfall, die versprach, sofort mit den Kollegen der anderen Schule zu sprechen. Eins sagte sie aber noch zu mir: Diego habe es zu Hause sehr schwer. Da ist sie wieder, die Frage, die auch Marquardts Leben bestimmt hat: Muss man gewalttätig werden, wenn man Gewalt erfahren hat? Und wie kann man, so wie er es geschafft hat, herauskommen aus dem Teufelskreis?

»Man muss es schon wollen«, sagt er. Er habe starken Rückhalt von seiner Partnerin, sei auch noch mit einem Therapeuten in Kontakt, und eine starke Persönlichkeit sei er sowieso. Wie beim Sport: »Entweder fall ich um, oder ich geh weiter.« Er wollte irgendwann nicht mehr in den Sumpf zurück, den Teufelskreis. Und er wollte das, auch wenn er kein Patentrezept habe, weitergeben. »Weil ich von der Straße komme und ein Kind war, das keine große Freude hatte, weiß ich, was die durchmachen.« Er gibt Sportseminare an Schulen. Um zu reden. Respekt vor den Erwachsenen will er lehren, Respekt sollen die Kinder haben, aber keine Angst. Und sie sollen Nein sagen lernen in der Gruppe. »Wer Nein sagt, ist stark.« Und er sagt immer offen, was mit ihm passiert ist, dass er eine schlechte Kindheit hatte.

Warum passieren Dinge, warum gibt es Mobbing? Die Lehrer seien gar nicht mehr richtig ausgebildet, hätten mitunter sogar Angst vor den Jugendlichen. »Der könnte eine Waffe haben oder einen großen Bruder, dann lauern sie mir auf. Dürfte alles nicht sein. Ein Lehrer muss eine Respektsperson sein.« Die Antwort des Karatesportlers ist dann, eine Ausstrahlung aufzubauen. »Schon allein die körperliche Präsenz macht doch eine Menge aus.« Der Staat müsste, fordert er, seinen Lehrern heute den Kampfsport fördern mit 50 Prozent. Und wieder – wenn er von Veränderung in Neukölln hört, kann er nur lachen. An den Schulen passiere fast gar nichts. »Es kommen neuerdings ein paar Studenten, die verbringen ein paar Monate hier und sind schnell wieder weg.«

Ob die Straßengewalt von Deutschen, Arabern, Türken oder sonst wem ausgehe, ist Marquardt egal. »Deutsch heißt auch nicht, dass alles super ist. Wenn man auf Bekloppte trifft, die Ausländer hassen oder Schwächlinge hassen, kann es alles wieder schwierig werden«, sagt er. Dass die jungen bürgerlichen Eltern aus Neukölln gern wieder wegziehen, wenn ihre Kinder ins schulpflichtige Alter kommen, hält er für kurzsichtig. »In Schöneberg gibt es genauso viel Brutalität wie in Neukölln. Und ein Junge aus gutem Haus in Zehlendorf kann sich auch eine Waffe besorgen.«

Bei den Arabern seien die Eltern schon »mehr hinterher«, dass sie Respekt und Angst vor dem Papa haben. Aber die Repression, die sie zu Hause erfahren, geben sie draußen weiter. Wichtig sei, mit den Jugendlichen zu reden, etwas mit ihnen zu machen. Die meisten sind in seiner Kindergruppe, 4 bis 11 Jahre alt. Daneben bietet er noch ein Training für Jugendliche bis sechzehn an. Alle Älteren gehen zu den Erwachsenen. Männer und Frauen trainieren zusammen. Denn Frauen werden ja, meint Marquardt, auf der Straße auch eher von Männern angegriffen, wenn sie denn angegriffen werden. Sie sollen es also trainieren, sich gegen einen Mann zu verteidigen. Die Sportler bei ihm sind Jugoslawen, Türken, Araber, Griechen, Deutsche, jede Herkunft ist vertreten. 250 Kids trainiert er, 60 Jugendliche und 80 Erwachsene. Das nennt er seine Verantwortung. Er wollte nie, wie andere Aussteiger aus dem Milieu, nach Thailand abhauen. Was soll er in Thailand? Manche Karateka sind fast dreißig Jahre bei ihm geblieben und haben inzwischen schon ihre Kinder bei ihm angemeldet.

Er hat schon mal einem Jugendlichen ein Messer in die Hand gegeben, sich drei Meter entfernt hingestellt und gesagt: »Greif mich an!« Wenn der Junge es dann versucht, greift Marquardt blitzschnell hinter sich, zieht eine Pistole und hält sie seinem Gegenüber ins Gesicht. Der Schrecken soll die Lehre vermitteln: Gewalt erzeugt wieder Gewalt, und es gibt immer einen, der brutaler oder verrückter ist. »Kampfsport heißt nur, dass ich mich wehren kann, dass ich kein Opfer bin.« Oder, das sagt er mehrmals: Man könne sich mit seinen Fähigkeiten einsetzen, um einem Schwächeren aus einer Gefahr herauszuhelfen. Denn bis die Polizei da sei, sei es doch oft zu spät. Aber auf der Straße zu kämpfen, sei Unsinn.

Der Begriff des »Opfers« gehört mittlerweile zum normalen Neuköllner Wortschatz. »Wenn wir jetzt durch die Straße laufen«, sagt Marquardt, »kann ich genau sagen: Das ist ein Opfer, das ist ein Opfer, und das da drüben auch. Von der Körperhaltung und vom Blick und der Ausstrahlung her.« Wenn einer aufrecht durch die Straßen gehe, mache das viel aus. Das will er vermitteln. Sein Freund Carsten Stahl wolle das Gleiche, mache etwas Ähnliches, er ist die Hauptfigur der RTL-II-Serie »Privatdetektive im Einsatz«. Sie wollen den Leuten sagen: Hört auf, denkt nach, mit Gewalt kommt man immer an eine Grenze. Stahl ist auch mal ein Knacki gewesen, wie er. Sie unterhalten sich oft über ihre Arbeit.

In der Mainzer Straße, Ecke Flughafenstraße, ist Marquardt aufgewachsen. Damals war Neukölln noch nicht von Ausländern geprägt, das kam erst Ende der Achtziger. Aber Neukölln war immer ein Arbeiterbezirk. Sportstudios besaß Marquardt immer, seit 1974, an verschiedenen Orten der Stadt. Neukölln und Kreuzberg zuerst, nach der Wende auch drüben. Einige gingen pleite, er hatte sich zu viel vorgenommen. Marion, mit der er jetzt 33 Jahre zusammen ist, hat den Rest gehalten und geleitet, auch als er im Knast war. »Man wird hier nicht reich, aber ich bin mein eigener Herr.« Früher, als Zuhälter, hatte er im Monat manchmal 60 000 bis 80 000 D-Mark, heute lebt er von vielleicht 1500 Euro. Ob er glücklich ist? Da überlegt er nicht: »Natürlich. Ich will es so, es ist gut so.« Er hat ein kleines Auto, das reicht, der Laden soll laufen.

Er hat den achten Dan und ist damit der höchste Dan-Träger in Deutschland. Bis zum sechsten hat er alle Prüfungen in Asien absolviert, die weiteren werden ehrenhalber verliehen. Der neunte soll bald folgen. Wegen seiner Verdienste um die Erziehung der Jugend, hat ihm jemand verraten. Bei seinem Meister Suzuki, der jetzt 88 Jahre alt ist, hat er als junger Mann auch mal anderthalb Jahre lang gelebt und gearbeitet. Seit fast 55 Jahren macht er nun Karate.

Hat er seine destruktive Zeit überwunden? Er wird nicht mehr gewalttätig, da hat er Mechanismen. Aber überwinden, die eigenen Verletzungen, das kann man nicht hundertprozentig, sagt er, »das kann ich nicht vergessen.« Es gibt Momente, da kommen ihm die Tränen, abends, oder nachts, oder wenn er mit seiner Partnerin redet. Aber er kann reden.

»Mein Ziel, meine Aufgabe ist es, dass ich hier bin in Neukölln, um Kinder ein bisschen wachzurütteln, Kindern zu helfen. Das ist mein Karma. Es gibt nichts Schöneres als glückliche Kinderaugen.« Oft rennen die Kinder, so wie mein Sohn, nach der Probestunde zu ihren Eltern und sagen: »Hier will ich bleiben!«

NEUKÖLLN IN ZAHLEN

Nord-Neukölln ist der eigentliche Stadtteil Neukölln, um den es auch meist geht in diesem Buch. Es ist der alte Bezirk Neukölln, der vom Landwehrkanal bis zur Stadtautobahn reicht oder vom Tempelhofer Feld (das teilweise zu Neukölln gehört) bis fast an den Treptower Park. Der Verwaltungsbezirk Neukölln umfasst auch noch die Stadtteile Britz, Buckow, Gropiusstadt und Rudow, sie gehören also ebenfalls zu Neukölln, haben auch einen hohen Migrantenanteil, aber nach Süden hin wird es zunehmend ruhiger und dörflicher. Nord-Neukölln ist am dichtesten bebaut, mit 14 000 Einwohnern pro Quadratkilometer etwa auf dem Niveau von Brooklyn, und beherbergt auf seinen zwölf Quadratkilometern etwas mehr als die Hälfte aller Neuköllner. Hartz-IV-Empfänger sind 76 800 Personen in Neukölln, die Hartz-IV-Quote liegt damit bei 29 Prozent. Weitere statistische Daten im Überblick:

EINWOHNER

Neukölln gesamt   325 700
Nord-Neukölln   167 100

EINWOHNER MIT MIGRATIONSHINTERGRUND

Nord-Neukölln   53 Prozent
Neukölln gesamt   32 Prozent

ANTEIL DER EINWOHNER MIT MIGRATIONS-HINTERGRUND BEI DEN UNTER 18-JÄHRIGEN

Nord-Neukölln   80 Prozent
Neukölln gesamt   69 Prozent

AUSLÄNDER, ALSO EINWOHNER, DIE NICHT ÜBER EINEN DEUTSCHEN PASS VERFÜGEN

Nord-Neukölln   33 Prozent
Neukölln gesamt   24 Prozent

ARBEITSLOSENQUOTE

Neukölln   15,1 Prozent
Ausländer in Neukölln   24,4 Prozent
Berlin   11 Prozent

SCHULABGÄNGER OHNE ABSCHLUSS

Nord-Neukölln   21 Prozent
Neukölln gesamt   14 Prozent
Berlin   9 Prozent

PROBLEMATISCHE FINANZEN

74 von 100 Euro, die das Bezirksamt Neukölln ausgibt, fließen in die sogenannten Transferleistungen. Insgesamt sind das 588 Millionen Euro im Jahr. Der größte einzelne Haushaltsposten ist mit fast 200 Millionen Euro oder einem Viertel des ganzen Bezirkshaushalts die Miete für die Hartz-IV-Empfänger.

DIE LEBENSLÜGEN
DER MITTELSCHICHT

Wie man auf den sozialen Abstieg zusteuert, wenn man den gegenwärti-
gen Mietenwahnsinn nicht mitmachen kann. Und wie das moderne, Bio
kaufende und Grün wählende junge Bürgertum zwar links redet, aber
rechts lebt. Ihr Problemviertel haben die Deutschen sich selbst erzeugt.

Während meiner Wohnungssuche erhielt ich eine besonders
rüde Mail. Eine Maklerin vermittelte mir zwar keine Wohnung,
wohl aber eine Beleidigung. Nachdem ich Fragen zur Wohnung
geäußert hatte, schrieb sie mir: »Herr Lindemann, an Queru-
lanten und Korinthenkacker vermieten wir sowieso nicht!« Es
ging um eine Wohnung am Leopoldplatz in Berlin-Wedding,
die mehr als anderthalb Mal so teuer war, wie es der Mietspie-
gel maximal vorschreibt. Für solche Angebote wurde der Para-
graf des Mietwuchers geschaffen. Er ist faktisch, wie so vieles im
Mieterschutz, ein zahnloses Regulierungsinstrument, wird nie
angewandt und wurde vom Bundesgerichtshof auch stark ausgehöhlt. Wie dem auch sei: Die Dame wollte eine knapp geschnittene 5-Zimmer-Wohnung für mehr als 1500 Euro vermieten.
Das mag die Münchner unter den Lesern nicht weiter beeindru-
cken, aber in Berlin, und erst recht in einer nicht gerade edlen
Gegend, ist es das Doppelte dessen, was unlängst noch üblich
war und was vermutlich die anderen Mieter des Hauses noch
zahlen. Und ich hatte mir erlaubt, sie freundlich darauf hinzu-
weisen.

Während der zweijährigen Suche nach einer großen, aber nicht teuren Wohnung für eine fünfköpfige Familie habe ich viele Angebote mit astronomischen Preisen bekommen. Der Höhepunkt war eine Wohnung in einem so lieb- wie schmucklosen Neubau im Norden von Prenzlauer Berg, deren Kaltmiete pro Quadratmeter 18,50 Euro betrug. Wer über kein hohes Einkommen verfügt, hat Pech.

Nicht zu denen zu gehören, die es sich aussuchen können, wie und wo sie leben, ist schnell passiert. Man muss nur zu der Mehrheit der Deutschen gehören, die einfache Jobs verrichten. Oder man muss im künstlerischen Bereich arbeiten und drei Kinder bekommen. Wir haben nicht zu jammern, schließlich leben wir immer noch halbwegs zentral in der deutschen Hauptstadt. Außerdem in einer hochinteressanten Gegend – das aber war ein glücklicher Zufall.

Zunächst resultierte der Weg nach Neukölln auch aus einem sozialen Abstieg. Der Umzug nach Neukölln war zwar gewollt – aber als Abstieg kann man ihn schon sehen, ganz objektiv. Nach dem Studium habe ich angefangen, bei einer großen deutschen Zeitung zu arbeiten. Dann habe ich ein Sachbuch geschrieben, das einige Monate auf der Bestsellerliste stand. Das alles ist schön, ergibt aber kein großartiges Einkommen. Der Beruf des Journalisten wird gerade langsam, aber sicher heruntergewirtschaftet. Es gibt aber auch deshalb nichts zu jammern, weil es meine eigene Entscheidung war, den Bürojob in der Redaktion eines großen Verlagshauses zu kündigen, weil ich lieber freiberuflich arbeiten und mehr bei meinen Kindern sein wollte. Meine Frau arbeitet ebenfalls freiberuflich und hat wegen der Kinder längere Erziehungszeiten gehabt. Eine große Wohnung im gentrifizierten Viertel Prenzlauer Berg hätten wir uns also nicht leisten können. Aber wir brauchten Platz, als unser drittes Kind zur Welt kam.

Es ist ja nicht so, dass alle plötzlich reich geworden wären. Manchen Freunden und Bekannten geht es genauso. Eine Familie, die wir kennen, hat mit viel Holz eine zweite Ebene in ihr Wohnzimmer eingezogen, die Kinder spielen da oben, und die Eltern sitzen etwas gedrungen auf dem Sofa darunter. Ein anderes Paar mit Kindern hatte die Idee, mit Rigips einfach noch ein weiteres winziges Zimmer zu konstruieren, nun schläft der Vater der Familie in einer seltsam zwischen Wohnzimmer und Flur gequetschten Kammer – ohne Fenster. Da ein Großteil der Elternpaare sich trennt, fällt es einigen dadurch wieder leichter: Wenn einer der Partner auszieht, und das meine ich nicht zynisch, wird wieder ein Zimmer für den frei, der als Erstes das Teenageralter erreicht. Wieder andere kaufen zusammen mit ihren Eltern eine Wohnung in einem der vielen Neubauprojekte. Doch dann sitzt einem der Kredit im Nacken, und die wenigsten können das finanziell allein, ohne die Großelterngeneration stemmen. Der Kampf um den Wohnraum tobt auf einmal überall.

All diese Möglichkeiten habe ich in der bedrängten Mittelschicht, in der ich lebe, beobachtet. Dass eine Familie unkompliziert eine größere Wohnung findet, weil Nachwuchs kommt, gibt es kaum. Wohnen ist in deutschen Städten teuer, auch in Berlin seit einiger Zeit, und das Geld ist ja leider gerade knapp, wenn Kinder kommen. Wo man einst als Student oder junger, ungebundener Angestellter hinzog, bilden sich plötzlich »Enklaven des gehobenen Wohnens«, wie der Soziologe Andrej Holm es nennt. Einige passen dort nicht mehr hin und müssen gehen. Zum Beispiel wir.

Der »Zuzug der jungen Leute«, das hat Neuköllns Ex-Bürgermeister Heinz Buschkowsky immer wieder gesagt, als sein Viertel zum Hype für Club- und Bargänger wurde, ändert nichts an der Grundsituation. Denn wenn die Kinder ins Grundschulalter kommen, hauen die gebildeten Jungbürger wieder ab. Buschkowsky hat das einmal einem meiner Freunde, der im Neuköllner Schillerkiez lebt, ins Gesicht gesagt: »Sie finden es gut hier? Na, warten Sie mal ab, bis Ihre Freundin schwanger wird. Dann sind sie schnell wieder weg.« Ich habe das zuerst immer für Gerede gehalten, das ihm gerade in den Kram passt. Dann habe ich mit Schrecken festgestellt, dass es wirklich passiert.

Zuerst war da diese Grundschule, deren Migrantenanteil bei fast 100 Prozent liegt, obwohl doch genau in derselben Gegend die ganzen angesagten Bars entstehen und die digitale Boheme abends hier rumläuft. Bekommt die denn keine Kinder? Doch. Aber die Deutschen unter ihnen wollen ihre Kinder nicht mit vielen Ausländern zusammen auf die Schule geben. Ich kenne ein Paar, das im schickeren nördlichen Ende von Neukölln lebte, aber es war ihnen immer noch nicht recht mit der Schule. Da seien ja viele Türken. Also sind sie einfach zurückgegangen in ihre Heimat Hamburg. Neukölln, das »ging nicht«, da gab es gar keine Frage.

Wir reden links, aber wir leben rechts – das ist eine These des Soziologen Armin Nassehi. »Das gilt in der Tat auch für Milieus, die sich dies wohl selten zugeben würden. Man denke etwa daran, wie sehr gerade liberale Milieus soziale Brennpunkte meiden, wie gerade junge Familien darauf achten, dass ihre Kinder in schicht- und kulturadäquaten Umfeldern beschult werden«, schreibt er in seinem lesenswerten Buch *Die letzte Stunde der Wahrheit*. Die linksliberale Mittelschicht behaupte gern, dass sie keine Unterschiede mehr mache hinsichtlich Hautfarbe, Nationalität, Schicht oder Milieu anderer Menschen. In ihrer Lebenspraxis aber macht sie diese Unterschiede eben doch sehr stark. Man könnte es noch schärfer formulieren: Vor ihrer eigenen Tür möchte die gebildete, dynamische Mittelschicht die Integration nicht austragen, und gerade dadurch wird sie in Deutschland zu einem größeren Problem, als es eigentlich sein müsste. Die weltoffenen und Fremdsprachen sprechenden Bürger ziehen sich in sichere und hübsche Viertel zurück. Man begegnet praktisch nie jemandem, der sagen würde: Ja klar, ich möchte in einer rein volksdeutschen Gegend leben, denn alle sind von ihrer bewussten Selbsteinschätzung her für eine moderne, gemischte und tolerante Gesellschaft. Aber irgendwie passiert trotzdem gerade durch sie das Gegenteil – durch uns. Ich war lange Teil davon.

Die Londoner Schriftstellerin Zadie Smith, bekannt durch den Weltbestseller *Zähne zeigen*, hat dasselbe Thema entdeckt. Ihr jüngster Roman *London NW* handelt davon, wie sich die Klassengesellschaft zurzeit neu ordnet. Zuletzt erschienen Aufsätze von ihr, oft mit resigniertem Ton. Einen nannte sie »Essay über den urbanen Verfall«. Im Interview mit der *Welt* erklärte sie: Das »in Städten wie London oder Berlin grassierende Hipstertum (zeigt), dass sich die Menschen zwar auf obsessive Weise um die richtige Ernährung ihrer Kinder kümmern und um die Kleidung, die sie tragen, dass ihnen aber vollkommen egal ist, unter welchen Bedingungen Kinder in Ländern wie Bangladesch diese Kleidung herstellen.« Sie behauptet, die Ideale der sechziger und siebziger Jahre (darin sieht sie eine Philosophie von Liebe und Freiheit) seien »zur rücksichtslosen Eigenliebe verkommen«. Ihr Fazit ist bitter: »Die Leute wollen nicht, dass ihre Kinder zusammen mit Schwarzen zur Schule gehen, obwohl sie das in andere Worte kleiden und sagen, dass sie ihre Kinder auf private Schulen schicken, weil dieses oder jenes oder das Essen dort besser sei.«

Die Tatsache, dass sich infolge dieses verstörenden sozialen Phänomens ganze Stadtteile bilden, die praktisch für die gebildete Mittelschicht reserviert sind, gibt es natürlich auch in anderen deutschen Städten. Das »schnuckelige Idyll« Hamburg-

Ottensen, so nennt ein Makler es in seinem Prospekt, war, als ich vor dreißig Jahren in Hamburg aufwuchs, noch türkisch dominiert und von Märkten, fliegenden Händlern und Gemüsegeschäften geprägt, dazwischen gab es ein paar Seemanns- oder Punk-Kneipen. Jetzt, nach einem knallharten Prozess der Aufwertung und Mietsteigerung, ist der Anteil der Ausländer in der Bevölkerung von über 20 auf unter 13 Prozent gesunken. Eigentumswohnungen kosten zurzeit mindestens 4000 Euro pro Quadratmeter. Der Makler, offenbar mit Hamburger Offenheit ausgestattet, schreibt weiter: »Über kurz oder lang wird Ottensen zu einer Art Eppendorf an der Elbe werden, das auf eine Art brav ist, sehr homogen, wo Boutiquen und Cafés die kleinen Geschäfte verdrängen.« Eine Info der Stadt Hamburg für Touristen sieht diesen Prozess bereits als abgeschlossen an: »Vom Industriegebiet zum Nobelviertel« ist sie überschrieben.

In Berlin teilt die Stadt sich erst jetzt auf in sehr ruhige, bürgerliche Viertel und Gegenden, in denen Migranten, Studenten, Künstler und Expats wohnen. Abgeschlossen ist dieser Prozess in meiner alten Wohngegend, unter anderem, weil die Miet- und Kaufpreise für Wohnungen so hoch sind, dass es einfach nicht weiter geht. Der Stadtteil Prenzlauer Berg ist heute, so zynisch das klingt, auch eine national befreite Zone. Und es musste kein einziger rechter Skinhead die Gegend betreten. Nein, dafür haben die links eingestellten, Grün wählenden und Bio kaufenden Jungbürger ganz allein gesorgt.

Was bedeutet das jetzt für uns? Oft freue ich mich, dass es doch nicht mit der Baugruppe im ruhigen, nördlichen Berlin geklappt hat. Denn allzu oft höre ich von Freunden, die mit vermeintlich Gleichgesinnten gebaut haben, dass sie ihre Gemeinschaft kaum noch verlassen. Denn es ist einfach praktisch. Man hilft sich, bestellt zusammen Gemüse vom Biohof, feiert Geburtstage im eigenen Gruppenraum, und wenn man Glück hat, gibt es auch noch die Sauna für alle im Haus. Die Kinder kann man angstfrei in den Hof hinunter zu den anderen schicken. Man lebt in einer Welt für sich. Fremdsein, Vorurteile, Migration, all das bleiben doch recht abstrakte Themen, weil keine unmittelbare Berührung stattfindet. Da kann man noch so viele perfekt organisierte Thementage in der Schule abhalten.

Mein Sohn weiß inzwischen, dass er sein Taschengeld tief in die Hosentasche stecken soll, wenn er sich im Kiosk was kaufen geht. Er glaubt momentan, dass die meisten Ausländer Schimpfwörter benutzen und aggressiv sind, und neulich hat er eine auf dem Gehweg herumliegende Flasche in einen ebenfalls herumliegenden Fernseher geschmissen. Einfach, weil er Lust dazu hatte und weil der Müll da war. Das tut uns Eltern weh, ohne Frage. Zugleich begreifen wir unseren Umzug als große Chance, den Kindern etwas mit auf den Weg zu geben, was sie in ihrem alten Stadtteil so nicht hätten lernen können. Und wir trauen ihnen zu, dass sie diese Lebenswirklichkeit aushalten und daran wachsen können. Wir versuchen, sie so gut es geht dabei zu unterstützen und zu begleiten.

Manchmal hilft dabei auch eine Portion Humor. Als neulich Justus, Leos Freund aus der alten Schule, mit seinem Vater zu Besuch kam und wir gemeinsam die Hermannstraße entlanggingen, raste plötzlich ein stark getunter Sportwagen, tiefergelegt, dunkel-orange, an uns vorbei. Er röhrte wie ein Hirsch. Aus dem offenen Seitenfenster schallte Orient-Pop, zwei Typen mit pelzbesetzten Kapuzenjacken hockten drin. Kurz darauf kam der Wagen auf der Gegenfahrbahn zurückgerast, im Vorbeifahren klappte sich automatisch das Verdeck nach hinten und verschwand in der Klappe am Kofferraum. »Mann, Mann«, lachte Justus' Vater, während die Jungs dem Auto mit offenen Mündern hinterherschauten. »Das könntest du in Prenzlauer Berg aber auch nicht bringen.«

MULTIKULTI IN ZAHLEN

Abgesehen von den Deutschen und den eingebürgerten Einwanderern leben noch knapp 80 000 Menschen aus 152 Nationen in Neukölln zusammen. Dies sind die größten Gruppen:

KONTINENTE:

Europa   60 199
Asien   7966
Amerika   2832
Afrika   2371
Australien/Ozeanien   585

LÄNDER:

Türkei   20 722
Polen   6588
Serbien   3549
Bulgarien   3401
Italien   3298
»Ungeklärt« (palästinensische Gebiete)   3254
Rumänien   2865
Libanon   2398
Frankreich   2043
Spanien   1675
Großbritannien   1648
Bosnien-Herzegowina   1622
Kroatien   1490
Griechenland   1463
USA   1347
Mazedonien   1284

Österreich   1123

Syrien   943

Kosovo   767

Russische Föderation   703

Niederlande   675

Schweden   609

Thailand   566

Ukraine   511

Schweiz   510

Australien   459

Portugal   445

Vietnam   418

Dänemark   400

(Die zum großen Teil aus Syrien stammenden Flüchtlinge, die im Jahr 2015 nach Neukölln kamen, sind in diesen Zahlen des Landeseinwohneramtes Berlin-Brandenburg vom Juni 2015 noch nicht erfasst.)

UND DIES SIND
DIE KLEINSTEN GRUPPEN:

Burundi   3

Guinea-Bissau   3

Komoren   3

Malawi   3

Mauretanien   3

Namibia   3

Niger   3

Barbados   3

Belize   3

Dominica   3

El Salvador   3
Honduras   3
Malediven   3
Singapur   3

DIE »GENTRIFIZIERUNG« WIRD ZU SOZIALEN UNRUHEN FÜHREN

Auch in einigen Ecken Neuköllns steigen die Mieten, es machen Cafés auf, die junge Elite aus aller Welt schaut vorbei. Doch ganz so leicht lässt sich der Stadtteil nicht zu dem beschaulichen Bullerbü für Erwachsene machen, das in Prenzlauer Berg erfolgreich eingerichtet wurde. Der Stadtforscher Andrej Holm kann erklären, was passiert – und warum es in Neukölln noch zu harten Konflikten kommen wird.

In der herrlichen TV-Serie »Bored to Death« spielt der aus Filmen wie *Grand Budapest Hotel* und *Marie Antoinette* bekannte Schauspieler Jason Schwartzman einen etwas depressiven New Yorker Schriftsteller, Jonathan. Der schaltet in der ersten Folge aus Langeweile eine Anzeige, mit der er sich als Privatdetektiv anbietet. Im Verlauf dreier fantastischer Staffeln stolpert der neurotische, elegante Jude immer wieder in echte Kriminalfälle, die er meist aus Versehen löst. Für die Serie wurde das Wort »Noirotic Comedy« erfunden. Bei einem seiner Abenteuer wird Jonathan gekidnappt. Ein Auto hält mit quietschenden Bremsen neben ihm an, und zwei finstere Typen zerren ihn hinein. Jonathan schreit noch: »Das muss ein Irrtum sein … Diese Gegend ist doch seit Jahren schon gentrifiziert!« So ist das mit der Gentrifizierung – sie funktioniert mitunter nicht ganz so, wie diejenigen es sich vorstellen, die von ihr profitieren. Die Szene aus »Bored to Death« spielt zwar in Brooklyn, könnte sich aber genauso in Neukölln ereignen.

Doch einmal von vorn. Vor zehn Jahren kannte noch niemand das Wort »Gentrifizierung«, heute ist es aus dem urbanen Smalltalk nicht mehr wegzudenken. Es beschreibt den Prozess, in dessen Verlauf ein ehemals heruntergekommener Stadtteil »aufgewertet« wird, wie es im Maklersprech heißt. Fassaden werden gestrichen, Cafés und kleine Geschäfte kommen, die Mieten steigen, ärmere Bewohner gehen, und die urbane Elite lässt sich in Neubauten mit bodentiefen Fenstern nieder.

Das Verwirrende daran ist: Die Kreativen der Stadt, die Künstler, die kein Geld haben, aber ein Atelier brauchen, und die Musiker, die in Hinterhöfen improvisierte Studios einrichten, sind schuld. Oder sie lösen den Prozess zumindest aus. Ein Freund berichtete mir, in New York habe es ihm eine Amerikanerin so erklärt: Erst ist ein Viertel heruntergekommen, die Migranten wohnen dort. Dann kommen die Künstler, dann die Schwulen. Danach kommen Studenten und junge kreative Familien, die noch ein wenig städtisches Leben spüren wollen. Dann kommen die lesbischen Karrierefrauen. (Zu dieser Gruppe zählte sich die Gesprächspartnerin.) So hangele sich ein Viertel hoch. Und plötzlich ist der Stadtteil ein teures Museum. Und dann ärgern sich auf der Christopher Street, der Geburtsstätte der Schwulenbewegung, die alteingesessenen Gays über das junge homosexuelle Volk, das fröhlich durch die Straßen zieht, um am Hudson River zu feiern. Oder: Auf der Admiralbrücke, die in Kreuzberg über den Landwehrkanal führt, entdecken junge Spanier und Italiener die lauen Sommernächte. Die Brücke wird zum Treffpunkt, irgendwann trinken Hunderte dort ihr Bier. Und dann freut Berlin sich nicht, sondern dann kommt Gift und Galle der Anwohner. Ausgerechnet die Altachtundsechziger, die diese Gegend traditionell bevölkern, protestierten im Jahr 2011 vehement und verteilten Aufkleber wie »Berlin hates you«, die an die jungen Touristen gerichtet waren.

Ist eine Gegend gentrifiziert, braucht sie Ruhe. Die deutsche Bürgerlichkeit breitet sich dann aus. In Prenzlauer Berg ist das schon geschehen, die Clubs sind tot, die alternativen Galerien weg, die Bars schließen früh. Das Viertel ist »nur für Reiche« da, wie ein Graffito mal behauptete – und es hatte vielleicht recht damit.

Im Frühjahr 2015 fand eine Studie der Investitionsbank Berlin, die sich auf Daten des Statistischen Landesamtes bezog, heraus, dass Wohnungen in Berlin immer kleiner werden (was sich natürlich auf die bezieht, die neu gebaut werden). Mitnichten wollen die Berliner gern beengter wohnen. Aber sie können sich den Platz einfach nicht mehr leisten. Die Baupreise sind zwischen 2008 und 2014 um 45 Prozent angestiegen, Bauland wird immer teurer, und daher sank die Größe der durchschnittlichen Neubauwohnung von 110 auf 85 Quadratmeter. Die Tatsache, dass es weiterhin viele Singles gibt, erklärt das nicht. Die Mieten stiegen, weil jeder mitverdienen will, im gleichen Zeitraum noch extremer. Insgesamt um 46 Prozent, aber überall, wo urbanes Leben stattfindet, wesentlich krasser: in Kreuzberg rund um den Görlitzer Park etwa um 97 Prozent; in Berlin-Mitte um 82 Prozent; und Prenzlauer Berg, etwa der Kollwitzkiez, wurde nicht ausgewertet. Dort ist inzwischen alles so teuer, dass sich fast überhaupt keine Mieter mehr finden.

Dort ist der Prozess zu Ende, der in Neukölln auch schon beginnt. Aber hier ist alles etwas anders. Im Reuterkiez, der nördlichsten, an Kreuzberg angrenzenden Ecke Neuköllns, haben zwar schicke Cafés mit weiß gestrichenen Wänden eröffnet, es gibt einen Hutladen und einen »Sewing Space«, in dem man sich unter Anleitung Designermode nähen kann. Kurzum: Es gibt Dinge, die junge Menschen mögen, die ein bisschen Geld übrig haben. Manchmal prallen Welten aufeinander. Im Schillerkiez, der anderen aufstrebenden Ecke Neuköllns, hat ein koreanisches

Restaurant eröffnet. Für eine winzige, nicht einmal handtellergroße Schale mit Kimchi, der Landesspezialität aus vergorenem
Kohl, zahlt man zwei Euro. Das kleine Bier kostet 3,50 Euro,
dreimal so viel wie in der Biker-Kneipe gegenüber. Wenn beide
nebeneinander bestehen können, ist alles gut, ich kann ja auch
einen anderen Koreaner der Stadt besuchen. Wenn aber der Vermieter der Bierkneipe auf die Idee kommt, er könnte seinem Wirt
ja mal kündigen und für das Dreifache an ein Modegeschäft vermieten, ist alles vorbei. Dann kommt die gehobene Monokultur,
die ein Viertel zerstört.

Aber warum muss das immer so laufen? So verlief die Evo-
lution von Städten doch früher nicht, da bin ich mit meinen
altersbedingt rudimentären Erinnerungen an die Achtziger sicher. Warum ist der Ablauf immer der gleiche? Das Hamburger Schanzenviertel hatte es vorgemacht, Köln-Ehrenfeld oder
München rund um den Gärtnerplatz und noch etliche andere
Gegenden sind gefolgt. Plötzlich verschwinden die Türken, Araber und Osteuropäer. Und die deutschen Zecher. Ihre Eckkneipen sowieso.

Um zu ergründen, was es mit der Gentrifizierung wirklich
auf sich hat, besuche ich Andrej Holm. Der Soziologe ist so etwas wie Deutschlands oberster Denker zu diesem Thema. In
mehreren Büchern und Hunderten Vorträgen hat er schon erklärt, was Gentrifizierung wirklich ist – das wird nämlich meistens missverstanden. »In Zeitungsartikeln ist immer von Latte-
Macchiato-Müttern die Rede«, sagt er. »Dabei ist Gentrifikation
nicht primär ein Phänomen von Lifestyle oder Ähnlichem, sondern ein ganz handfester wirtschaftlicher Vorgang.« Wir sitzen
in seinem Zimmer an der Berliner Humboldt-Universität, auf
seinem Tisch liegt zwischen Tausenden Zetteln und Aufsätzen
ein Buch über untergegangene Kneipenkultur. Und auch Lite-
ratur über den klassischen Sozialismus.

Tatsächlich lässt sich das Phänomen Gentrifikation recht gut mit marxistischen Begriffen beschreiben, Holm erwähnt das auch mit einem Augenzwinkern, er weiß, dass man als Ewiggestriger oder als Exot gilt, wenn man Marx und Engels liest. Letzterer aber schrieb in seinem Essay »Zur Wohnungsfrage«: »Die Ausdehnung der modernen großen Städte gibt in gewissen, besonders in den zentral gelegenen Strichen derselben dem Grund und Boden einen künstlichen, oft kolossal steigenden Wert; (…) Das Resultat ist, dass die Arbeiter vom Mittelpunkt der Städte an den Umkreis gedrängt, dass Arbeiter- und überhaupt kleinere Wohnungen selten und teuer werden und oft gar nicht zu haben sind, denn unter diesen Verhältnissen wird die Bauindustrie, der teurere Wohnungen ein weit besseres Spekulationsfeld bieten, immer nur ausnahmsweise Arbeiterwohnungen bauen.«

Das Geheimnis der Gentrifizierung ist etwas, das man die »Ertragslücke« nennt – die Lücke zwischen dem, was tatsächlich mit Mieten eingenommen wird, und dem, was eingenommen werden könnte. Gerade die »schlechten« Stadtviertel, in denen es keine hübschen Geschäfte gibt und keine Szenebars, sind für Immobilienspekulation besonders interessant, denn sie haben ja noch viel Spielraum nach oben, sich zu entwickeln, in ihnen könnte man besonders viel verdienen. Weil Anleger darauf hoffen, investieren sie eben auch in Neukölln. Nachdem Mitte, Prenzlauer Berg und Kreuzberg abgegrast waren, entdeckten die Investoren aus Japan und Skandinavien vor etwa zehn Jahren auch Neukölln. Inzwischen soll die Gegend um den Reuterplatz, an der Grenze zu Kreuzberg, eine der teuersten Berlins sein. Kaltmieten von 12 Euro pro Quadratmeter für düstere Erdgeschosswohnungen sind dort normal.

»Vorwerfen kann man privaten Investoren nicht, dass sie Geld mit ihren Wohnungen verdienen wollen, so funktioniert Kapitalismus nun einmal«, sagt Holm. »Allerdings haben wir in Berlin viele Fälle von unrechtmäßigen Mieterhöhungen, von Drohungen gegen Mieterinnen und Mieter, von vorgeschobenen energetischen Sanierungen.« Fiktive Modernisierungsankündigungen nennt der Mieterverein Berlin das. Tricks, um Mieter zum Auszug zu bewegen. Bei einer Neuvermietung kann der Eigentümer die Miete dann beliebig erhöhen. Und er tut es. Berliner zahlten 2009 durchschnittlich 4,83 Euro pro Quadratmeter, 2011 schon 5,21 Euro. Der Durchschnittspreis bei Neuvermietungen lag 2014 dann bei 8 Euro. Staatliche Steuerinstrumente, die die Mietenexplosion aufhalten sollen, greifen nicht. Die Regeln für »Milieuschutzgebiete« oder das Verbot der Ferienwohnungen werden schlicht nicht umgesetzt, weil die Bezirke keine oder zu wenig Mitarbeiter dafür bereitstellen. Was nicht kontrolliert wird, wird auch nicht durchgesetzt.

Der Reigen der Verdrängung, der die Stadt einige Jahre bestimmte und das Gesicht von Gegenden wie Prenzlauer Berg, Pankow oder Teilen von Moabit total veränderte, kommt an seine Grenze. Es gibt schlicht keine Orte mehr, wohin man ausweichen könnte. »Auch unter Druck verlassen die Leute ihre Wohnung nicht mehr«, erklärt Andrej Holm. »Der Umzug in etwas Angemessenes und Bezahlbares ist für die meisten nicht mehr drin in Berlin. Das ist eine Zeitenwende, das hatten wir so noch nicht.«

Das Phänomen lässt sich messen. Die Zahl der Umzüge innerhalb der Stadt ist in den vergangenen fünf Jahren um knapp ein Drittel zurückgegangen. Rund 200 000 Haushalte sind zu arm, um verdrängt zu werden, also jeder zehnte. Holms Arbeitsgruppe stellt fest, dass Menschen in den Wohnungen eher zusammenrücken, es leben mehr Personen auf engem Raum. Alte Grundsätze wie der, dass jedes Kind sein eigenes Zimmer bekommen soll, fallen als Erstes. Die Kinder von Einwanderern in Neukölln (und sicherlich auch anderswo im ganzen Land) betrifft das besonders mit ungünstigen Folgen: »Dann gelingt die Integration nicht, weil die Schulleistungen nicht da sind – aber das Kind hat ja gar keinen Raum, um in Ruhe zu lernen.«

In der öffentlichen Diskussion klingt es zuweilen, als wäre alles ganz einfach: Es müsse viel gebaut werden, damit viele Wohnungen entstehen und dann der gute alte Mechanismus von Angebot und Nachfrage die Preise reguliert. Das Tempelhofer Feld, das teils zu Neukölln und teils zu Tempelhof gehört, ein Paradies für Radler, Skater, Gärtner und auch für meine Familie, sollte deswegen am Rand (und mehrere Hundert Meter in das Feld hinein) bebaut werden. So wollte es der Senat. Im Mai 2014 entschied das Volk dagegen, das Volksbegehren »100 % Tempelhofer Feld« war mit großer Mehrheit erfolgreich. Der damalige Bürgermeister Klaus Wowereit gestand seine Niederlage ein und dankte bald danach auch schon ab, im Sommer verkündete er seinen Rücktritt. Damals motzten einige Bekannte von mir über den Volksentscheid, etwa auf Facebook, einer schrieb: »Menschenverstand wäre besser gewesen.« Was die Gegner des Volksbegehrens bewegte, ist eine Vorstellung, die zurzeit immer wieder geäußert wird: Nur Bauen helfe gegen die Wohnungsnot. Auf den ersten Blick erscheint das logisch, und deswegen hinterfragt es niemand. Wenn mehr Wohnungen da sind, passen Angebot und Nachfrage wieder zusammen, die Preise steigen nicht mehr. Oder?

Der Gentrifikationsforscher widerspricht. Seine Logik: Neubauten, die zurzeit entstehen, werden immer um die zehn Euro pro Quadratmeter netto kalt kosten oder mehr. Das nützt denen, die sich vor Verdrängung fürchten, aber gar nichts, denn das können sie sich sowieso nicht leisten. In dem Bereich der Zehn-Euro-Mieten gebe es gar keine Wohnungsnot in Berlin, behauptet Holm, denn wer das bezahlen kann, finde jederzeit etwas. »Es ist deswegen eine Lüge oder jedenfalls Selbstbetrug, wenn man behauptet, wir müssen mehr neu bauen, dann lässt die Wohnungsnot endlich nach. Der Neubau hat im Moment das Gegenteil von Entspannung zur Folge, zurzeit verschärft das Bauen die Situation noch.« Selbst wenn die Reichen in ihre Neubauwohnungen zögen und die Altbauten freimachten für die anderen: »Zurzeit erzeugt das zwei teure Mieten – die Miete in dem Neubau, der bezogen wird, und die Miete in dem Altbau, der frei wird. Denn die setzt der Vermieter sofort hoch. Neubau macht die Stadt noch teurer, als sie es schon ist.«

Die Wohnungen, die wirklich benötigt werden – nämlich günstige Wohnungen –, gibt es überhaupt nicht. Die Baugruppen oder das Wohneigentum sind, auch bei den historisch niedrigen Zinsen dieser Tage, Lösungen für wenige Privilegierte. Der Gini-Index steigt in Deutschland, ein Wert, der misst, wie gleich oder ungleich das Vermögen im Land verteilt ist. Unser Land, das immer eine starke Mittelschicht hatte, entwickelt sich in eine Zweiklassengesellschaft. Wer unten steht, hat Pech. »Die bedürftigen Mieter sind von der Wohnungsversorgung komplett ausgeschlossen. Das ist eine Dramatisierung, die es so vorher nicht gab«, sagt Holm.

Aber warum passiert das eigentlich alles? Warum ist das Wohnen ein Problemthema geworden, das es vorher nie war? Der Forscher hat zwei Erklärungen. Erstens hätten die Arbeits- und Lebensbedingungen sich sehr verändert, mehr Menschen wollen in der Stadt wohnen. Das klassische Familienwohnen verschwindet aus unseren demografischen Strukturen. Für eine Familie mit mehreren Kindern, vielleicht sogar einer Oma im Haus, war das Eigenheim die perfekte Lösung. Heute aber sind die Menschen lange oder immer wieder mal Single, sie müssen flexibel sein, gebrochene Berufsbiografien in verschiedenen Dienstleistungsbranchen durchleben, sich ständig weiterbilden. Da ist das Eigenheim ungefähr das Letzte, was man braucht. Wer bis 22 Uhr an einem Projekt sitzt und danach in der Kneipe neue Aufträge sucht, erreicht den Pendlerbus an den Stadtrand nicht mehr.

Wenn ich meinen Freundeskreis vor meinem inneren Auge passieren lasse, sehe ich in der Tat einige Singles. Und dass obwohl die meisten von uns auch schon um die vierzig sind. Gleich mehrere haben sich getrennt, und einer lebt allein in einer Wohnung, die für meine ganze fünfköpfige Familie reichen würde. Ein anderer hat zwar Haus und Familie, pendelt aber in eine andere Stadt und belegt dort noch eine kleine Bude. Andere sind gleich überzeugte Singles, sehr aktiv mit wechselnden Partnerinnen und auf Partys. Dass unser Arbeitsleben fordernder geworden ist, das klassische Familienmodell seltener und das Leben in der Stadt »versingelt« (das Wort gibt es wirklich) – dafür braucht man nicht einmal die eindeutigen Statistiken zur Hand zu nehmen, das ist offensichtlich.

Und dann gibt es zweitens noch ein Phänomen, das mit dem internationalen Kapitalfluss zu tun hat. Es gebe viel mehr Finanzmittel weltweit, die nach Anlage suchen. Das Geld in der Industrieproduktion reduziert sich, ein Überschuss wandert auf den Geldmärkten hin und her. Internationale Anleger und Fonds legen in Berliner Immobilien an. So drängt Geld in die Städte. Natürlich lieber in günstige Städte – und innerhalb der Stadt nicht unbedingt in Neubau, zu riskant. Man kauft einfach ein Haus und wartet auf die steigenden Mieten. Zurzeit wird für eine Milliarde Euro pro Jahr Bauland gekauft. An Bestandsimmobilien wurden 2007 drei Milliarden ausgegeben, 2014 schon neun Milliarden. Das ist das beliebte Investment. Wenn einmal sehr viel bezahlt wurde, ist ein hoher Verwertungsdruck da – dann wird die Verdrängung vorangetrieben.

In letzter Zeit entlädt sich darüber aber immer mehr Wut. Der Londoner Stadtteil Shoreditch, im Viertel Hackney gelegen, auch so ein Hexenkessel der Gentrifizierung, erlebte im September 2015 massive Proteste. »We must devastate the avenues where the wealthy live« – so lautete ein Transparent bei diesen Demos. Entsprechend wurden in dem einstigen Arbeiterviertel, das unter steigenden Mieten zu leiden hat, einige hübsche neue Ladengeschäfte angegriffen. »Klassenkampf«, sagten andere Banner.

Das ist der Druck, von dem Holm spricht und den auch Neukölln spüren wird. Es gibt nichts mehr, wohin man ausweichen könnte. Für Communities, die auf eine spezifische Ökonomie angewiesen sind, gilt das erst recht: für die Läden mit der Landesküche, den arabischsprachigen Zahnarzt und auch, dass man an den Schulen nicht das exotische Ausländerkind ist, sondern zur Mehrheit gehört. So entstand das Paradox, dass Neukölln das ärmste Quartier mit dem höchsten Anteil von Armen ist, gleichzeitig das Quartier mit den teuersten Neuvermietungsmieten.

Nikolaus Ziegert, der Immobilienmanager, der wie kein anderer das Gesicht der Stadt mit seinen Luxusblocks verändert, baut in der Mainzer Straße ein Ensemble mit 119 topmodernen Wohnungen, die alle an Einzeleigentümer verkauft werden. Der Look der zwei L-förmigen Blocks erinnert, wie das im Moment im sehr gehobenen Neubau seltsamerweise üblich ist, an ein Hotel auf Mallorca. Direkt neben den arabischen Familien und den deutschen Rentnern, die zu Geringstmieten und dennoch teils überbelegt in der »Rollberg-Siedlung« wohnen, werden dann anspruchsvolle Familien gesetzt, die eine halbe Million und mehr für ihre Wohnung mit großzügiger Küchen-Wohnzimmer-Kombi ausgeben konnten – schräg gegenüber von Deutschlands größtem Sozialamt. Der Investor wollte sein Projekt zuerst prunkvoll »Kindl-Residenzen« nennen und ein entsprechendes edles Schild anbringen. »Wenn Sie Ihre Fassade jede Woche neu machen wollen«, soll ihm jemand aus der Stadtverwaltung geraten haben, »dann machen sie das ruhig so.« Ziegert nannte sein Projekt dann doch lieber zurückhaltend »12053«, das ist die Postleitzahl der Gegend.

Das direkte Nebeneinander von Armen und Reichen und der hohe Druck, der damit automatisch auf denen liegt, die sich keine hohe Miete leisten können, die aber auch nicht mehr ausweichen können, entsteht genau so. »Das wird noch zu massiven Konflikten führen«, befürchtet Andrej Holm. Einerseits sieht er die immer extremere Überbelegung bei den Armen, oft den Migranten, kommen. Andererseits den Zuzug der Luxusklientel in ihre hochbezahlten Wohnungen, neubürgerliche Deutsche, die auch Vorstellungen mitbringen, wie ihr Viertel auszusehen habe, Vorstellungen, die an der Realität scheitern könnten. Früher sind die Armen verschwunden, wenn ein Viertel an die Mittelklasse fiel. Das geht jetzt nicht mehr – sie können nicht gehen. »Die Verlierer dieses Prozesses werden ihre Räume verteidigen. Das werden wir in den nächsten Jahren immer häufiger sehen.«

ZETTELKOMMUNIKATION

An einem Baum in einer Nebenstraße nahe des S-Bahnhofs Hermannstraße hat ein Anwohner mit Klebeband und in Folie eine Proklamation an seine Nachbarn angebracht. Der Text ist mit Datum versehen und offensichtlich am heimischen Drucker in großer, fetter Schrifttype ausgedruckt worden, einige Passagen wurden mit orangefarbenem Textmarker eingekreist. Er lautet (Orthografie unverändert):

7.12.2015

Sehr geehrte Damen und Herren, liebe Anwohner!

Wir möchten Euch bitten den Müll, den Hausrat, den Sperrmüll die Fast Food Behältnisse, die unhandlichen Matratzen sowie Windeln, Obst und Gemüse nicht mehr achtlos auf den Gehwegen abzulegen oder den Bäumen abzustellen. Das ist doch wirklich nicht schön, das macht man doch eigentlich auch nicht.

…

Dankeschön !!

Allerdings antwortet ein anderer, mit schwarzem Edding wurde in noch größeren Buchstaben Folgendes darunter gekritzelt:

Zieh doch zurück nach Schwaben Du Lappen! Dit is Neukölln!!! Dit war so. Dit iso. Dit bleibt so.

WIE MEIN SOHN
ABGEZOGEN WURDE

»Türken sind doof!« Was tun, wenn die Kinder einen fremdenfeindlichen Reflex haben? Dass sie eine ganze soziale Gruppe wegen der Herkunft der Familien verteufeln, will man den jungen Menschen nicht durchgehen lassen. Aber dass ein paar Rowdys den Jüngeren das Geld abnehmen, ist verdammt noch mal auch nicht okay. Aber die Straßen des sozialen Brennpunkts haben schon so ihre Mechanismen – Hilfe kommt auch mal von unerwarteter Seite.

»Papa«, sagt mein Sohn, als wir eines Morgens gemeinsam zu seiner Schule spazieren, »ich hasse Türken.«

Jetzt haben wir den Salat, denke ich.

»Was ist mit Acar, deinem tollen Erzieher, den magst du doch?«

»Ja, den meine ich nicht.«

»Der ist aber Türke. Oder seine Eltern zumindest.«

»Der zählt nicht.«

»Und Karan, dein Freund vom Fußball?«

»Ja, was soll mit dem sein, was hat Karan damit zu tun?«

»Türke.«

»Ach ja? Der ist aber anders.«

In den folgenden Wochen etabliert sich im Kinderzimmer ein Spiel. Der eine Sohn sagt: »Türken sind total bescheuert.« Der andere: »Genau, das sind die Blödesten von allen.« Und dann erfinden sie immer weitere fantastische Minusqualitäten, die man ihren türkischstämmigen Mitbürgern auf der Grundschule nachsagen könnte. Habe ich wirklich zwei Pegida-Trottel gezeugt?

Es fing an im Körnerpark, einer schönen neobarocken Anlage. Ein paar Tage zuvor waren wir nach Neukölln gezogen. Das Zentrum des Parks bildet eine große, rechteckige Wiese, ganz baumlos. Also sehe ich gut und deutlich, dass mein kleiner Sohn Quinn am nordwestlichen Ausgang des Gartens steht und weint. Um ihn herum sechs Jungs, etwa drei Jahre älter als er, die ihn anrempeln und herumschubsen. Ich fühle mich bei der Papa-Ehre gepackt und sprinte aus dem Stand hin. Als die Kids mich sehen, suchen sie das Weite, und es beginnt eine alberne Verfolgungsjagd durch die umliegenden Straßen. Irgendwann packe ich mir einen, immerhin der Mutigste von allen, denn er bleibt stehen und stellt sich. »Ich war das nicht, das war Hassan«, sagt er gleich. Und dann nötige ich ihn, mir die Hand zu geben, einzuschlagen, erzähle ihm etwas in dem Sinne, dass das unfair war und er den Kleineren doch lieber helfen soll, und er sagt: »Tschuldigung.«

Ganz gut gelaufen, finde ich, aber mein Sohn merkt sich, dass das Türken waren. Ich weiß nicht einmal, ob es stimmt, und vermutlich sind es ja, wenn überhaupt, junge Deutsche, denen man die türkische Herkunft etwas ansieht.

Die zweite, leider ähnliche, nur dramatischere Begegnung ein paar Wochen später, findet mitten auf dem Gehweg der Hermannstraße statt. Leo und Quinn waren beim Lego-Geschäft, aber das Spielzeuggeschäft in dieser Gegend unterscheidet sich doch arg von dem, was sie aus dem Prenzlauer Berg gewohnt sind. Im Keller eines kleinen Einkaufszentrums liegt dieser Laden, in dem rumpelig und ohne Konzept irgendwelche Spielzeugkartons herumstehen. Das Personal kommt nicht etwa einfühlsam auf die Kunden zu, sondern popelt hinter einer breiten gelben

Theke in der Nase, bis man schon selbst etwas gefunden hat. In einem Nebenraum gibt es ein Outlet (dabei sieht der Hauptladen schon aus wie ein Outlet). Dort liegt dann endgültig alles wie Müll aufeinander.

Das schöne Lego, das meine Söhne im Sinn hatten, ist nicht zu finden. Keine Polizeistation und kein Kampfnashorn von *Chima*. Also ziehen wir unverrichteter Dinge wieder ab. Das letzte Stück wollen die Kinder allein laufen, einen kleinen Umweg, und ich gehe schon vor. Kurz darauf schleichen meine Söhne mit hängenden Köpfen die Treppe zu unserer Wohnung hoch. Ein paar Jungs (»Türken oder Araber«) hätten sie auf der Straße bedrängt, geschubst und ihnen das Geld abgenommen. »Was?«, schreie ich. Denn Leo hatte ja sein ganzes Taschengeld dabei, gut sichtbar im Brustbeutel um den Hals gehängt. Bin ich bisher zu gutgläubig durch diese Viertel gegangen? Habe ich meine Kinder nicht gut genug auf das raue Leben da draußen vorbereitet? Die beiden sind so durcheinander, dass ihnen erst Minuten später einfällt, dass die Diebe irgendwann Angst bekommen haben und das Geld, so erzählen sie, auf den Boden geschmissen hätten und geflüchtet seien. »Ich hole die Polizei«, habe Leo gerufen. Und dass genau in dem Moment ein Erwachsener an der Gruppe vorbeigegangen sei, war wohl ein Glück. Vorher aber habe Leo noch Frage und Antwort gestanden und preisgegeben, wo er wohne. Jetzt geht bei uns Erwachsenen die Panik los. »Das darfst du doch nicht machen, Leo!«, insistiere ich und male mir aus, wie am nächsten Tag die älteren Brüder von Achmed oder Efe vor unserer Haustür stehen und sich die Hände reiben: »Da wohnt das Kind, das mit 60 Euro in der Tasche herumläuft. Dann gibt es bei den Eltern sicher auch was zu holen. Ha, ha!«

Ein prüfender Blick ins Portemonnaie zeigt, dass fünf Euro fehlen. Weil Leo sich nicht erinnern kann, ob die Jungs bei ihrer

Flucht nicht vielleicht doch einen Schein zurückbehalten haben, nehme ich ihn kurzentschlossen an die Hand und laufe mit ihm die Treppen runter und auf die Straße. Wir durchkämmen ein paar Seitenstraßen. Vielleicht treibt sich die Bande ja noch irgendwo herum. Leider Fehlanzeige. Unser letzter Versuch, etwas herauszufinden, führt uns in den Spätkauf an der Hermannstraße. Dort holen wir regelmäßig eine Flasche Wasser, ein Radler oder die Kinder süße Schnüre – das ist Süßkram aus rotem Gummi, mit dem ich schon als Kind meinen Zähnen auf den Schmelz ging. Wir erklären dem türkischen Ladenbesitzer, dass wir vier Jungs im Alter von circa sieben bis zwölf Jahren suchen, und erzählen ihm die Geschichte, wie sie sich kurz zuvor zugetragen hat. Der Verkäufer reagiert spontan. Er spricht Leo direkt an: »Ich hab dir doch gesagt, du sollst dein Portemonnaie unter das T-Shirt stecken!« Und zu mir: »Ich kenne ihn ja, er war vorhin gerade hier und hat was gekauft. Da habe ich ihm das schon gesagt.« Und wieder zu Leo: »Und? Hast du nicht gemacht?«

Leo guckt verschämt zu Boden. Somit klärt sich immerhin auf, wo ein Teil des verlorenen Geldes geblieben ist. Dann sagt er noch: »Und, warum kommst du nicht zu mir?«, fragt er ihn und schaut ihm eindringlich in die Augen. »Du weißt doch, dass ich hier bin. Das nächste Mal rennst du einfach in meinen Laden. Und wenn die Jungs dir hinterherlaufen, dann kommst du in meine Arme.« Als er dann noch anfügt »Das musste ich früher auch lernen. Und du lernst das auch«, fange ich fast an zu heulen. Leo hat seine Lektion in Sachen Streetlife gelernt. Mit stolzgeschwellter Brust verlässt er das Geschäft. Er weiß jetzt, wo er Hilfe finden kann, wenn es brennt.

Immer wenn wir die Geschichte erzählen, findet sich jemand, der von ähnlichen Erlebnissen aus seiner Kindheit zu berichten weiß. Die Autorin, der Schauspieler, der Chefredakteur, der Grafikdesigner, alle haben sie solche Drangsalierungen erlebt. Ich selbst erinnere mich auch daran. Und die Täter waren Türken, Russen oder auch Deutsche. Interessanterweise dachte man bei den deutschen Kindern: Die sind halt »asi«, weil die Mutter alleinerziehend ist und arbeitslos. Bei den Türken von der angrenzenden Schule war unfaires Verhalten nicht durch soziale Gründe gerechtfertigt. Die waren für uns früher einfach asi, weil sie Türken waren. Oder einfach, weil wir nichts über ihre Familienverhältnisse wussten. Die große Ausnahme waren die Kinder in unserer Klasse, denn das – und jetzt höre ich schon meinen kleinen Sohn – sind ja meine Freunde gewesen. Da rückte das Nationalitäten-Pingpong total in den Hintergrund.

Meist gingen die Übergriffe glimpflich aus. Nazi bin ich deswegen noch lange nicht geworden. Und wir alle haben die Lehre gezogen: Wenn es brenzlig wird, am besten die Beine in die Hand nehmen. Das wiederholen wir jetzt mantrahaft, wenn Leo und Quinn mal übermütig werden und sagen: »Wenn ich Karate kann, dann gebe ich diesen Arschlöchern eins auf die Nase.« Dazu, nämlich dass das Unsinn ist und dass die auch keine »Arschlöcher« sind, sondern Jungs, die man einfach noch ein bisschen besser erziehen muss, haben wir dann gleich wieder neuen Gesprächsstoff.

Und dann war da ja noch das unangenehme Ereignis mit den Fußtritten auf dem Bolzplatz. Auch wenn der Junge Diego heißt und damit einen für mich eher spanisch oder südamerikanisch klingenden Namen hat, oder einen, den Deutsche genauso gut ihrem Sohn geben könnten, für Leo gilt: »Die Türken sind alle aggressiv.«

Was bleibt, ist die traurige Erkenntnis, dass es ein gewisses Maß an Gewalt auf den Straßen gibt. Nach intensivem Grübeln über das Thema geht mir auf, dass ich im Grundschulalter auch mindestens zweimal grundlos von Älteren geschlagen wurde – auf der Straße und auf dem Schulhof. Mir kommt auch wieder in den Sinn, wie unsere Grundschullehrerin damals überhaupt nichts Sinnvolles dazu sagen konnte und wollte, als die Klasse sie um Hilfe bat wegen eines Rowdys, der ab und zu anderen eine scheuerte, einfach so. Und ich bin in der erschreckend ruhigen Hamburger Vorstadt aufgewachsen. Allerdings macht es diese Erinnerung nicht besser. Dass wir auch schon unter Drangsalierungen leiden mussten, ist kein Grund dafür, sie heute als nichtig abzutun.

Bei den Straftaten an Schulen führen die Stadtteile Neukölln und Mitte die Statistik der Berliner Polizei an. Im Schuljahr 2013/2014 wurden an Neuköllner Schulen 546 Straftaten begangen, das ist noch nicht einmal besonders viel im Vergleich mit anderen Gegenden der Stadt. Allerdings: Zu 209 sogenannten Rohheitsdelikten ließen sich Neuköllner Schüler hinreißen, diese Deliktgruppe umfasst Körperverletzung, Nötigung, Bedrohung und Raub. Sie sind um 25 Prozent angestiegen. In Pankow dagegen, dem Verwaltungsbezirk, in dem auch Prenzlauer Berg liegt, sinkt die Zahl der Roheitsdelikte an Schulen, es waren dort nur 76.

Wer daraus alarmistisch eine »Verrohung« Neuköllns ableiten will, ist trotzdem auf dem Holzweg, denn diese Zahlen schwanken von Jahr zu Jahr stark. Während die Annahme, dass Pankow immer harmloser wird, eine gewisse Signifikanz besitzt, ist die umgekehrte Annahme, Neukölln werde härter, nicht haltbar. Wohl aber die, dass es in Neukölln grundsätzlich ein wenig rüder zugeht. (Und in Marzahn noch viel mehr – dort leben weniger Ausländer als sonst in Berlin, unter fünf Prozent.)

Ein Freund, der ähnliche Erfahrungen mit seinem Sohn hatte, ist resigniert. Er sieht nur zwei Möglichkeiten: Entweder du gibst klein bei und bist dann eben die blöde Kartoffel, die immer den Schwanz einzieht und schneller rennt. Oder du gewöhnst dich an die Kultur des rüden Umgangs und der Brutalität. Beides will man nicht. Er hat noch keine Lösung, überlegt aber weiter. Wegziehen kann es nicht sein.

Das wäre ein anderes Modell: Man geht in ein Paradies der Gleichgesinnten, wie Prenzlauer Berg (oder jede kleinere Stadt) eines ist. Erstens langweilt man sich dort aber möglicherweise zu Tode. Und es kann gut sein, dass Deutschland sich davon ein wenig wird verabschieden müssen, jetzt, da so viele Flüchtlinge ins Land kommen, eine Million allein im Jahr 2015. Will man sie wirklich integrieren, wird man eine Aufteilung der Stadt, in der es gediegene, urdeutsche Zonen für Besserverdienende gibt, vielleicht aufgeben wollen. Insofern ist Neukölln eben wirklich überall – das legte das etwas reißerische Buch des Ex-Bürgermeisters Heinz Buschkowsky qua Titel nahe. Gewöhnen wir uns schon einmal daran.

ZEITUNGEN, DIE EIN KIOSK ANBIETET

Die Einkaufspassage »Kindl-Boulevard« könnte, direkt nach dem
»Rialto« in Leverkusen, durchaus die zweithässlichste Einkaufspassage Deutschlands sein. An ihrem Eingang am nördlichen
Ende der Hermannstraße befinden sich ein »kik«-Textilmarkt und
ein großer Krimskrams-Second-Hand, auf dessen zum Verkauf ge-
botenen Sofas immer eine Gruppe von Männern herumlungert.
Geht man ganz hindurch, landet man in Deutschlands größtem
Sozialamt. Allerdings befindet sich ein gut sortierter Kiosk in dieser Einkaufszone. Hier sein Zeitungsangebot:

Arte (deutsch-französisches Kulturmagazin)
Berliner Kurier
Berliner Morgenpost
Berliner Zeitung
Bild-Zeitung
The Economist
Exberliner (englischsprachiges Magazin für in Berlin lebende
    Expats)
Frankfurter Allgemeine Zeitung
Güney (türkische Zeitschrift)
Handelsblatt
Hürriyet (»Freiheit«; drittgrößte türkische Tageszeitung nach Auf-
    lage, donnerstags liegt die deutschsprachige Beilage *Young
    Hürriyet* bei)
Immobilienmarkt
Immobilienjournal
Junge Welt
Moja sudbina (»Mein Schicksal«; serbisches Magazin)
Moja taina (»Mein Geheimnis«; kroatische Frauenzeitschrift)
Le Monde

Le Monde Diplomatique

Lettre

Neue Zürcher Zeitung

Politika (Älteste Tageszeitung Serbiens, erscheint seit 1904)

Sozcü (»Sprecher«; regierungskritische türkische Tageszeitung aus Istanbul)

Süper Bulmaca (»Super-Puzzle«, türkische Quiz-Zeitung)

Süddeutsche Zeitung

Svet plus (»Welt plus«; serbisches Society-Magazin)

Der Tagesspiegel

Tageszeitung

Ukrstene Reci (serbisches Rätselheft)

Ukrstenica (kroatisches Kreuzworträtsel-Blatt)

Vesti (»Nachrichten«; serbische Tageszeitung für das Ausland, gilt als sehr regierungstreu)

Die Zeit

DIE POLIZEI UND DIE GANGS

Der Neuköllner Polizist Karlheinz Gaertner hat 44 Jahre lang die Straßenkriminalität bekämpft, trug immer Handschellen bei sich, auch in seiner
Freizeit. Aufgrund seiner Erfolge war er bei Vorgesetzten und dem LKA
bewundert und gefürchtet. Aber auch als Pensionär liebt er immer noch
das Viertel. Am meisten, sagt er im Rückblick, haben ihm Clans und Gangs
zu schaffen gemacht.

Ich möchte mein Viertel kennenlernen. Also so richtig. In erster
Linie möchte ich, allein schon wegen meiner Kinder, wissen, was
an den kolportierten Geschichten über die »Bronx« Berlins dran
ist. Ist es hier wirklich so gefährlich? Mir ist schon klar, dass
die Nachrichten nur die eine Seite der Medaille sind. Denn wenn
man wie ich den Polizeiticker verfolgt und täglich zu lesen bekommt, was alles passiert, möchte man vor Sorge verrückt werden. Möglicherweise würde einem das aber in jeder anderen Ecke
Berlins oder auch in jeder anderen deutschen Großstadt genauso gehen. Das andere ist die ganz subjektive Wahrnehmung. Ich
persönlich fühle mich nicht sonderlich gefährdet. Auf den Straßen sehe ich Senioren, Groß- und Kleinfamilien, Hipster auf
Rennrädern, und denke mir: Wenn die es alle hier aushalten,
kann es doch so schlimm nicht sein.

Die Kinder schicke ich mittlerweile meist allein zur Schule
und zum Spielen, was anderes käme in unserem Familienalltag
zu fünft gar nicht infrage. Obwohl ich gestehen muss: Als sie
das erste Mal fragten, ob sie allein zum Spielplatz dürften, und

meine Frau kommentarlos die Wohnungstür aufmachte, rief ich: »Spinnt ihr, das ist doch hier Neukölln!« Ich erntete Unverständnis in den Gesichtern meiner Jungs und ein empörtes Augenrollen meiner Gattin. Bei einem abendlichen Gespräch unter vier Augen beschlossen wir Erwachsenen dann, eventuelle Ängste nicht auf unsere Kinder zu übertragen. Sie sollen zu keiner Zeit das Gefühl haben, sich in ihrem Kiez nicht frei bewegen zu können.

Um der tatsächlichen und gefühlten Kriminalität in Neukölln nachzugehen, treffe ich einen Polizisten. Dazu muss ich zur Sonnenallee. New York hat Chinatown und Little Italy. Und Berlin hat die »Arabische Meile«. Manchmal wird dieser Abschnitt der Sonnenallee auch »Gaza-Streifen« genannt oder »Klein-Beirut«. Die Arabische Meile beginnt recht nah am Hermannplatz, wo hin und wieder Palästinenser für die »Freilassung ihrer politischen Gefangenen aus israelischen Gefängnissen« protestieren. Hier gab es aber auch schon Randale zwischen Kurden und Türken.

Ab der Hobrechtstraße, gut einen Kilometer die Sonnenallee entlang, sieht man eine ganz eigene Szene: Vor jedem zweiten Ladengeschäft sitzen Menschen vor Wasserpfeifen, meist Männer, auch mal eine Frau mit Kopftuch, seltener eine ohne. Ein Kind langweilt sich auf seinem Stuhl. Es ist heller Mittag am Wochenende. Die Läden, die keine Shisha-Bar sind, sind arabisch beschriftet. Wettbüros, Elektrohändler, Gardinen und Deko, Bäcker.

»Hier auf der Mittelinsel, da lag er«, sagt Karlheinz Gaertner und zeigt auf die Sonnenallee, die an dieser Stelle eine mächtige sechsspurige Straße mit einem erhöhten Grünstreifen in der Mitte ist. »Wir wurden zu einer Messerstecherei gerufen. Als wir kamen, waren schon etliche andere Personen arabischen Aussehens da, ein regelrechter Menschenauflauf war das.« Gaertner war Polizist, vierundvierzig Jahre lang in Neukölln, Straßenkriminalität. Seit seiner Pensionierung vor zwei Jahren bietet er Stadtteilführungen zum Thema Kriminalität an. Auf einer solchen stehe ich jetzt, mit einem Dutzend anderer. Ein Makler ist dabei, eine junge Referentin aus dem Justizministerium, ein Krankenpfleger, ein Jura-Dozent. »Der lag da also in seinem Blut«, erzählt Gaertner weiter, »aber zuerst kam ein Mann auf uns Polizisten zu und sagte: Alles in Ordnung, wir haben das schon unter uns geregelt, sie können gehen. Er stellte sich mir als arabischer Friedensrichter vor und übergab mir seine Visitenkarte.« Diese Karte hat Gaertner heute noch, er lässt sie nun rumgehen. Da steht ein Name und dann »Arabischer Friedensrichter«. Eine Telefonnummer. Ein Symbol, auf dem sich die deutsche und die palästinensische Flagge kreuzen, daneben zweimal im Ährenkranz die Waage der Justitia. Auf der Rückseite der Karte der Satz, wortwörtlich: »Gemeinsam halt in Frieden & sicher leben. Bürger. Justiz. Polizei.« Darunter, auf Arabisch: »Wenn ihr Gerechtigkeit zwischen den Menschen wollt.« Das übersetzt mir ein Freund. Gaertner ließ sich nicht beirren und verrichtete seine Arbeit wie immer. Als er später merkte, dass Kollegen aus seiner Abteilung ein- oder zweimal wirklich die Nummer des »Friedensrichters« wählten, nahm er allen die Visitenkarten wieder weg.

Irgendeine originelle Geschichte hat der Berliner an fast jeder Straßenecke zu bieten. Hier hat er mal eine Marihuana-Plantage auffliegen lassen, die ein Doktor der Rechtswissenschaften über den ganzen vierten Stock eines Hauses errichtet hatte, dort ließ er einen kommerziellen Fahrraddieb hochgehen, der schon 180 Räder im Innenhof eines Hauses gesammelt hatte. Gaertner war wohl Polizist mit Leib und Seele, er trug immer zwei Paar Handschellen mit sich, auch privat in der Freizeit. Und er gilt als jemand, der mit den Kriminellen immer gut reden konnte.

»Mensch, Werner, du wieder?« So darf man sich das vorstellen, wenn ein Junkie gerade mit dem Diebesgut in der Hand aus einem Erdgeschossfenster ins Freie steigen will und Karlheinz Gaertner schon wartet, weil er was beobachtet hat. »Kalle, nee, echt jetzt?«, hört er dann als Antwort aus dem Halbdunkel. Und dann lässt der Einbrecher sich anstandslos abführen. Vorher sagt Gaertner nur noch: »Jetzt stellen wir das Zeug aber noch zurück.«

Wenn Gaertner erzählt, klingt vieles aber auch ein wenig nach einem Gangsterspielfilm aus dem Nachmittagsprogramm, nach Miss Marple und Pater Brown. Trotz der schrecklich schlechten Menschen, von denen es ein paar in Neukölln gibt, muss man doch nur beherzt anpacken, klar mit den Menschen sprechen, und den Polizeijob ernst nehmen, schon sind die Bösen hinter Gittern. So klingt er. Ich möchte ihm gern glauben.

Er habe Kriminelle immer menschlich behandelt und mit ihnen auch gesprochen, sagt Gaertner. »Ausnahmen waren Gewalttäter, da ist die Abscheu irgendwann zu groß.« Mit einem »richtig üblen Burschen«, der Entführungen und Banküberfälle verübt hatte, konnte er erstaunlicherweise sprechen. Denn der war, so stellte sich heraus, ein Ringer, genau wie er selbst früher. Also plauderten sie drauflos. »Wie man in den Wald hineinruft, so schallt es auch wieder heraus.«

Vierundvierzig Dienstjahre, und Karlheinz Gaertner erzählt immer noch gern von seinen Erlebnissen. Sein Polizistenleben in Neukölln hat der Hauptkommissar und Zivilfahnder schon in mehreren Büchern verarbeitet, zuletzt in der Fallsammlung *Nachtstreife*. Weitere sind in Arbeit. Ich spreche ihn zum ersten Mal im Café von Karstadt am Hermannplatz, einem zentralen, anonymen und praktischen Ort, der auch immer gut für eine Pause unter Polizisten war. Sie trafen sich häufig, er und seine Kollegen. Polizisten müssen reden, um das Erlebte zu verarbeiten, erklärt er. Stundenlang hat er Skat und Doppelkopf gespielt, oft in der Kneipe gesessen, obwohl er weder raucht noch viel trinkt.

Der Zuhälter, der eine Zahnlose wie ein Sklavin bei sich hielt, die Gaertner befreite, der Dealer, der eiskalt aus einer um Hand und Waffe gewickelten Plastiktüte um sich schoss – das bleibt hängen, auch wenn man ein harter Hund ist. Und dann war da noch die Kollegin, die zu einem Fall häuslicher Gewalt gerufen wurde; als sie ankam, warf der Täter gerade den Kopf seiner Ehefrau in den Innenhof. »Gut, dass es dann die Psychologen gibt«, sagt Gaertner. Aber man werde auch noch oft reden, um miteinander zu versuchen zu verstehen. Oder wenigstens, die Sache irgendwie abzulegen. Nur Polizisten verstünden, wie es ist, an einen Tatort zu kommen, die Angst zu empfinden, die Unsicherheit, und dann darum zu ringen, cool zu bleiben. Gaertner kann es, sagt er. Der 62-Jährige ist ein konzentrierter, ein besonnener Typ. Wenn man mit ihm spricht, schaut man sich in die Augen und hört genau hin. Er erklärt dann, wie er das Grundproblem der Gegend sieht.

»Es gibt hier Berufsverbrecher, wahre Gewalttäter, die sich nichts daraus machen, andere Menschen zu schädigen. Ob das Behinderte sind oder eine ältere Dame, die schlagen jeden. Mitleid und Empathie kennen die gar nicht, haben sie vielleicht auch in der Kindheit nie erfahren.« Ein kleiner Teil der Kriminellen sei das, aber, wie er findet, kaum therapierbar. Dann gebe es noch die Drogensüchtigen, die aus der Not heraus Einbrüche und Raub begehen und das »selbst alles kaum mitkriegen«. Heroinabhängige neigen dabei in der Regel nicht zu Gewalttätigkeiten, da macht der Polizei hauptsächlich die Beschaffung Sorgen. Ganz anders als im Fall von Amphetaminen oder Koks. Und es gebe noch die Täter, die aufgrund ihrer strengen Familienstruktur handeln, weil sie Mitglied einer Großfamilie sind. Das alles berichtet Gaertner emotionslos, als erkläre er das Schraubensortiment im Baumarkt. Bei ihm klingt auch alles weniger dramatisch als üblich.

Ist Neukölln wirklich unter arabischen Familien aufgeteilt? »Wer das sagt, übertreibt.« Ein wenig aber nach Delikten: Eine Familie sei zum Beispiel für Amphetamine und andere Drogen zuständig und beanspruche diesen Bereich für sich. Fünf Großfamilien gebe es im Raum Kreuzberg-Neukölln, die aus seiner Sicht in der organisierten Kriminalität aktiv sind. Ähnlich wie die Rocker seien sie »total abgeschottet«, da sage keiner gegen einen anderen aus, die Polizei bekomme keinerlei Informationen. Eine Mafia will er aber in alldem trotzdem nicht sehen. »Hier bei uns sind zum Beispiel keine Politiker gekauft.« Es gibt das Gerücht, die Polizei habe sich einige Jahre lang nicht ins Rollbergviertel getraut, die Siedlung in Rathausnähe. »Das sind alles nur Stammtischparolen, das ist eine Mär«, sagt Gaertner auch dazu eilig. »Dort haben sich zwar verstärkt arabische Burschen rumgetrieben. Aber die Bürger waren auch selbst schuld, weil sie die Polizei nicht rechtzeitig bei bestimmten Delikten riefen.« (Ich habe das aber auch schon anders gehört, in meinen Gesprächen mit Sozialarbeitern und Angestellten des Bezirksamtes fiel auch schon der Satz: »Die Polizisten hatten Angst.«) Heute sei jedenfalls alles unter Kontrolle. Hin und wieder entstehe eine Massenschlägerei, etwa bei Verkehrsunfällen. Gaertner erklärt das so: Es passiert etwas, einer ist schuld, die Versicherung ist zuständig und regelt den Fall unaufgeregt. Das reiche dem ausgeflippten Geschädigten oder auch mal dem Schuldigen aber nicht, einer telefoniert seine Familienangehörigen herbei, in Minutenschnelle sind zwanzig pöbelnde, aggressive Unterstützer angerückt. Die Polizisten kommen zu zweit dazu. »Da muss man die Nerven behalten.«

Gaertner hat mit V-Personen gearbeitet, er hatte phasenweise vielleicht die meisten Informanten von allen Berliner Polizisten, sagt er. Manche seiner Anekdoten klingen abenteuerlich. Einmal wollte jemand einen Juwelier ausrauben, ließ den unterirdischen Tunnel in das Geschäft aber von Türken und Arabern graben, damit er selbst nicht belangt werden konnte. Einbruch und Drogen, das seien die beiden großen Felder einiger Männer aus kurdisch-libanesischen Großfamilien.

Aber Angst müsse man nicht haben auf den Straßen Neuköllns. »Da muss man ein bestimmter Opfertyp sein.« Ein etwa dreizehn- bis zwanzigjähriger Mann etwa, der von anderen Jugendlichen abgezogen wird. Oder eine ältere Frau, das ideale Opfer für Handtaschenraub. (Immer nur deutsch aussehende, die Täter hätten bei Arabern oder Türken Angst vor Rache aus der Familie.) Ich frage ihn, ob ich als um die Vierzigjähriger berufstätiger Normalbürger also sicher bin. Na ja, sagt Gaertner und blickt mich scharf an, »Sie sehen jünger aus und auch ein bisschen naiv, wenn ich das mal so sagen darf. Ein kleiner Überfall wäre schon drin.«

An der früher berüchtigten Rütli-Schule hat er selbst manchmal Unterricht gegeben, da saßen fast nur ausländische Kinder vor ihm. Wenn ein Lehrer als Zeuge vernommen wurde, hat Gaertner die Stunde übernommen. Oft wurde er auch angefordert, weil die Lehrer, wie er sagt, die Sache allein nicht im Griff hatten. Zeitweise hatte er eine Sachbearbeiterin, die nur für Rütli-Fälle zuständig war. Ab und zu gebe es dort heute noch Einsätze. Und dann gebe es an Neuköllner Schulen unter anderem Probleme, mit denen man gar nicht rechnet: Wenn Roma in eine Schule kommen, nehmen die arabischen Eltern ihre Kinder runter. Weil sie – wörtlich sei ihm das von Lehrerinnen mitgeteilt worden – mit diesem »Dreck und den Schweinen« nicht auf eine Schule gehen wollen. Die Lehrer seien dann verzweifelt und rufen ihn an, er könne aber nur etwas machen, »wenn Ross und Reiter genannt werden«. Arabische Kinder, »mit Sicherheit von ihren Eltern angeleitet«, terrorisieren die Roma-Kinder. Keine Zeitung habe das je gedruckt, sagt er, »das passt ja nicht ins Schema«.

Mir kommt mein erstes Erlebnis mit der Polizei in den Sinn. Unser zweiter Sohn Quinn war gerade zur Welt gekommen, ich war mit der Familie in den nördlichen Prenzlauer Berg umgezogen. (Schon damals auf der Flucht vor den hohen Mieten, die in dem an Mitte angrenzenden Süden des Szenestadtteils auch vor zehn Jahren bereits verlangt wurden.) Auf dem Spielplatz bei unserer Wohnung randalierten regelmäßig Teenager. Am Wochenende kamen sie zu mindestens dreißig Leuten auf dem unbeleuchteten Platz zusammen. Als eines Sonntags mehrere Parkbänke aus dem Boden gerissen waren inklusive Betonfuß, und außerdem die Sandkiste mit Glasscherben zerbrochener Bierflaschen übersät war, platzte mir der Kragen, ich rief die Polizei. Es kamen ein sehr langer, dünner, jüngerer Typ und sein gemütlicher, kurz vor der Pension stehender Kollege. Sie sahen sich alles an, und ich erklärte: »Ich weiß, wer das war. Gehen Sie doch einfach mal abends hier auf den Platz hoch und fragen Sie sich ein bisschen durch die Partygruppe.«

»Nein, nein, nein«, sagte der Ältere, und der Lulatsch nickte dazu. »Das ist dann ja dunkel hier.«

Damals war ich schwer enttäuscht. Lässt mein Freund und Helfer sich von ein bisschen Schatten abschrecken? Da müsste man ja fast über eine kriminelle Karriere nachdenken, wenn das so einfach ist. Außerdem: Liegen da keine Taschenlampen hinten in der Grünen Minna?

In Prenzlberg war der Kontakt zur Polizei immer etwas abstrakt. Man sah sie nicht, man brauchte sie nicht. Eine Beamtin kam mal in die Schulklassen und erklärte Dinge wie: nicht mit Fremden mitgehen, laut rufen, wenn jemand unangenehm auf einen zukommt, »fassen Sie mich nicht an!«. Auch wie man Polizisten erkennt, wurde erklärt, etwa an der Dienstmarke.

Hier in Neukölln ist das alles ganz anders. Die Polizei ist sehr präsent, manchmal steht morgens an der Schule ein Polizist, die Eltern grüßen dann. Die Hermannstraße steht praktisch unter ständiger Verkehrskontrolle. Und auch unsere Kinder rufen inzwischen selbst 110 an, wenn wieder der komische Mann im Holzhäuschen auf dem Spielplatz schläft, der angeblich immer das Wort »Kokain« rufe und ihnen schon ein paarmal gedroht habe.

Am Wochenende findet ein Fußballturnier auf dem kleinen Platz am Ende unserer Straße statt. Das Bezirksamt hat eine Mannschaft gestellt, verschiedene Sportvereine, aber auch einfach Jungs, die viel kicken, sind hier – und die Polizei. Vor dem Halbfinale diskutiere ich mit drei Polizisten, warum sie denn schon rausgeflogen sind. Polizisten müssen doch sportlich sein für den Fall, dass sie einen Gangster zu Fuß jagen. Meine Söhne stehen mit großen Augen daneben. »Na klar sind wir alle sportlich«, sagt ein breitschultriger Beamter. »Aber wenn die anderen mehr Tore schießen, nützt das alles nichts.«

Das Einzige, was ihn schon enttäusche, seien »einige deutsche Schlaumeier«, wie er es nennt. Polizeiarbeit werde von diesen nämlich grundsätzlich kritisch beäugt. Wenn er rechtmäßig eine normale Überprüfung vornehme oder mal in Zivil einen Taschendieb festnehme, der vielleicht dunkle Haut habe, komme oft ein Passant und werfe ihm Rassismus vor.

Ein Polizistenleben in Neukölln: »War ne gute Sache«, sagt er, »ist okay, ich würde es wieder machen.« Aber würde er hierherziehen? »Inzwischen wieder«, sagt er. Das Viertel um den Reuterplatz, wo die spanischen Gaststudenten abends ihre Cocktails schlürfen, wo sich eine andere, westliche Internationalität ausgebreitet hat, das mag er richtig gern. Da würde er wiederkommen – denn Gaertner, der anfangs mittendrin gewohnt hat, ist in den Süden Neuköllns umgezogen, in die ganz ruhige und bürgerliche Ecke dieses großen Stadtteils.

Was mir wieder im Gedächtnis bleibt, ist die Rede von den Opfertypen. Entweder bist du ein Opfer, oder du bist keins. Nicht meinetwegen macht mir das Sorgen, aber wegen meiner Söhne. Noch sind sie ja klein und süß. Fast noch jedenfalls. Aber irgendwann werden sie auch Teenager und abends auf der Straße unterwegs sein. Eine Freundin, deren Sohn jetzt zwölf ist, antwortete auf meine Frage, was die Großstadt-Kids denn in dem Alter so treiben: »Irgendwann muss man locker lassen. Die haben dann alle ein Monatsticket und fahren ganz selbstverständlich durch Berlin. Die stehen dann auch mal hilflos auf einem S-Bahnhof und rufen an, weil sie den Rückweg nicht finden.« Okay, denke ich, also abwarten. Und wenn es hart auf hart kommt, schicke ich sie vielleicht doch auf das Gymnasium im benachbarten Schöneberg. Oder, wenn sie das dann noch möchten, zurück nach Prenzlauer Berg.

Denn ganz sicher, wie ich die Kriminalität auf den Straßen unseres Viertels einschätzen soll, bin ich immer noch nicht. Die Senatsverwaltung für Justiz ließ im Dezember 2015 eine Studie anfertigen, um zu erforschen, ob es ein eigenes, illegales Recht unter arabischen Großfamilien gibt. Für die Studie »Paralleljustiz«, verfasst von einem deutschen Rechtswissenschaftler und einem arabischstämmigen Politologen, wurden muslimische Berliner anonym befragt, darunter viele Neuköllner, wo diese Strukturen blühen, wenn überhaupt. 93 Personen wurden interviewt, 35 Imame, 18 Clanmitglieder, ansonsten Sozialarbeiter, Polizisten, Experten aus dem Drogenmilieu und Journalisten. Ein Ergebnis: Die Friedensrichter seien kaum bedeutend, inoffizielle Scharia-Gerichte gebe es gar nicht. Aber dass jemand hohe Summen zahlen muss, wenn er einen anderen verletzt hat, selbst versehentlich, um Ehre wiederherzustellen – solche Dinge passierten und werden unter Einschaltung der Clan-Ältesten ausgemacht. Einschüchterung gehört dazu, die Streitschlichtung ist nicht freiwillig. Die Studie folgert, dass »das Clansystem mit seiner ausgeprägten Schattenwirtschaft tiefe Wurzeln geschlagen hat und nur mit einer wohldurchdachten, langfristigen Strategie aus ihrem Dasein als Parallelgesellschaft herausgeholt werden kann«. Ein Ergebnis der Studie ist übrigens auch, dass viele Muslime unter den Clan-Strukturen und der Paralleljustiz leiden. Berlins Justizsenator Thomas Heilmann sagte, als er die Studie vorstellte: »Mich hat überrascht, wie verfestigt das Problem ist.«

Das sieht manchmal so aus: Ein Vierzigjähriger sagte vor Gericht gegen ein Mitglied einer bekannten Familie aus. Ein paar Wochen später greifen ihn Freunde derselben Familie in einem Café an, wo er gerade Karten spielt, verletzen ihn lebensgefährlich mit 13 Messerstichen. Die Staatsanwältin spricht von Rache.

Während ich das Kapitel schreibe, macht das E-Mail-Programm »Ping«, die Berliner Polizeimeldungen bezüglich des gestrigen Tags sind da. In Mitte wurden drei Radfahrer bei Unfällen schwer verletzt, in Charlottenburg weitere Verkehrsunfälle, in Spandau hat jemand ein Motorrad angezündet. Und Neukölln – zwei brutale Überfälle: ein Lottogeschäft und eine Tankstelle. Beide in meiner Nähe.

SPEISEKARTE DES RESTAURANTS
»INDUSTRY STANDARD«

Das »Industry Standard«, ein hyperurbanes neues Restaurant auf der Sonnenallee, eigentlich mitten in der »arabischen Meile« Berlins, verkörpert geradezu idealtypisch das neue Neukölln. Das Restaurant mit großen Schaufenstern und offener Küche hat einen irischen Barkeeper, einen mexikanischen und einen norwegischen Koch. Es bietet mediterrane Gerichte, wobei die Teller nackt und reduziert dargeboten werden und eigentlich mittelgroße Tapas sind. Viel Eingelegtes und Fermentiertes, auch Innereien. Veganer bekommen mitunter auf Nachfrage etwas. Der Besuch lohnt sich, weil fast alles schmeckt. Es ist aber auch teuer.

MENU

Solei   1,5

Nüsse   2

Oliven und Anchovis   3

Eingelegtes Gemüse   8

Wurstwaren-Teller   12

Brot und Butter   3

Auster auf Mexikaner 5

Makrele · Gurke · Radieschen · Soja   10

Geräucherter Aal · Sellerie · Birne   12

Caprese   9

Kichererbsen   6

Rote Paprika · Sardellen · Payoyo · Pistazien   10

Blutkuchen · Spiegelei · Majoran   9

Tartare vom Rind · Geräucherter Kabeljaurogen · Kohlrabi   16

Knochenmark · Meerfenchel · Schwertmuschel ·
    Gewürzgurke   12

mit einem Shot Knochenmark-Butter Bourbon   +4

Schweinezunge auf Toast   10
Schweinebauch · Grünkohl · Apfel   12
Rote Beete · Lakritze · Holunder   8
Geräucherter Ricotta · Kürbis · Haselnuss   10
Gegrillter Lauch · Zwiebel · Ei   7
David's Käseplatte   12
Zitronentarte   5
Pflaumen · Müsli · Weiße Schokolade   6

SOURS   8
your choice of spirit + citrus + sugar + egg white

LONG DRINKS   7
your choice of spirit and mixer + top glass + ice

CLASSIC COCKTAILS   8
Old Fashioned
Moscow Mule
Bloody Mary
Aperol Spritz
Margarita Negroni
Daiquiri Collins

HOUSE COCKTAILS   9
Sloe Gin Fizz
Sloe Gin. Old Tom Gin. Lemon. Soda.

Gin Rickey
Tanqueray. Lime. Soda. Honey.

Royal Navy
Old Tom. Sweet Vermouth. Fino Sherry. Orange bitters.

Florodora
Old Tom. Raspberries. Lime. Ginger.

Admiral Schley Punch
Spicy Rum. Bulleit Bourbon. Lime. Mint.

Padre Amaro
Bulleit Rye. Amaro Nonino. Vermouth. Bitters.

ELTERN ÄRGERN SICH
ÜBER DIE GUTEN STADTVIERTEL

Die da oben – wir hier unten. Zwischen den eher wohlhabenden Schulen in »guten« Stadtteilen und denen im sozialen Brennpunkt gibt es erhebliche Unterschiede. Dabei sollte das Bildungssystem doch für alle gleich sein.

Auf dem Elternabend berichtet Leos Klassenlehrerin von ihrem Ausflug in die Waldschule, der den Kindern einen Riesenspaß gemacht hat, aber auch eine gewisse Herausforderung für die Stadtkids war. »Stundenlang«, so Leo nach seiner Heimkehr, seien sie in Kleingruppen zu fünf Kindern durch die Wildnis gestreift, immer den Markierungen nach, die die Erzieher der Waldschule hinterlassen hätten. Alle seien am Zielpunkt angekommen. Nur eine Gruppe hätten sie am Ende suchen müssen, denn die hätten, so Leo, sich einfach mit dem Handy an den Wegesrand gesetzt und Youtube-Filmchen geguckt. Ich staune nicht schlecht. Mein Sohn sieht mein erstauntes Gesicht und kontert mit dem üblichen, lässig dahingesagten Spruch: »Die haben einen Verweis bekommen.« Ob das stimmt, weiß ich nicht, und was das genau bedeutet, »einen Verweis bekommen«, weiß ich auch nicht. Vielleicht ist aber auch die ganze Geschichte erstunken und erlogen und nur dazu erdacht, Papa nonchalant klarzumachen, dass sich andere Kinder in Leos Alter schon Besitzer eines Smartphones nennen dürfen.

Dann fragt einer der anwesenden Papas, ob die Kinder denn den Preis gewonnen hätten. Aha, denke ich, da gab es was zu gewinnen, wahrscheinlich wurde die Gruppe, die den Weg am schnellsten oder klügsten zurückgelegt hatte, mit einem Preis bedacht. Was das war, sagt die Klassenlehrerin auch, eine Übernachtung in der Waldschule. Aber schnell winkt sie ab und sagt: »Ach, da gewinnen wir sowieso nie. Da kommen immer die Grundschulen aus Prenzlauer Berg, das sind total homogene Gruppen. Und dann sagen sie immer« – hier schraubt sich ihre Stimme in einen nervigen Singsang hinauf – »Wir sind die Besten! Uns haben sie aber gesagt, wir sind eh die Besten!‹ Ich meine«, fügt sie erklärend hinzu, »unsere Schüler sind halt teilweise auf einem anderen Stand, was die Sprache angeht.« Als ob das nicht alle wüssten. »Das passt zum Prenzlauer Berg«, sagt Marthe, die neben mir sitzt, sie lacht, und auch ich lache ein bisschen in mich hinein. Aber etwas angegriffen fühle ich mich irgendwie auch. Denn letztlich sind unsere Kinder ja auch gebürtige Prenzlauer Berger, gerade zugezogenes Frischfleisch, und ich finde es ein bisschen unverfroren, wie hier unter Erwachsenen darüber hergezogen wird, dass die Startbedingungen für die meisten da oben im Berliner Norden besser sind.

Sogar unsere Kinder sehen das so. Auch sie vermissen ihre alte Schule manchmal. Wenn ich dann frage »Was war an der alten Schule denn besser?«, sagen Quinn und Leo wie aus einem Mund: »Alles.« So argumentieren Sieben- und Neunjährige eben. Aber sie meinen den größeren Schulhof, das Fußballfeld, die zahlreichen Angebote und Projekte. »Es gab Fußballturniere«, sagt Leo. »Keine Noten«, sagt Quinn. Dort verfügte man über Fördergelder, von denen so manche Schule in Neukölln nur träumen kann. Dazu kam, dass sich viele der Eltern ehrenamtlich im Förderverein engagierten, der jedes Jahr dazu beitrug, Mittel für Theaterprojekte, neue Tischtennisplatten, Filmkameras oder sogenannte Kulturagenten zu rekrutieren, die vom Bund gefördert künstlerische Projekte neben dem normalen Unterricht organisieren. Dazu gehörte einmal im Jahr ein Tanztheater mit Hunderten Schülern.

Tatsächlich gibt es auch hier schöne Veranstaltungen, und die neue Schule macht in Wirklichkeit einen hervorragenden Eindruck. Julia und ich freuen uns sogar, in unserem ersten Sommer in Neukölln auch zum ersten Mal auf einem ganz unprätentiösen Schulfest zu stehen. Es gibt Dosenwerfen, eine Rallye und ein kleines Bühnenprogramm mit Chor und hinterher Breakdance. Es gibt keine Diskussionen über Bio-Würste und kein komplexes Bezahlsystem am Kuchenstand mit selbstgebastelten Marken, die man schon am Vortag für Geld erwerben kann.

Und gute Freunde haben beide Jungs an ihrer neuen Schule auch sofort gefunden.

WARUM EIN PARISER SOZIALARBEITER DEUTSCHE TUGENDEN LEHRT

»Die Ehre der Deutschen ist die Pünktlichkeit«: Das Rollbergviertel im Norden Neuköllns zeigt, wie schlechte Stadtplanung das soziale Leben zerstören kann. Das Viertel war der »Brennpunkt« par excellence, bis er kam: Gilles Duhem. Der französische Sozialarbeiter macht vor, wie Integration funktioniert.

»Ich hoffe, dass ich deine Prenzlauer-Berg-Gutmenschen-Überzeugungen erschüttert habe«, sagt der nette Franzose. Der scheinbar nette Franzose. Er grinst, als meine er es auch so. Gerade hat Gilles mir geraten, meine Kinder doch lieber in einen anderen Stadtteil auf die Schule zu schicken. Vielleicht. Ich müsse es halt wissen. Und dabei ist es sein Leben, Migrantenkindern in der Schule zu helfen. Aber eins nach dem anderen.

Alles fing so an: Ich hatte mir doch noch mal wieder Sorgen um die Zukunft meiner Kinder gemacht. Das muss so ein bürgerlicher Reflex sein, der einfach nicht abzustellen ist. Eine Bekannte erzählte mir, dass das eine hoch angesehene Gymnasium unten in Britz einen Numerus clausus hat. Wenn die Kinder die sechste Klasse nicht mit 1,8 schaffen, können sie die höhere Schule gleich vergessen. Willkommen in der modernen Leistungsgesellschaft! Aber selbst wenn wir uns solchem Karriere-Wahnsinn verweigern, Gedanken macht man sich hier mehr als früher. Eigentlich ständig.

Besucht habe ich Gilles Duhem, weil ich das Rollbergviertel verstehen will. Die schwierige Gegend Nord-Neuköllns. Den Brennpunkt im Brennpunkt. Wenn man all die in den Zeitungen so oft umgerührten Superlative aufeinander bezieht, müsste es die härteste Gegend Deutschlands sein. Hier wurde schon ein Polizist erschossen. Der Franzose Duhem wird dafür gefeiert, den Rollbergkiez im Norden Neuköllns zu einem besseren Ort gemacht zu haben. Das Rollbergviertel, eine Siedlung aus Hochhauskomplexen, war genau der Fleck Neuköllns, der in all den reißerischen Fernsehbeiträgen zu sehen war und »Brennpunkt« oder »Gangsterviertel« genannt wurde. »Wo niemand wohnen will«, schrieb die *Zeit*.

Zwischen Werbellin-, Morus-, Kopf- und Hermannstraße liegt ein stadtplanerischer Albtraum der Siebziger, man möge sich die legoartige Struktur auf Google Maps ansehen. Eine Architektur, die gut gemeint war und doch geeignet ist, den Menschen das Leben schwer zu machen. In der Siedlung leben knapp sechstausend Menschen aus mehr als dreißig Nationen. Die Hälfte ist auf Sozialhilfe angewiesen. Türkisch- und arabischstämmige Familien bilden die Mehrheit. Hoch her ging es hier aber schon lange vorher. Das Rollbergviertel war vor dem Zweiten Weltkrieg kommunistisch geprägt, und das blieb bis 1945 so. Anfang Mai 1929 fanden hier Straßenkämpfe statt, die als »Blutmai« in die Stadtgeschichte eingingen – neunzehn Demonstranten und Bewohner wurden erschossen. Carl von Ossietzky schrieb in der Woche danach über den Berliner Polizeipräsidenten Karl Zörgiebel, einen SPD-Mann: »Schuldig ist nicht der einzelne erregte und überanstrengte Polizeiwachtmeister, sondern der Herr Polizeipräsident, der in eine friedliche Stadt die Apparatur des Bürgerkriegs getragen hat.« Nach dem Krieg ließ die Stadt die Siedlung verfallen. So weit, dass sie ab 1972 fast vollständig abgerissen wurde. An ihrer Stelle entstanden die fünf ringförmigen

Betonmonster, die bis heute wie ein Fremdkörper in Neukölln liegen, unverbunden mit dem Rest. Alle Probleme der sogenannten Flächensanierung fielen auf diesen Ort. Die zur Umsiedlung gezwungenen Ex-Bewohner kamen nicht zurück, die Gastarbeiter kamen an ihrer Stelle.

An diesem eigentlich kleinen Komplex, kaum mehr als einen Steinwurf vom Rathaus gelegen, kann man noch immer studieren, wie Architektur das Leben beeinflussen kann. Im Rollbergkiez hat man ständig das Gefühl, man sollte besser ein wenig gebückt gehen. Nicht wegen der angeblich hier lauernden Gangster, sondern wegen des Schattens, der Wege und Blicke stört. Drohend ragen Zwischendecken aus Wänden hervor. Die Häuserschluchten wirken menschenleer.

Vor fünfzehn Jahren kontrollierten Jugendgangs die Wege. Nicht jeder wagte sich hindurch. Die Sozialarbeiter im Jugendzentrum hatten aufgegeben, einmal wurde einer von ihnen an einen Stuhl gefesselt und mit brennenden Zigaretten gefoltert – von seinen Kids.

Gilles Duhem singt mir ein Loblied der deutschen Tugenden. Er spricht leise, bedacht, sehr präzise. Man muss schweigen und lauschen, um ihn zu hören. »Entwicklungsländer sind die Länder, in denen die Leute sich ständig verpassen«, sagt er. Da sei keiner pünktlich, nichts funktioniert. Wie in seinem Viertel. »Keiner liest hier, keiner schreibt, keiner hat einen Kalender.« Ich, der gebildete Deutsche, der ich nun zehn Jahre in Prenzlauer Berg gelebt habe, solle mir das erst einmal in Ruhe vorstellen. »Deine Kinder sehen, wie du dir etwas notierst, wie du mit Papier arbeitest, ein Buch liest, deine Frau liest eine Zeitung. All das sehen die Kinder, Migranten oder nicht übrigens, hier zu Hause fast nie.«

Duhem ist Anhänger der »guten alten Grundschule von 1910«. Mit dem ganzen »Open-Space-Kram«, wo man die Kinder als kleine Studenten ansehe, kann er nichts anfangen. »Wir sind die Dorfschule von 1960. Der Rest ist nur Laberei. Druck, Druck, Druck – so funktioniert alles.« Ich habe, mitten im Neuköllner Super-Problemkiez, einen Fan der bismarckschen Tugenden entdeckt. »Die Ehre der Deutschen ist die Pünktlichkeit.« Das liebt der Pariser an uns. Es gehe uns nicht darum, wer mit deiner Schwester schläft, erklärt er. Wozu auch. Aber pünktlich muss man sein. »Gut so!« Manchmal, wenn seine Jungs aus dem arabischen Raum ihm wieder sagen, »Na klar komme ich morgen rechtzeitig zur Nachhilfe«, zückt er seinen »Dienstkoran«. So nennt Duhem das. Und dann lässt er sie auf diesen Koran schwören, dass sie zukünftig rechtzeitig zur Nachhilfe kommen. Das hilft manchmal. »Ein bisschen Angst vor Gott ist doch ganz gut. Es ist ein Mittel zum Zweck.«

Auch eine Grundschullehrerin, in deren Klasse ich einen Vormittag lang hospitiere und mitarbeite, entschuldigt sich in der Pause bei mir, dass sie so streng gewesen sei. »Die Kinder brauchen einen ganz festen und engen Rahmen, das fehlt ihnen zu Hause«, sagt sie. Wenn man das weiß, läuft der Laden offenbar. Ich weiß nicht, wie sie es macht, aber die Lehrerin ist eine zierliche Person, die ganz leise spricht, aber ihre Klasse (Migrantenanteil 100 Prozent, selbst für Neukölln ist das eine Ausnahme) hängt an ihren Lippen und macht gut mit. Mir kommt auch die Frau aus der privaten Poststelle in den Sinn, bei der ich immer meine Pakete abgebe. Mitten im Gewusel der Hermannstraße betreibt sie einen kleinen Schalter, nimmt Pakete und Einschreiben an, verkauft Marken. Sie spricht mit stark polnischem Akzent und ist sehr streng mit ihren Kunden. Einmal habe ich beobachtet, wie sie einer schwarz gekleideten Frau mit Kopftuch und der dazugehörigen Tochter erklärte, wie man den Brief beschriften müsse, den die beiden abgeben wollten. Da stimmte wohl einiges nicht. Und die Postfrau sagte am Ende sehr bestimmt zu ihrer Kundin: »Sie müssen Deutsch lernen! Das ist wichtig!« Dann blickte sie zu der Tochter rüber und ergänzte: »Auch für Ihre Tochter!«

Bismarck. Vaterland. Lesen, Schreiben, Rechnen. Diese Worte sagt Gilles Duhem noch ein paarmal während unseres Gesprächs. Die Ausgangslage bei seinen Schützlingen sei mitunter desolat. Siebzehnjährige, erzählt er, wissen nicht alle, wo man einen Brief beschriftet. Die halten den Umschlag in der Hand und fragen: »Wo kommt die Adresse hin?« Wenn sie ihn dann beschriftet haben und man fragt: »Und jetzt?«, sagen sie: »Na ja, den bringe ich kurz vorbei. Das ist doch hier ganz in der Nähe.«

Die Fernsehjournalistin Güner Yasemin Balcı schrieb vor einigen Jahren drei Bücher über dieses Viertel, die heute noch als Theaterstück im »Heimathafen Neukölln« laufen, einer wichtigen lokalen Bühne. In der Geschichte »Arabboy« geht es um Rashid, einen jungen »Mega-Checker«, wie es in der Story heißt. Der Junge verprügelt jeden, der ihm nicht passt, nimmt das Betäubungsmittel Tilidin, das die Zeitungen »Amokdroge« nennen. Er mischt im Drogen- und Prostitutionsgeschäft mit. Einmal missbraucht er in einem Keller den kleinen Bruder eines seiner Opfer. Die Journalistin Balcı nennt ihre Arbeit eine Kolportage: Es gibt Rashid nicht, sie will aber jede dieser Episoden als Sozialarbeiterin erlebt haben, nur nicht in einer Person. Ihr Arabboy ist eine Mischung aus mehreren Intensivtätern.

Wahr ist, dass das Jugendzentrum »Waschküche« in diesem Viertel geschlossen werden musste, ein Modellprojekt namens »Kiezorientierte Gewalt- und Kriminalitätsprävention« wurde sang- und klanglos wieder abgewickelt. Die Sozialarbeiter hatten phasenweise aufgegeben. Vor zwölf Jahren gab es »Schulweg-Cops« im Rollbergviertel, das waren vom Bezirk bezahlte Bodyguards, die Kinder schützen sollten. Damals wagte manch einer nicht, diese Straßenzüge zu betreten. Das war übertrieben. Allerdings war eine Kraftanstrengung nötig, um das Viertel wieder in den Griff zu bekommen. Sozialarbeiter und Polizei sprachen oft miteinander. Die Richterin Kirsten Heisig erfand das »Neuköllner Modell«, damit mussten kriminelle Jugendliche auch nach der kleinsten Tat vor Gericht bei ihr erscheinen. Und zwar bald, ohne monatelanges Aktenschieben in der Bürokratie, damit sie sich noch an die Tat erinnerten und genau wussten, warum sie vor Gericht stehen. Nach den Verhandlungen schickte Heisig ein Fax an die Polizei, damit die auch wusste, wie es um ihre Delinquenten steht. Eine solch enge und koordinierte Zusammenarbeit verschiedenster Stellen dürfte einzigartig sein. Die Gewalt im Viertel ging zurück. Geht man heute durch die Rollberg-Blocks, sieht man ein zwar nicht besonders hübsches, aber im Wesentlichen ruhiges Viertel. Keine Gangs.

Das, was die Verwahrlosung verursacht hat, ist allerdings geblieben: In vielen Familien fehlen Offenheit und Bildung; die Fürsorge für das eigene Viertel und der Respekt den anderen gegenüber – allen, nicht nur den älteren aus der eigenen Familie. Das sind Dinge, an denen die Sozialarbeiter heute etwas verändern möchten. Und seien es Banalitäten, wie zum Beispiel, dass man den Müll nicht aus dem Fenster wirft.

Gilles Duhem kommt ins Reden, wenn er auf die zehn Jahre Stadtteilarbeit seiner Initiative zurückblickt. Im Januar 2002 fing er als Quartiersmanager an, das ist ein von der Stadt geschaffener Beruf, eingerichtet in Krisenvierteln. In Neukölln hat jedes kleine Viertel einen. Duhem kam in das schwierigste von allen. Nach vier Jahren war die Kriminalität in der Siedlung um 30 Prozent gesunken. Trotzdem erlebte Duhem ein Zerwürfnis mit der Bezirksverwaltung, er musste gehen, also gründete er seine eigene Sozialstation und nannte sie »Morus 14«, nach der Adresse. Und er redet gern Klartext, auch wenn er die Lage dabei vielleicht besonders drastisch färbt. Nach Jahren der Ignoranz sollen die Deutschen jetzt wohl hören, wie die Situation wirklich ist.

»Einige Familien fahren in den Urlaub in die Türkei, mit der Familie, und buchen für siebzig Personen. Wenn du so viele Cousins und Cousinen hast, brauchst du keine Freunde mehr. Wir vermitteln die Welt außerhalb der Großfamilie. Auch dass man ihr Respekt zollen muss.« Viele könnten ihm nicht auf der Landkarte zeigen, wo in der Türkei sie waren. Auch Köln, Berlin, München finden sie nicht unbedingt. Sie wissen nicht, dass Deutschland eine Küste hat, mit Stränden. Denn sie waren ihr ganzes Leben lang nur in Neukölln oder in der Osttürkei.

Seine Sozialarbeit sei auch »Commedia dell'Arte«. Übermäßiges Loben etwa. Wenn einer es schafft, anzurufen, um seinen Termin abzusagen, dann lobt Duhem. Seine Arbeit bestehe darin, Kontinuität zu inszenieren, Rituale der Verbindlichkeit: den Schlüssel für den Unterrichtsraum abzuholen und abzugeben; den Schlüssel selbst in Empfang zu nehmen; abends in den Räumen allein zu arbeiten und um zehn rauszugehen; den Schlüssel selbständig in den Briefkasten zu werfen – das mache viel mit den Jungs. »Die sind stolz auf das entgegengebrachte Vertrauen. Sie lernen, dass es außerhalb der Großfamilie auch Verbindlichkeiten gibt, auch eine Welt, der man Respekt zollt. Das ist viel wert.«

»Überleg dir, ob du deine Kinder nicht lieber auf die evangelische Schule schicken willst«, sagt er. »Oder nach Charlottenburg auf das Graue Kloster.« Ich hoffe einfach mal, dass er mich nur provozieren will.

Mittwochs lädt Duhem den Stadtteil immer zu einem Mittagessen ein, »Mieter kochen für Mieter« heißt die Aktion, die seit zehn Jahren gut besucht wird. Ich sitze mit drei älteren Damen am Tisch, alle wohnen schon seit Jahren hier. Am Nebentisch trinken vier Polizisten Mineralwasser. Die kommen auch immer, höre ich. »Angst«, sagt eine der Frauen, »hatte ich hier nie. Das Viertel wurde immer ganz übertrieben dargestellt in den Medien.« Es gebe halt viele Einbrüche. Das sei doch überall so. Oder nicht? Heute kocht Herr Le aus Vietnam. Er sieht sportlich und drahtig aus, wie der zehn Jahre ältere Bruder von Jackie Chan. Es gibt eine sauer-scharfe Suppe, Huhn in Currysoße und danach gebackene Banane und Ananas. Das Essen ist eine Ausnahme, meistens wird hier Schwein serviert. »Das bekommen wir in der Gegend sonst nicht so«, erklärt mir eine Sozialarbeiterin, die hier immer zu Gast ist. Sie meint die arabisch-türkische Gemeinschaft, die ja kein Schwein isst. Deswegen freuen sich die Deutschen, die meisten Gäste sind im Rentenalter, auf ihr Kotelett. Kopftücher sieht man hier keine. »Leider«, sagen alle. Aber eine Erklärung haben sie auch parat: »Die leben doch alle in großen Familien, da kochen die Frauen sowieso jeden Tag für viele. Die kommen doch dann nicht hierher.« Außerdem sei es ihnen vielleicht zu teuer – das kleine Drei-Gänge-Menü kostet sechs Euro.

Jemand hält eine kleine Ansprache und bedankt sich beim Küchenteam, kündigt außerdem an, dass in der kommenden Woche nach dem Mittagessen ein Buch aus dem Stadtteil vorgestellt werde. Es gibt einen kleinen Aufruhr und viel Gelächter, als ein paar ältere Damen Eierlikör zur Lesung verlangen. Das Essen wird verteilt, und als ich zugebe, Vegetarier zu sein, bemüht man sich sehr, etwas zusammenzustellen, das passt. Ich kann es nicht anders sagen, man fühlt sich wohl hier.

In den ersten Wochen in meinem neuen Stadtteil stelle ich nach und nach fest, dass fast jeder nebenher irgendeine Art von Sozialarbeit macht. Und das, obwohl die meisten auch selbst jeden Pfennig gebrauchen könnten. Es ist, als brächte die Umgebung mit ihrer schwierigen Geschichte die Menschen etwas näher zusammen und erzeugte ein wenig Solidarität. Ein Bekannter gibt Nachhilfe für Schüler aus armen Familien, ein anderer engagiert sich in der Gewaltprävention und hilft bei psychologischen Gruppenspielen für Schulen, auf deren Schulhof es Ärger gibt. Eine Mutter aus der Klasse meines Sohnes bietet Kunstprojekte an für benachteiligte Kinder aus der Nachbarschaft. Andere helfen bei den vier großen Flüchtlingsunterkünften in Neukölln, mindestens mit Spenden, teils auch, indem sie mitarbeiten.

Eine Bekannte engagiert sich in einem »Mentorenprojekt«, wo ihr eine Schülerin kurz vor dem Hauptschulabschluss zugewiesen wurde, mit der sie sich hin und wieder trifft – über Monate, sodass eine echte Beziehung entsteht. Sie redet mit ihr über ihre Träume. Die beiden lernen voneinander, die Mädchen mit Migrationshintergrund sollen eine Art große Schwester bekommen, die ihnen einen anderen Blick auf das Leben und das Berufsleben gibt. Eine erschütternde Erfahrung hat meine Bekannte dabei gemacht. Irgendwann sagte ihre Schülerin zu ihr: »Du bist die erste Deutsche, die ich näher kennenlerne.«

Ich bin noch keine drei Monate hier, da beschließe ich, mich von der Hilfsbereitschaft mitreißen zu lassen, und beginne, ehrenamtlich einen türkischen Jungen am Klavier zu unterrichten. Mein Schüler ist fünfzehn und bekommt schon Nachhilfe, aber ein Sozialarbeiter erzählt mir, dass er auch Klavier spielen will und es selbst schon nach Gehör probiert. Nach einigen Wochen findet sich eine katholische Kirchengemeinde, die mir einmal in der Woche den Schlüssel zu ihrem Musikraum gibt.

Dort stehe ich also, der türkische Junge sitzt am Klavier, Jesus hängt am Kreuz an der Wand und sieht uns zu. Und mein Schüler aus dem Plattenbauviertel spielt voller Begeisterung die neuesten Schnulzen aus den USA, Filmmusiken zu Serien und Videospielen. Internationaler kann man kaum sein, denke ich mir in diesen Momenten manchmal. Oder? Da müsste schon die Tür aufgehen und ein indischer Sikh auf einem kleinen Elefanten hereinreiten.

KLOWAND-SCHMIEREREI AUF DEM HERRENKLO
DER HELENE-NATHAN-BIBLIOTHEK NEUKÖLLN

Deutsche leute sind Geist Tot!
Das stimmt leider!
Nein sie haben nur Angst

HINWEISSCHILD AM FENSTER DER
HELENE-NATHAN-BIBLIOTHEK NEUKÖLLN

»Bitte den Müll in den Abfalleimer
und nicht aus dem Fenster werfen!«

WIE DIE STRASSEN
ZU MÜLLHALDEN WERDEN

Warum ist es in sogenannten Problemvierteln eigentlich immer schmutzig? Eine Theorie dazu lautet, dass arme Menschen, die um ihr Überleben kämpfen, keine Zeit haben, auch noch an das Gemeinwohl zu denken.

Wir sind in eine Demo geraten. Rund zweihundert Kinder in orangefarbenen Westen blockieren die Straße. Sie verkünden eine schmutzige Statistik: »Thomasstraße: 760«, sagt ein Mädchen mit Pferdeschwanz. »Häufchen«, fügt die Lehrerin hinzu. Das Mikro wandert weiter zu einem dunkelhäutigen Jungen mit einem ziemlich lässigen Afro-Haarschopf. »Bei der Schierker Straße sind's 422«, sagt er. Und so geht es weiter: »Altenbraker Straße: 407.« Jede der Zahlen wird mit angeekeltem »Buh!« vom Publikum entgegengenommen. »Ilsestraße: 570. Nogatstraße: 700. Jonasstraße: 1040. Insgesamt also 3899.«

Wir sind auf der »Attacke gegen Hundekacke«-Demo. Die Kinder haben Hundehaufen gezählt. Keine der genannten Straßen ist länger als 800 Meter. Sie durchziehen den eigentlich hübschen und eher ruhigen Körnerkiez, der an den S-Bahn-Ring angrenzt. Ein kleines ruhiges Wohngebiet, genau genommen: ein verkacktes kleines ruhiges Wohngebiet. Die Polizei eskortiert den Auflauf, aber auch drei kleine, seltsame orangefarbene Autos, die wie Mini-Lkw aussehen. Das sind die Fahrzeuge der Stadt, die aus Solidarität hier stehen und mit ihren übergroßen Staubsaugerschläuchen gleich den ganzen Hundedreck einsaugen werden. »Sauber ist cool!« steht auf den Transparenten, die einige Schüler hochhalten. Manche zeigen durchgestrichene Hundehaufen. »No Poop in Neukölln« fordert ein besonders großes Banner. (Übrigens, Menschen aus islamisch geprägten Kulturkreisen halten sich keine Hunde, in der Stadt schon mal sowieso nicht. Die Tiere gelten bei ihnen als unrein.)

Der Auflauf der etwa zehn- bis zwölfjährigen Schüler ist das Erste, was wir von unserem neuen Stadtviertel sehen. Meine Frau Julia war nämlich zuerst etwas ängstlich. »Ich würde eher nach Köln als nach Neukölln gehen«, hatte sie irgendwann einmal gesagt, weil sich ein Umzug nach Neukölln anfühlt wie einer in eine andere Stadt (und in Köln am Rhein haben wir wenigstens Freunde). Also tasten wir uns heran und spazieren, noch vor unserem Umzug, oft durch die zukünftige Wohngegend und geraten in die Demonstration gegen den Kot. Dass der Stadtteil ein Müllproblem hat, bemerken wir dann auch sofort.

Heute, da wir in Neukölln wohnen und uns einfinden, begleite ich meine Jungs öfter noch zur Schule. Die liegt zwar nur 500 Meter entfernt, und die Kinder sind in der zweiten und vierten Klasse, also wahrlich in der Lage, allein zu gehen. Aber ich schaue mir die Gegend auch gern an und muss meist sowieso noch zum türkischen Gemüsehändler weiter. Auf dem Schulweg spielen wir ein Spiel: das Müllprotokoll. Wir versuchen, uns alles zu merken, was am Straßenrand liegt, und jeder hofft, etwas besonders Spektakuläres als Erster zu entdecken.

Einmal habe ich mitgeschrieben. Protokoll eines kurzen Spaziergangs durch Neukölln, 8 Uhr morgens, an einem Wochentag. Wir sehen:

- Ein blaues Sofa, regennass.
- Einen zertrümmerten Schrank aus hellem Span und ein kleines Waschbecken.

- Einen schwarzen Canon-Drucker.
- Eine Hälfte der Platte eines mittelgroßen Glastisches, braun getönt und halbrund.
- Dreißig Meter weiter am übernächsten Baum die zweite Hälfte – steht mit der Bruchkante aufrecht und ragt leicht in den Gehweg hinein. (Ich denke an die Szene aus *Lost Highway*, in der ein Mann durch die Stirn von einer gläsernen Tischplatte aufgespießt wird – tödlich, natürlich.)
- Etwa zehn Flaschen in einem Haufen am Boden, ebenfalls an einem Baum.
- Eine große Plastiktüte, aus der ein Paar braune Cowboystiefel herausragt.
- Eine große Plastikdose Kartoffelsalat, geöffnet.

Die Kinder lachen dann, und ich hoffe, dass Quinn nicht wieder fragt, warum die Leute diese Dinge hier abstellen. Das weiß ich nämlich nicht.

Wenn ich abends von unserem Balkon in den betonierten Hof schaue, sehe ich im Erdgeschoss in eine Wohnung, auf deren Küchenfußboden Müll herumliegt. Im Zimmer daneben dösen die Bewohner auf Matratzen am Boden. Müll ist ein Leitthema. In unserem kleinen Innenhof, durch den wir täglich gehen, stehen drei große Müllcontainer, der Müll aber liegt daneben. Daneben eine Spielzeugküche aus Plastik und daneben vier Säcke mit Essensresten. Ein Paar Hühnerbeine sind herausgezerrt, vielleicht von den Ratten. Es stecken rund zwanzig Paar alter Damenschuhe im Container für Buntglas. Jemand hat einen alten Kühlschrank hier abgestellt. Nach dem Hof kommt ein Durchgang durchs Vorderhaus, in dem die Briefkästen hängen. Dort findet sich jeden zweiten Tag eine Pipi-Pfütze. So nenne ich das vor meinen Kindern, die ich drum herumlotse. Ich denke: »Sind die Leute eigentlich vollkommen verwahrlost?«

Man sieht diese Pfützen allerdings nicht sehr gut, weil das Licht nicht richtig funktioniert und man diesen Bereich meistens im Dunkeln passiert. Das erhöht die Gefahr, reinzutreten. Dort, wo ich mein Fahrrad abstelle, wirft offenbar jemand gern seinen Müll aus dem Fenster. Ich habe dort schon gefunden: drei jeweils einmal angebissene Äpfel. Einen knallgelben Stringtanga für die Dame und daneben eine blaue, ausgeleierte Unterhose für den Herrn. Eine verbogene Spardose für Kinder, mit Tieren bedruckt. Ein Set, mit dem man Hunde im Kupferstich-Stil nachzeichnen kann.

Ich bekomme einen Anfall von bravbürgerlichem Ordnungssinn und fahre zur Berliner Stadtreinigung, der BSR, um zu fragen, wie das sein kann, ob Neukölln verfällt. Oder vielleicht aufgegeben wurde. Die BSR genießt in der Stadt einen fantastischen Ruf, und bei uns sowieso. Unsere Jungs durften als dreijährige Steppkes mal auf einem Müllwagen mitfahren, waren so stolz wie noch nie und sehen jedes orangefarbene Reinigungsfahrzeug mit Freude. Ich selbst denke, wenn es mit dem Schreiben doch mal nicht klappt, werde ich Müllmann.

»Wo viele Menschen sind, wo die soziale Kontrolle fehlt, geht das schnell«, sagt Sabine Thümler, die Pressesprecherin des Unternehmens. »In dem Kaff in Friesland, aus dem ich komme, wäre das nie passiert. Da lässt man ein Stück Papier fallen, und der Nachbar fragt gleich, was los ist.« Fallen gelassen hat die Stadtreinigung den Stadtteil nicht, im Gegenteil, zweimal am Tag fahren die Müllpatrouillen durch den Norden Neuköllns. Wird Sperrmüll auf der Straße entsorgt, braucht es einen kurzen Auftrag durch das Bezirksamt – der ist aber nur eine kleine Formalie, das Amt und die Müllabfuhr stehen bezüglich unseres Stadtteils in ständigem Kontakt –, und dann wird geräumt. Dass die

Straßen überhaupt halbwegs sauber sind, verdankt sich einer hochaktiven Müllabfuhr, die nicht einmal eine Woche Pause machen dürfte, hier zu säubern.

Etwa 800 Tonnen Müll im Jahr sammelt die Stadt in Neukölln ein. Das wären – nur um eine Vorstellung zu bekommen – mindestens vierzig voll beladene große Sattelschlepper-Lkw. Bis zu sechs Millionen Euro kostet eine derartige Müllentsorgung von der Straße im Jahr, allerdings für ganz Berlin. Es betrifft auch andere Bezirke wie Wedding oder Mariendorf, den Norden Neuköllns aber ein bisschen mehr. Die Stadtreinigung steckt im Konflikt: Räumt sie sofort ab, denken die Bürger: Funktioniert ja. Lässt sie lange stehen, folgt der »Broken-Windows-Effekt«, und es liegt immer mehr Müll da. (Die Broken-Windows-Theorie stammt aus der US-amerikanischen Stadtforschung: Wenn in einem leer stehenden Haus eine einzige Scheibe eingeworfen und nicht sofort repariert wird, fallen alle Hemmungen, und bald sind alle Scheiben eingeschlagen.)

An der Grenze zu Treptow, am Neuköllner Schifffahrtskanal, bildete sich eine regelrechte Müllkippe. Die BSR musste das Gesundheitsamt einschalten wegen des extremen Rattenbefalls. Thümlers Kollegin Behrens, die für die Müllabfuhr in Neukölln zuständig ist und bei unserem Gespräch dabei ist, bestätigt noch ein Phänomen, das mir schon oft auffiel: »Es gibt viele sehr engagierte Bürger, die sich wirklich bemühen, den Zustand zu verbessern.« Manchmal, wenn Touristen kommen, fragen sie nach, ob zurzeit Möbeltauschbörse sei, bei der jeder seine Möbel rausstellt und sich anderswo etwas mitnehmen darf.

Einmal hat ein Wutbürger einen Zettel an einen Baum geklebt und einen erzürnten, aber verklausulierten Aufruf draufgeschrieben: Bei sich zu Hause werfe man doch wohl auch keinen Müll einfach so hin, deswegen: »Nichts abladen!« Die ganze Art, wie der Zettel montiert ist, mit breitem Paketklebeband einmal um den Stamm gewickelt, wie der Autor sich ein wenig wichtig macht, das ist eindeutig aus dem universitären Milieu entliehen. Es muss ein Zugezogener aus Prenzlauer Berg oder Mitte sein, wie wir, nur mit mehr Ordnungsliebe ausgestattet (oder weniger Humor). Am nächsten Tag hat jemand mit Kugelschreiber etwas druntergekritzelt: »Alles schön und gut, aber bitte auch von Tür zu Tür gehen. Hier wohnen sehr viele Analphabeten.«

Ich spaziere mit meinen Kindern weiter zwischen Sofas und alten Auto-Kindersitzen hindurch. Manchmal entsteht eine Art Kunstwerk, wenn Witzbolde aus ein paar Kühlschränken eine Skulptur bauen und noch besprühen. Dafür gibt es neuerdings das Wort »Upcycling«, aus Müll etwas Neues zu erschaffen, ist sehr modern. Quinn jedenfalls fängt an, aus dem, was er auf der Straße findet, Dinge zu basteln, kleine Skulpturen. Letztens hat er einen sozusagen lebensgroßen, nämlich fast einen Meter hohen Minion gebaut. Das sind kleine gelbe Rowdys aus Kinofilmen wie *Ich – Einfach unverbesserlich* – in dieser Saison eben das, was kleine Kinder so interessiert. Der Problemkiez macht kreativ.

HUNDEKOT AUF DEN GEHWEGEN

Im Frühjahr 2015 hat eine Gruppe von Neuköllner Schülern in Ko-
operation mit der Berliner Straßenreinigung gegen Hundekot auf
den Gehwegen protestiert – und vorher die Häufchen gezählt und
mit rosa Sprühfarbe markiert. So viele Haufen zählten die Kinder
in den Straßen rund um ihre Schule:

Thomasstraße   760
Schierker Straße   422
Altenbraker Straße   407
Ilsestraße   570
Nogatstraße   700
Jonasstraße   1 040

Insgesamt   3 899

Diese Straßen bilden den sogenannten Körnerkiez, ein kaum vier
Quadratkilometer kleines Areal am südlichen Rand von Nord-Neukölln. Die meisten genannten Straßen führen in Ost-West-Richtung
von der Hermannstraße zur Karl-Marx-Straße, keine ist länger als
800 Meter.

KRAWALL IM FREIBAD

Alle Jahre wieder: Das Sommerbad Neukölln muss regelmäßig wegen Krawallen geschlossen werden. Scharfe Kontrollen und Wachmänner gibt es dort auch. Warum kann die Jugend sich nicht benehmen?

Gerade sind wir aus dem Urlaub im Thüringer Wald zurückgekehrt, die idyllischen Bilder von Tannenwäldern, sanften Hügeln und vor allem vom Waldschwimmbad sind noch sehr präsent. Letzteres ist ein kleines, feines Freibad in einem völlig abgeschiedenen Ort, dessen Namen ich sofort vergessen habe, und das doch alles hat, was man braucht, vor allem, wenn man mit Kindern unterwegs ist: eine Wasserrutsche, ein Schwimmerbecken, ein Babybecken, einen Einer und einen Dreier, ein überdimensionales Schachspiel, einen Mini-Spielplatz und eine Pommesbude. Der Bademeister nimmt seine Pflichten nicht allzu ernst, er mäht den Rasen, verkauft die Eintrittskarten und das Eis. Ab und an kommen die Jugendlichen aus dem Ort mit ihren Rädern und wetteifern um die beste Arschbombe. Oder Oma und Opa mit ihrem Enkel. Alles wirkt ruhig und beschaulich.

Doch jetzt ist der Urlaub vorbei, und wir müssen uns mit den harten Realitäten unseres Heimatorts konfrontieren. Das Wetter ist immer noch schön, und wir wollen die Freibadsaison unbedingt noch weit in den August hinein verlängern. Am Columbiadamm in Berlin-Neukölln stehen wir erst mal vor einer Wand von fünf Sicherheitsleuten, die Taschenkontrolle machen: »Haben Sie Glasflaschen dabei?« – »Nein«, entgegne ich eingeschüchtert. »Nur so Thermosflaschen (mit Kräutertee).« Okay, wir dürfen durch. Der Eintritt ist happig, aber gut: Das ist die Großstadt, und das Personalaufgebot – anders kann man es nicht nennen – will auch bezahlt werden. Denn hier, im Sommerbad Neukölln, regiert nicht nur ein Bademeister, hier ist ein ganzes Team im Dauereinsatz. Immerhin, es scheint zu funktionieren. Halbstarke, die ohne eine erwachsene Begleitperson kommen, werden direkt abgewiesen. Der Einlass ist härter als der eines großen Techno-Clubs. Dafür herrscht drinnen aber auch Ordnung – heute zumindest. Das Gras ist ordentlich getrimmt, es liegt kein Müll herum, alles verläuft friedlich, wenn man von den heißblütigen Wespen absieht, die einem unablässig um den Mund schwirren. Aber man spürt: Das Ganze läuft nicht von alleine. Eine Menge von Menschen sorgt dafür, dass es funktioniert.

Im Minutentakt schallt eine Stimme durchs Megafon. Sie kommt vom Beobachtungsposten, einem Turm neben dem Zehner. Dort sitzt ein Kerl in blauen Shorts und weißem Poloshirt, die Füße aufs Geländer gestützt, und verteilt Botschaften wie diese: »Du kommst sofort da runter, oder du gehst nach Hause.« Oder: »Das interessiert mich nicht.« Unten steht noch mehr Personal, auch weibliches, und reagiert auf die ratsuchenden Blicke meines Sohns durchaus offensiv. »Kann ich dir helfen?« – »Ja«, quiekt Leo. »Ich wollte mal fragen, wann ihr den Dreier wieder aufmacht.« Kurzer Blick nach oben zum Posten. »He, wann machen wir den Dreier wieder auf?« Nachdenken. »In fünf Minuten.« – »Okay«, haucht Leo und trollt sich brav zurück zum Beckenrand, beobachtet noch eine Weile die Jungs, die sich in halsbrecherischen Volten ins Wasser stürzen, während sich zehn andere hinter ihnen schubsen und johlen.

So flüssig läuft der Betrieb nicht immer. Auch im Sommer 2015 musste das Bad einen Tag geschlossen werden wegen einer Massenschlägerei. In den Jahren davor geriet das Personal immer wieder mit Horden Jugendlicher aneinander, die dessen Autorität schlicht nicht akzeptierten. Wird das Ein-Meter-Brett gesperrt, klettern sie trotzdem von der Seite drauf. Weist der Bademeister sie zurecht, passiert nichts. Einmal stellte ein Bademeister sich auf das Brett, um es zu sperren, mit dem Ergebnis, dass ein Halbwüchsiger ihn schlug, andere lachend dabeistanden oder mit dem Handy ein Filmchen von der würdelosen Szene drehten. Aufnahmen davon kursieren im Internet. Zeitweise wurden »Konfliktlotsen« eingestellt. Die streifen nun durch das Schwimmbad und sprechen Streithähne an oder Gäste, die trotz des Verbots rauchen. Und sie haben mit Kritik zu kämpfen wie: »Das sind doch Frauen, was sollen die denn helfen.«

Wenn wieder mal Mädchen mit normaler Alltagskleidung ins Wasser gehen, kommen die Lotsen und weisen darauf hin, dass nur Badebekleidung erlaubt ist, und schon steht da ein großer Bruder und keift: »Nee, nee, nicht ausziehen, das ist bei uns verboten.« Dann kommt die Frau aus dem Team, die selbst arabischstämmig ist, und ruft: »Unsinn« und »Ich bin auch Moslem«. Wenn alles nichts nützt, kommen die Security-Männer. Und manchmal zieht dann ein Junge die Hose runter, zeigt denen seinen Hintern und löst großes Gelächter bei seinen Altersgenossen aus. Das alles weiß ich von Videos oder früheren Besuchen, auch ich habe dieses Bad schon einmal verlassen, weil die Stimmung zu sehr auf Krawall deutete. Heute aber nicht. Es ist ein schöner Sommertag, ideal, um einfach nur zu beobachten.

Neben mir spazieren zwei Mädchen von vielleicht 15 Jahren, die ich belausche. »Ey, isch hau ihr in die Fresse«, sagt die eine. »Nee, hau ihr nicht in die Fresse, oder willst du Stress mit deiner Schwester?« – »Mir doch egal, isch hau ihr in Fresse, Alter.« Ich verspüre eigentlich gar nicht viel Angst vor Schlägen auf der Straße. Ich hege auch die Hoffnung, dass für meine Kinder das Heranwachsen recht unbrutal verlaufen wird. Wovor ich aber wirklich Angst habe, ist, dass sie eines Tages so sprechen könnten. Am Abend wird wieder ein Klassiker der Weltliteratur gekauft, Charles Dickens vielleicht, und das lesen wir dann aufmerksam und genau zusammen. Ich konstatiere, dass Neukölln uns zu immer extremeren Bildungsbürgern macht. Die »Ey Alter, was kuckst du«-Szene bekommen die Kinder auf der Straße. Zu Hause regieren Prokofjew, Michael Ende und die Brüder Grimm, und jeder wird gezwungen, ein Musikinstrument zu spielen, mein großer Sohn ist am Schlagzeug längst besser als ich. Vielleicht bleibt ja irgendwas hängen, Hauptsache, keiner sagt später »isch« statt »ich«.

Später sitze ich mit meiner kleinen Tochter noch am Babybecken. Dreißig Quadratmeter herrlich warmes, flaches Wasser über mosaikgemustertem Untergrund, eine Rutsche, ein Wasser spritzender Pilz, sonst nichts. Die Kleine kreischt vergnügt und wirft sich bäuchlings ins Nass. Dann kommen ein paar ältere, braun gebrannte Jungs und freuen sich sichtlich an der angenehmen Wassertemperatur. Sie rennen die Rutsche hoch, verstopfen sie, spritzen mit Wasser. Irgendwann kommt die Mahnung vom Turm: »Am Babybecken bitte nur die Rutsche nach unten Rutschen, keine Staus verursachen und nicht die Rutsche von unten hochlaufen. Ich wiederhole …«

»Schwuchtel!«, schreit da einer der Jungs meinen Sohn an, »Du Nutte!« Ich bin ja normalerweise kein Freund des Dazwischengehens, wenn ich denke, meine Kinder können das selber regeln, aber das hier scheint mir doch zu starker Tobak zu sein. Vor allem ärgert es mich, dass sie nun selber nachlegen: »Das sind voll die Arschlöcher!« Arschlöcher? Schwuchteln? Nutten? Am Babybecken? Das ist mir zu viel. Entschlossen gehe ich auf die Rutsche zu und pfeife die Unruhestifter zusammen: »He, Kollegen, habt ihr gehört? Ihr geht bitte die Treppe rauf und nicht die Rutsche, ist das klar?« Doch die scheinen mich gar nicht ernst

zu nehmen. »Meine Beine sind zu schwach«, moniert ein ge-
schätzt Neunjähriger und weist mit entschuldigendem Blick und
beiden ausgestreckten Händen auf seine Beine. »Ist zu anstrengend, die Treppe.« Okay, Versuch des engagierten Einschreitens
gescheitert, meine Meinung interessiert hier nicht.

Dann wenigstens die eigene Brut im Zaum halten, damit sie
sich nicht provozieren lässt: »Die sind schlecht erzogen und reden schlecht. Ihr könnt das besser, denn ihr seid schlauer, okay?«
Doch das ist schwierig zu vermitteln, vor allem, wenn ein Wasser speiender Pilz neben einem herumlärmt. Hier regiert das Gesetz des Stärkeren. Worte sind Schall und Rauch. »Was sind das
noch mal für welche?«, fragt mein Jüngster beim Gehen. »In-
der?« – »Nein«, entgegne ich, »Araber, oder Türken.« – »Ich hasse Türken«, sagt er da. Ja, ja, ich weiß schon. Da gibt es jetzt einiges zu tun. Und als ich später beim Zubettbringen frage: »Habt
ihr einen tollen Tag im Schwimmbad gehabt?« – »Ja!«

Das Schönste – sieht man mal von dem eiskalten, klaren Wasser selbst ab – war aus meiner Sicht die Durchsage: »Wir weisen
noch einmal darauf hin, dass das Baden nur mit angemessener
Badebekleidung gestattet ist. Erlaubt sind Badehose, Badeanzug,
Bikini, Burkini.« Und in der Tat sieht man einige Damen in
Badebekleidung, die ich so noch nirgends in Deutschland gesehen habe. Der Burkini ist eine Art Superhelden-Ganzkörper-
anzug, meist in Schwarz oder Blau, der nur das Gesicht frei lässt.
Es gibt ihn durchaus auch in der engen Variante, das sieht dann
schon körperbetont und nach »Charlie's Angels« aus, oder, und
das sind meist die schwarzen, als weites Wallgewand. Die Gesichter, die ich aus dieser Kluft hervorschauen sehe, wirken fröhlich. Während verhüllte Frauen draußen auf den Einkaufsstra-
ßen auf mich manchmal wie eine Provokation wirken, machen
sie hier einen höchst modischen Eindruck. Und Sonnenbrand
bekommen sie auch nicht. Das ist ja praktisch ultramodern.

DANN STIRBST DU
IN DEINER JACKE

Wie denkt ein Intensivtäter? Bayern mag mit »Mehmet« den ersten gehabt haben, bekannt wurde das Wort aber in Neukölln, jedenfalls richtete die Polizei hier vor zehn Jahren ein »Intensivtäter-Programm« ein. Damals fiel der erste Jugendliche mit langem Strafregister auf. Auch heute zählt der Bezirk Neukölln rund 150 »Serienstraftäter«, fast alle sind männliche Teenager. Fast niemand versucht sie zu verstehen. Dabei gibt es mindestens einen sehr guten Film, um ihre Welt von der anderen Seite zu sehen. Und der deutsche Gangsta-Rap hilft auch.

In der Jugendstrafanstalt Kieferngrund in Lichtenrade, am äußersten südlichen Rand Berlins, in Sichtweite der Baustelle des Flughafens BER in Schönefeld, sind die Insassen zu »ungefähr neunzig Prozent Araber« und »Neukölln ist ungefähr achtzig Prozent hier«. Das sagt Yehya, der Protagonist aus dem Dokumentarfilm *Gangsterläufer*. In dem Moment sitzt der junge Mann drei Jahre wegen eines Raubüberfalls ein. Dem Regisseur Christian Stahl, der ihn mit der Kamera besucht, sagt er noch: »Ich kenne alle hier.«

Stahl hat etwas geschafft, was kaum jemandem gelang oder was vielleicht auch kaum jemand wollte: Er hat eine Familie, aus der ein sogenannter Intensivtäter hervorging, von innen porträtiert. Dabei ist er sozusagen aus Versehen zum Neukölln-Experten geworden. Im Jahr 2005 zieht er eher widerwillig in die Sonnenallee, er sucht gerade dringend eine Wohnung. Dort gibt es ein riesiges Dachgeschoss, teilweise verglast, beinahe ein Design-Loft, und es ist spottbillig. Die Gegend ist damals noch unbeliebt. Stahl lernt im Haus eine arabische Familie kennen, einer der Söhne hilft ihm hin und wieder, Einkäufe hochzutragen. Die Nachbarn nehmen ihn sehr herzlich auf, der Junge wird sein Freund. Und eines Tages bekommt Stahl entsetzt mit, dass sein lässiger und höflicher Bekannter an der Rütli-Schule als Tyrann gilt, vor dem andere Schüler sich fürchten. Er nimmt die Kamera und will dem Fall auf den Grund gehen, will verstehen, was los ist.

So hat er sein eindrückliches Porträt gedreht. Über mehrere Jahre begleitet er seinen Nachbarn Yehya und dessen Familie mit der Kamera. Yehya, Sohn palästinensischer Flüchtlinge aus dem Libanon, Einser-Schüler, wird zum ersten Mal straffällig, als er zehn ist. Ab da häufen sich seine Straftaten. Mit siebzehn wird er wegen eines Raubüberfalls zu drei Jahren Haft verurteilt. Stahl, selbst ein Freund der Familie geworden, zeigt in seinem Film, wie sehr Yehya mit seiner Rolle als Täter kämpft. Er zeigt die Verzweiflung des Vaters, der nicht verstehen kann, warum seine Söhne diesen kriminellen Weg eingeschlagen haben. Es ist auch ein Film über die Schwierigkeit, sich in Deutschland zu integrieren. Vierzehn Jahre lang darf Yehyas Vater Rashed nicht arbeiten, einen Blumenladen muss er wieder schließen. Doch das Haus im Libanon, das er einst verlassen musste, steht auch längst nicht mehr. Es ist komplett zerstört.

Das alles ist sicher keine Rechtfertigung für Straftaten, und die Begründungsstrategie von der »schwierigen Kindheit« hat im allgemeinen Diskurs ohnehin jede Akzeptanz verloren. Auch Christian Stahl, der heute oft als Experte auf Podien zu hören ist, will nicht beschönigen, wohl aber verstehen. »Kein Flüchtlingsschicksal rechtfertigt Kriminalität, schuld an Yehyas Taten ist nur er selbst, und das weiß er wohl auch«, sagt er, »aber die absurde deutsche Asylpolitik und das Milieu von Neukölln haben den Reiz multipliziert, ein Gangboss zu werden. Yehya ist seit 24 Jahren nur geduldet, und aus seiner Sicht ist es egal, ob er die Aldikasse klaut oder an ihr sitzt. Beides ist für ihn verboten.«

Es gibt eine Szene, da erklärt Yehya, den eine Berliner Boulevardzeitung einmal den »schönen Rütli-Gangster« nannte, sein Denken. Sie gehört zu den besten Momenten des Films. Yehya ist auf seine Weise viel weiter als sein Vater. Er reflektiert ganz präzise, wie sehr er in seiner Rolle als der »big boss« gefangen ist, wie anstrengend das ist und wie sehr er zwischen dem Höhenrausch und der Angst vor seiner kriminellen Energie pendelt. Der Vater dagegen ist vollkommen ratlos, er versteht die Kinder nicht, er sagt, er selbst sei noch nicht einmal jemals schwarzgefahren. Er ist einer der gebrochenen Männer, die der Krieg im Libanon ausgespuckt hat. Seinem Sohn gibt er eine Lebensregel mit auf den Weg – Yehya rezitiert sie im Film mit seinen eigenen Worten: »Gott liebt die Standhaften. Man läuft nicht vor irgendetwas weg. Mein Vater hat mir gesagt: Sollte es einmal passieren, dass dir irgendjemand etwas wegnehmen will, dann gib es niemals. Und wenn du stirbst, gib es nicht her. Ich hab gefragt: Und was, wenn er mich sticht? Dann lass ihn stechen, aber gib deine Jacke nicht. Und was, wenn er schießt? Lass ihn schießen, aber gib deine Jacke nicht. Und wenn er mich tötet? Dann stirbst du in deiner Jacke.« Er fügt hinzu: »Ich bin in einem Umfeld aufgewachsen, wo alle so denken.«

Als es einmal darum geht, ob er eine Zeit lang in den Libanon gehen soll, das Land in dem er geboren wurde, in dem sein Vater ein Haus hatte, scherzt er: »Kein System, keine Ordnung, keine Regeln. Eigentlich gefällt mir das ja auch. Aber nicht auf Dauer. Ich will doch irgendwann vernünftig werden. So was kann ich mir für meine Zukunft nicht vorstellen. Ich verstoß doch gegen die Ordnung, weil man das nicht darf. Wenn das erlaubt ist, macht es ja überhaupt keinen Spaß mehr. Außerdem will ich doch nicht, dass meine Kinder so werden.«

Was stehen bleibt, bei aller Empathie, die man auch für einen Täter empfinden kann, ist doch eine Art Axiom, eine Grundregel, die in Neukölln gilt und vielleicht überall da, wo man von »Problemviertel« und »Unterschicht« spricht. Das ist das Gesetz: Entweder schlägst du zu, oder du bist ein Opfer – dazwischen gibt es nichts. Ein Thema, über das wir in der Familie viel diskutieren, denn so haben wir uns das natürlich nicht vorgestellt. »Der zwanglose Zwang des besseren Arguments« – das ist eine Formulierung des Philosophen Jürgen Habermas – sollte doch die Zivilgesellschaft regieren und bestimmen, wer recht hat und wer nicht. Meine Frau und ich sind sicher Menschen, die diese Überzeugung ausstrahlen – genau wie vermutlich alle unsere Bekannten. Nur zwei entferntere Freunde hatte ich mal, die auch Fäuste sprechen ließen, wenn sie sich zum Beispiel in einer Kneipe mit anderen in die Haare gerieten, das fiel schon sehr auf.

Eigentlich kann hier doch niemand etwas mit roher Gewalt oder der Recht-des-Stärkeren-Philosophie anfangen. Wir sind das Land der Korrektheit, der Anwälte und der Diskussionsrunden. Das zu teilen, ist keine Frage von Geld, Herkunft oder Bildung. So habe ich es auch aufgefasst, als ich von Politikern und Verwaltungsbeamten mehrmals den Satz hörte: »Daran, dass alle wegziehen, die etwas erreicht haben, egal ob Ausländer oder Deutsche, wird sich erst etwas ändern, wenn mehr Menschen wie Sie mit Ihren Kindern hier bleiben.« In dem Moment waren wir gerade äußerst pleite, und über eine Festanstellung verfüge ich ja sowieso nicht, wir dürfen uns kaum »obere Mittelschicht« nennen. Aber darum geht es nicht. Man sieht uns an, dass Bücher von Thomas Mann und Partituren von Beethoven im Regal stehen, und selbst wenn das alles nicht da wäre: dass wir friedliche Bürger sind. Das Gleiche gilt für die anderen Neuköllner im Wesentlichen auch. Aber irgendwie spürt man noch Reste der »Opfer oder Chef«-Haltung.

So kann man den deutschen Gangsta-Rap verstehen, die Spielart des deutschen Hip-Hops, in der man sich rüde und hart gibt. Der bekannteste und erfolgreichste Vertreter ist Bushido. Der wurde zwar als Anis Ferchichi in Bonn geboren, wuchs aber in Berlin-Neukölln auf. Meine Anfrage, über diese Herkunft noch einmal zu reden, lässt er durch sein Management ablehnen. Auch in seiner Autobiografie *Bushido* steht erstaunlich wenig zu Neukölln. Das Wort kommt kaum dreimal vor. »Das passt doch ins Bild«, erklärt mir ein Bekannter. »Die alten Anekdoten würden ihn als einen kleinen, unbedeutenden Typen zeigen. Wenn man so erfolgreich ist, stellt man sich doch lieber als Gewinner dar.« Ich bin unsicher, ob das stimmt. Ich habe Bushido 2004 zum Interview getroffen, als er noch fast unbekannt war, während der Pressetage zu seiner ersten Universal-Platte. »Wenn's mit dem Hip-Hop nicht klappt, verkauf ich eben Drogen«, sagte er mir und vielen anderen Journalisten damals – aber wir trafen einen freundlichen und sympathischen Kerl, der leise sprach und sich gewählt ausdrückte.

Nach außen hin gilt jedoch ein härteres Bild. Um 2003 soll Bushido sich in einem Lokal in der Neuköllner Katzbachstraße an die Abou-Chaker-Familie gewandt haben, als er sich von der Plattenfirma Aggro Berlin trennen wollte und diese behauptete, es bestünden noch vertragliche Verpflichtungen. Arafat Abou-Chaker, angesehen und gefürchtet in der Szene, habe dann geholfen, dass die Aggro-Berlin-Manager einen Auflösungsvertrag unterzeichneten. In der Verfilmung *Bushido* sieht diese Szene aus wie eine aus *Der Pate*. Die entsprechend harte Inszenierung gehört offenbar zum Stil dazu. Das jüngste Album von Bushido, »Cla$$ic«, aufgenommen mit seinem Rapper-Kollegen Shindy, wird eröffnet von der Nummer »Brot brechen«, die auch die erste Single war. Dort heißt es: »Ihr könnt mit uns kein Brot brechen, am Tisch sitzen, in diesen Kreisen nicht mitmischen« oder »Wir sind ein paar Stufen über und nicht neben euch«. Immer geht es um die Abgrenzung nach außen: Wir sind besser, ihr seid nur die anderen. Ständig schreibt einer einen beleidigenden »Diss-Track« über den anderen, manchmal ohne den Gegner zu kennen.

Das alles ist natürlich in Frankfurt bei Azad oder neuerdings in Offenbach bei Haftbefehl nicht grundsätzlich anders. Trotzdem wage ich die These, dass der Gangsta-Rap, der seit Anfang der Nullerjahre über Deutschland gekommen ist und den Gymnasiasten-Hip-Hop von Fanta4 oder den Beginners ablöste, sehr stark von Neukölln ausgeht. Hier lebte mit Bushido sein größter Vertreter, hier wurde der Rapper Massiv 2007 vor einer Kneipe angeschossen, hier an der Sonnenallee wurde G-Hot im April 2015 niedergestochen. Hier wurde MOK aus dem Kollektiv »Die Sekte« geboren, dessen Name »Musik oder Knast« bedeutet. Aber vor allem gedeiht hier unter jungen Männern die Gangster-Herrlichkeit, mit der die Inszenierungen des harten Hip-Hop überhaupt erst möglich werden. Hast du viele Freunde und viele Brüder, bist du stark, und wenn der Platzhirsch der Szene dich stützt, gibt es sogar Kerle mit Knüppeln, Schwertern oder Pistolen, die für dich Dinge erledigen. Und zwar aus banalen Gründen wie »Er hat mich gedisst«. Schließlich funktioniert der Diskurs der Ehre – also der ganz abstrakten und virtuellen Güter – hier besonders gut. Meine Söhne bringen als eine der ersten Errungenschaften der neuen Welt das Wort »gedisst!« mit nach Hause. Es ist ein Schmäh- und Hohnausruf, der immer geht, wenn der andere im Unrecht ist oder stolpert oder man ihn einfach nur gerade mal fertigmachen will.

Wir kommen hier immer wieder darauf, dass wir uns mit der archaischen Weltsicht vom Kampf aller gegen alle auseinandersetzen müssen. Auch der Karatelehrer Andreas Marquardt und der Polizist Karlheinz Gaertner teilten mit einigen Aussagen die Menschen ein wenig in Täter- und Opfertypen ein. Das ist vor dem Hintergrund ihrer jeweiligen Erfahrung auch verständlich. Und ich finde es gut, dass Marquardt den Kindern Selbstbewusstsein vermitteln will. Doch frage ich mich: Erreicht man das nur im Kampf? Marquardt trainiert Kontakt-Karate, das heißt, die Karateka gehen auf vollen Körperkontakt und schlagen auch wirklich zu, statt kurz vor der Berührung zu stoppen wie in den sanfteren Varianten, etwa beim Uni-Breitensport. Wenn es hart auf hart kommt, holt man sich echte blaue Flecken. Meine siebenjährige Nichte in einer Kleinstadt in Süddeutschland lernt sich diesbezüglich in sogenannten Starkmacherkursen besser kennen, und gearbeitet wird ein Großteil der Zeit mit Pferden. So kann man das Thema eben auch angehen. »Starkmacher« klingt irgendwie positiver. Das mag ja nur ein sprachlicher Trick sein, aber jemanden »stark zu machen« ist in meinen Ohren etwas anderes, als dafür zu sorgen, dass er »kein Opfer« ist.

Als meine Söhne kleiner waren, haben sie gern getanzt und Fußball gespielt. Auch das war schön. Will ich mich jetzt ins Freund-Feind-Schema einpassen, weil das das System ist, nach dem die Leute hier auf der Straße funktionieren? Müssen meine Jungs jetzt archaisch-männlich sein, weil sie hier wohnen und das einfach angesagt ist?

Leo sagt, er habe manchmal Angst draußen. Wüste Beschimpfungen und Schubsen gehören auch in der Schule zur Tagesordnung. All das macht ihn wütend, und er reagiert darauf – mit Wut. »Wenn ich Karate kann, dann gebe ich denen eins auf die Fresse«, sagt er. Und dann erkläre ich ihm, dass das nicht der Sinn des Ganzen sei und er im Zweifelsfall lieber abhauen solle. Wieder denke ich: Noch ist er klein, aber was wird, wenn er 12,

13 Jahre alt wird? Wenn er ins Teenageralter kommt, in dem alle eine große Klappe haben, sich selbst aber nicht unter Kontrolle. Mich selbst betrifft das zwar alles nicht. Ich kann nur bestätigen, was mir hier oft von anderen Erwachsenen meiner sozialen Schicht gesagt wurde: In meinen Kreisen und auf meinen Wegen durch diesen Stadtteil ist man als weißer Intellektueller an den Bandenkriegen und Aggressionen auf der Straße normalerweise nicht im Entferntesten beteiligt. Für meinen Sohn kann das aber schon wieder ganz anders aussehen.

Mit seinen rotblonden Locken und der hellen Haut sticht er jedenfalls aus der Masse der Kinder heraus. Er liest viel und spielt Schlagzeug. Solche Dinge waren schon früher für das Faustrecht des Schulhofs nicht viel wert. All das zerreißt mich regelrecht, und noch weiß ich nicht, wie ich diesem kleinen Kerl helfen kann, ihn innerlich zu stärken. Soll er zum Karate gehen, wenn er das will. Vielleicht hilft es ihm, vielleicht macht es ihm Spaß. Ich habe nichts gegen Karate, ich habe ja selbst einmal trainiert. Bloß kann ich es vor diesem Neukölln-Kontext nicht ganz freien Herzens für ihn entscheiden. Eigentlich interessant: In Prenzlauer Berg hätte mich Karate überhaupt nicht weiter beschäftigt. Hier wird es plötzlich zur Überlebensfrage.

WARUM AUCH NOCH
VERKEHRSCHAOS DAZUKOMMT

»Einen Masterplan gibt es nicht«: Der pulsierende Multikulti-Stadtteil ist auch ein Verkehrsbrennpunkt. Das Chaos entlädt sich, wenn rund 30 000 Autos täglich über die eine große Nord-Süd-Achse Neuköllns brettern – die Hermannstraße. Tägliches Blaulicht und eine schreckliche »Unfallhäufungsstelle« gehören dazu. Eine junge Frau gerät vor meinen Augen in Lebensgefahr. Eine Radfahrer-Initiative nennt Neukölln eine »gefährliche Mutprobe«. Ein Verkehrsexperte erklärt, dass alles halb so schlimm sei, er vor manchen Aufgaben aber auch kapitulieren müsse.

Rosa fuhr etwa zwanzig Meter vor mir auf einem weißen Damenrad die Hermannstraße Richtung Norden entlang. Beinahe wäre ich Augenzeuge ihres Todes geworden. Kurz vor einer großen Kreuzung musste sie einem parkenden Lieferwagen ausweichen, und dort schnitt ein Siebeneinhalbtonner ihren Weg und stieß die Fahrerin von ihrem Fahrrad, das er danach überrollte. Eine Passantin schrie und rang die Hände, und ich hatte kalten Schweiß auf der Stirn, als ich mich der am Boden Liegenden näherte. Alles war zum Glück halb so schlimm. Sechs Kopftuch tragende Frauen und zwei türkische Herren trugen die Verwirrte auf ein Sofa, das am Straßenrand stand. Die Hermannstraße, eine der drei Hauptadern Nord-Neuköllns, verfügt über keine Radwege. Wer sie entlangfährt, spielt mit seinem Leben, das war schon vorher mein Eindruck.

Knapp drei Kilometer ist sie lang, führt von der Grenze zwischen Neukölln-Britz und Nord-Neukölln bis an den Hermann-platz, an die Grenze zu Kreuzberg. Die Hermannstraße ist zwei-spurig, und auf ihr herrscht immer Stau. Auch der Gehweg ist hochbelebt. Wer nach Kreuzberg hochwill, muss durch diese Höllenpiste durch, Slalom fahren oder auf wenig attraktive Ne-benstraßen mit Kopfsteinpflaster ausweichen. Seit die Karl-Marx-Straße umgebaut wird und teilweise gesperrt ist, und das noch bis 2020, fließt der Neuköllner Verkehr genau hier entlang. Und durch die Nebenstraßen. Auf der Ilsestraße, mitten in einem ruhigen Wohnviertel, häufen sich die Unfälle; unlängst kam es innerhalb von drei Tagen zu insgesamt vier erheblichen Blech-schäden. Nach rechts hin fürchtet man sich vor den Türen der parkenden Autos, die jederzeit aufgerissen werden könnten, nach links hin vor dem rasenden Verkehr. Zahlreiche Autos parken in zweiter Reihe.

Mit Namen lernte ich die junge Frau von dem weißen Fahr-rad dann kennen, als ich der verheulten und geschockten Rosa die Hand hielt, den Notarzt und die Polizei anrief und von ihrem Handy aus versuchte, ihren Freund zu erreichen. Das war ihr ein-ziger klarer Gedanke in dem Moment: Ruf meinen Freund an oder meinen Bruder. Beide waren aber nicht da. Letztlich hatte ich eine gute Nachricht für sie gehabt: Rosa war der Hinterach-se des Lkw um einen halben Meter entkommen und nahm von dem Unfall nur ein paar Prellungen mit. Und eine Woche, in der sie starke Kopfschmerzen hatte und nie genau wusste, wo sie gerade ist.

Meine Frau und ich haben uns gegen die Grundschule ent-schieden, die wir zuerst besuchten, unter anderem weil die Jungs auf dem Weg dorthin die Horror-Straße hätten überqueren müs-sen. Kurz nach unserem Umzug hatten die beiden die überlas-tete Verkehrsader schon zur bizarren Attraktion erkoren. Mehr-mals sahen wir dort, wie Opfer eines Verkehrsunfalls gerade versorgt wurden. Jeder Sonntagsspaziergang im Sommer schien mit einem solchen Spektakel zu enden. Die hupenden schwarzen SUVs, in denen gern mal jemand eine Scheibe herunterkurbelt, um einen Kumpel auf dem Gehweg lautstark zu grüßen, schießen ohne Gnade nach links um die Ecke, um in die kleinen Straßen einzubiegen. Fährt man selbst einmal mit dem Auto durch Neukölln, weiß man auch, warum: Der Gegenverkehr ist gnadenlos, nachmittags ist die Straße stundenlang überfüllt. Und wenn es für einen kurzen Moment doch einmal Platz gibt, zischt ein Testosteron-Raser über die Magistrale, der schon unten am Britzer Damm die Ampel beim S-Bahnhof umspringen sah, seinen schwarzen Benz dann auf 140 beschleunigt hat und so noch weit in Richtung Hermannplatz weiterdröhnt. »Autos schossen aus schmalen, tiefen Straßen in die Leichtigkeit heller Plätze.« Dieses Bild, mit dem Robert Musils *Mann ohne Eigenschaften* beginnt, habe ich in Neukölln erst verstanden. Wer hier links abbiegen will und seine Eile vor die Rücksicht auf andere stellt, wird zur Zeitbombe für Fußgänger und Radfahrer.

Seit der Beinahe-Katastrophe, deren Zeuge ich wurde, sehe ich auch den Hermannplatz anders. Ganz im Norden Neuköllns gelegen, wirkt er wie die Quelle der großen Verkehrsadern, die den Stadtteil aufteilen. Hier entspringen die Sonnenallee, die Karl-Marx-Straße und die Hermannstraße, die Nord-Neukölln strukturieren. Die beiden Letzteren führen ab der Autobahn andere Namen und gehen dann noch quer durch Britz, Buckow und Rudow, die südlichen, ruhigeren Teile Neuköllns, und dann weiter nach Brandenburg. Der Hermannplatz ist ein schmales graues Handtuch, das zwischen eine Karstadt-Filiale und eine Häuserzeile geklemmt ist. Eine Zeile mit drei Handyläden, einem düsteren McDonald's und einem Hörgeräte-Laden.

Der zugige Platz beherbergt einen recht armseligen Wochenmarkt, der aufgrund der Enge und der vielleicht auch schwachen

Nachfrage manchmal aus kaum acht Buden besteht. Der Platz ist auf allen Seiten von heftigem Verkehr umflossen und dürfte eine der ungemütlichsten Ecken Berlins sein. Im Jahr 2008 beauftragte der Bezirk ein Architektenbüro mit Planungen für einen Umbau. Als mir Wieland Voskamp, der seit zwanzig Jahren im Tiefbauamt die Neuköllner Stadtplanung mitgestaltet, die Pläne zeigen will, muss er hinter eine imposante Topfpflanze greifen und umständlich den in einen Bilderrahmen gespannten Plan herausziehen. Passiert ist damals nichts. Oder doch: Alle Sitzbänke auf dem Platz wurden abgebaut. Jetzt sitzen dort weniger Gammler, aber die Anlage ist noch ungemütlicher, als sie es ohnehin war. Der Umbau des Hermannplatzes ist nicht vor 2018 in Sicht. In einem Bezirk, der 75 Prozent seines Budgets für die sogenannten Transfer- und Sozialleistungen ausgibt und nach Abzug von Personalkosten und anderem nur noch 12 Millionen Euro im Jahr für Bauinvestitionen zur Verfügung hat, liegt auch die Verkehrsentwicklung brach. Es hat den Anschein, als würden die Bewohner des sozial eher schwachen Stadtteils zusätzlich mit unschönen und gefährlichen Straßen bestraft.

Im Jahr 2015 haben drei junge Anwohner das »Netzwerk Fahrradfreundliches Neukölln« gegründet, um die Radfahrer der Gegend zu organisieren. Sie treffen sich, real oder in Chat-Gruppen, und versuchen Lobbyarbeit für eine Sache zu machen, die keine Lobby hat. Die inzwischen etwa dreißig Aktiven der Gruppe setzen sich beim Amt für eine Fahrradstraße ein oder weisen auf Orte hin, wo die vorhandenen Radwege nur zugeparkte Buckelpisten sind. (Fast überall.) Zweiräder haben es in Neukölln in der Tat schwer. Das Netzwerk beklagt eine Unkultur mit hoher Aggressivität auf den Straßen. Offenbar prallen auch auf der Straße grundverschiedene Milieus aufeinander. Einerseits Menschen, die viel PS lieben, es mit der StVO nicht so genau nehmen und die berühmte freie Fahrt für freie Bürger fordern. Andererseits radfahrende Studenten oder Familien mit Kindern, denen es um mehr Sicherheit und Ruhe geht.

In Prenzlauer Berg, wo es diesen Kulturkampf nicht gibt, wurden in den vergangenen zehn Jahren etliche bauliche Maßnahmen ergriffen, um den Kiez fußgänger- und kinderfreundlicher zu machen. Dazu gehören Spielplatzsanierungen, neue Ampeln, Zebrastreifen. An etlichen Kreuzungen wurden die Gehwege vorgezogen und mit Pollern versehen. Alles wurde hübsch gemacht. An unserer alten Schule fand sich eine engagierte Gruppe von Eltern, die sich als »Verkehrs-AG« dafür einsetzte, dass vor dem Schulgebäude eine temporäre Spielstraße eingerichtet wurde. Das bedeutet: Einmal in der Woche wird die Straße komplett gesperrt und von Kitas, Schulen und Anwohnern zum Spielen, Radeln, Musikmachen, Eisessen und Klönen genutzt. Das Projekt war bis dato einmalig in Berlin, und bis zu dem Zeitpunkt, da eine vergrätzte Anwohnerin erfolgreich bei Gericht dagegen klagte, auch sehr erfolgreich.

Ich fand das Bemühen toll, viele Eltern engagierten sich neben ihrer beruflichen Tätigkeit enorm für das Projekt, machten Umfragen unter den Anwohnern, gingen zu Sitzungen im Bezirk, mobilisierten die Medien. Heute wirkt das auf mich alles ein wenig wie Luxusprobleme. Aber es zeigt, wie unterschiedlich die Standards sind, die die Bezirke setzen, und wo persönliches Engagement und das Geld hinfließen. In Neukölln steht der Verkehr eindeutig nicht an erster Stelle. Hier kämpft man mit ganz anderen Problemen.

Das Neuköllner »Netzwerk« müsste vermutlich grundsätzlicher argumentieren; zum Beispiel thematisieren, dass viel gerast wird in Neukölln. Auch in Tempo-30-Straßen. Dass alle Straßenübergänge komplett zugeparkt sind und weder ein Kinderwagen noch ein Rollstuhl oder ein Fahrrad dort vorbeikommen. Interessanterweise ist man sich mit Unternehmerinitiativen der Gegend offenbar schon einig – die wissen, dass Radfahrer ihnen Umsatz bescheren, während Autofahrer, die auf den Neuköllner Straßen kaum noch durchkommen, ohnehin keinen Parkplatz finden. Neue Kunden rücken zu Fuß oder auf zwei Rädern an – so weit ist der Verkehrskollaps immerhin schon fortgeschritten.

Wieland Voskamp vom Tiefbauamt widerspricht den Aktivisten. Mehrere Wechsel an der Spitze seiner Verwaltung habe er schon erlebt, jetzt sei man sehr fortschrittlich. Vier Millionen Euro wurden für die Instandsetzung alter Radwege ausgegeben, insgesamt 35 Kilometer Radweg saniert. Er hat Ideen, die sich gut anhören. Aber selbst für eine Ampel, die sinnhaft versetzt wird, müssen etwa 60 000 Euro bereitgestellt werden. Das Geld ist immer das größte Problem. Zu manchen Themen sagt er nur Sätze wie: »Ist nicht angedacht« oder auch »einen Masterplan gibt es nicht«. Die Hermannstraße etwa werde nicht umgebaut. Nachdem mit der Karl-Marx-Straße eine andere Hauptader des Bezirks Radwege bekomme, will der Bezirk nicht noch eine Straße verengen. Voskamp zeigt mir auf einer Landkarte verschiedene offizielle Radstrecken, Nebenstrecken, für die man Umwege in Kauf nehmen muss, aber immerhin funktionieren sie. »Bei der Stadtplanung hat es einen Paradigmenwechsel gegeben«, sagt er. »Wir denken die Straße jetzt von den Seiten her.«

Meinen Kindern habe ich trotzdem die Hermannstraße strikt verboten. Jedenfalls mit dem Fahrrad. Und wenn ich sie in mein Kastenfahrrad stecke, um zum Schwimmen zu fahren, machen wir weiter Umwege, fahren meist auf dem Gehweg und einen großen Bogen durch das beschauliche Böhmische Dorf – bloß nicht die Hauptstraßen entlang. Die sind in Neukölln anderen vorbehalten. Meine zweijährige Tochter Maja kann noch nicht Fahrrad fahren – die Jungs sind im selben Alter längst auf ihren kleinen Laufrädern durch die Straßen geflitzt. Das waren aber Straßen, auf denen man nicht um sein Leben fürchten musste.

Immerhin habe ich durch den Beinahe-Crash am Straßenrand eine neue Bekanntschaft gemacht. Rosa erzählt mir ihre Geschichte abends bei einem Bier aus der nahe gelegenen »Rollberg«-Privatbrauerei. Sie kommt aus Bulgarien, hat in Wien studiert und ist dann dem Ruf Berlins als aufregender Stadt gefolgt. Wie bei den meisten jungen Menschen, die zurzeit kommen, waren es auch bei ihr die Stadtteile Kreuzberg und Neukölln, die sie anzogen. Als sie dann ganz neu in der Stadt war, kamen in der Nähe der Sonnenallee zwei Männer auf sie zu und sagten: »Willst du ficken? Wir geben dir zweihundert.« Nach dem ersten Schock – auch bei ihr stellte sich das Gefühl ein: Wo bin ich denn jetzt nur gelandet? – hat sie sich aber doch zurechtgefunden.

»Berlin ist wie eine Bubble«, erklärt Rosa mit ihrem feinen, niedlichen Akzent. »Wenn du drin bist, bist du drin. Wenn ich beruflich in England oder Frankreich bin, merke ich immer, Berlin ist nicht die Welt und umgekehrt.« Sie meint das in einem sehr positiven Sinn: »Ich bin immer froh, wieder hier zu sein. Wer weiß, wie die Bubble sich noch entwickelt. Aber sie ist gut zu uns.« Und Neukölln ganz besonders. Nur aufs Fahrrad steigt sie erst einmal nicht mehr.

ERSTAUNLICHES

WIE NEUKÖLLN
EIN MODELL FÜR DEUTSCHLAND
WERDEN KANN

Eine Studie fand unlängst heraus, dass fast alle Neuköllner die Vielfalt der Kulturen als Bereicherung empfinden. Auch wenn es Diskriminierung gibt, Multikulti ist also vermutlich doch nicht gescheitert. Die Forscher empfehlen, die Erfahrungen aus diesem Stadtteil zu nutzen – für das ganze Land.

»Wir haben Vorbildfunktion«, meldete das Internetmagazin *Neukoellner.net* – das übrigens 2015 mit dem Grimme-Preis ausgezeichnet wurde – kürzlich. Ein Soziologe und eine Politikwissenschaftlerin hatten 311 Anwohner befragt, Experteninterviews geführt und die Geschichte dieses Stadtteils untersucht, der wie kein anderer von Zuwanderung und Wandel bestimmt ist. Den Auftrag für die Untersuchung gab das Jugendamt Neukölln, durchgeführt hat es nun »Camino«, eine Art Nachdenkwerkstatt für Stadtteilkultur und Sozialarbeit. Die Forscher sollten herausfinden, ob Diskriminierung zum Alltag gehört und wenn ja, in welchem Ausmaß.

Die Antwort ist: ein wenig schon. Besonders Frauen, die das Kopftuch tragen, berichten, dass sie deswegen manchmal negative Kommentare hinnehmen müssen – 48 Prozent der muslimischen Frauen haben das ausgesagt. Auf alle Befragten gerechnet, gab gut ein Viertel an, sich diskriminiert zu fühlen (28 Prozent). Weil das für fast Dreiviertel also ausdrücklich nicht gilt, zieht die Studie ein eher positives Fazit. Das liegt auch daran, dass 80 Prozent gern in Neukölln leben. Von den anderen antworteten 13 Prozent mit einem sybillinischen »teils-teils«, nur 3 von 100 mögen es hier nicht. Sogar 90 Prozent konnten diese Aussage unterschreiben: »Die Vielfalt der Kulturen und Lebensstile empfinde ich als Bereicherung.«

Als Albrecht Lüter, einer der Autoren der Studie, Letztere auf einer Pressekonferenz im Bezirksamt vorstellte, sagte er auch: »In Neukölln hat sich ein Lernprozess vollzogen, der für Deutschland als Einwanderungsgesellschaft insgesamt wegweisend ist.« Der Appell scheint sich auch an den Staat zu richten. Denn wenn die befragten Menschen sagen sollten, wo sie sich diskriminiert fühlen, gaben sie an: »auf der Straße« und fast genauso häufig »in Ämtern und Behörden«.

Und wenn ältere Befragte die Entwicklung Neuköllns nicht mögen, beziehen sie sich mitnichten auf die Anwesenheit von Mitbürgern, die aus anderen Kulturkreisen stammen. Sondern sie nennen die jungen Hipster, die steigenden Mieten in einigen Teilen des Nordens Neuköllns und die Gentrifizierung, den Wandel in eine Schickeria.

Die Studie, die den Namen »Zusammenleben in Nord-Neukölln« trägt, fasst ihre Ergebnisse so zusammen: »Obwohl der Neuköllner Norden von sozialen Problemlagen – hohe Arbeitslosigkeit, hoher Anteil von Transferleistungsempfänger/innen an der Bevölkerung, niedrige Einkommen – betroffen ist, zeichnet seine Bewohnerschaft ein hohes Maß an Lebenszufriedenheit aus. Auch die Diversität der Bewohnerschaft wird durch die befragten Anwohner/innen überwiegend positiv bewertet. Interethnische oder interkonfessionelle Spannungen oder Diskriminierungen scheinen nicht prägend für den Nord-Neuköllner Alltag zu sein. Dies bestätigen auch die Aussagen der Expert/innen. Die Mehrheit der befragten Anwohner/innen vertritt tolerante Haltungen gegenüber anderen ethnischen oder religiösen Gruppen oder sozialen Minderheiten.«

Uns ist das gleich positiv aufgefallen, als wir hierher zogen. Die Menschen gehen überwiegend entspannt miteinander um. Auf die Kinder werden wir oft angesprochen. Meine Frau hatte ein denkwürdiges Erlebnis in einem Spätkauf. Dort saß eine ältere türkische Frau, offenbar die Mutter der Verkäuferin, und lächelte unsere Kinder an. Dann fragte sie in gebrochenem Deutsch, ob die alle zu meiner Frau gehörten. Als sie dies bejahte, lachte die Dame noch mehr und rief: »Drei Kinder, Gott sei Dank, alles gut, alles gut!« Meine Frau war so überrascht, dass sie gar nicht wusste, wie sie reagieren sollte. So etwas Kinderfreundliches hatte noch nie jemand Fremdes auf der Straße zu ihr gesagt. Erst als Quinn nachhakte: »Du, was wollte die denn?«, erwachte sie aus ihrer Sprachlosigkeit und sagte: »Die findet euch gut!« Endlich einmal waren die Kinder nicht zu laut, lästig, störend. Das schöne Gefühl hat bei ihr danach noch lange nachgewirkt. So gut tun ein paar herzliche Worte, wenn man sie gerade gar nicht erwartet.

Das würde, auch wenn es hier recht optimistisch formuliert ist, auf etwas hindeuten, das ja auch eine Grundthese dieses Buches ist: Neukölln ist ein Modell für Deutschland. Ein Land, das sich darauf einstellen muss, Integration bald auch an anderen Orten zu leisten. In Neukölln kann man schon einmal sehen, wie das funktionieren oder scheitern kann.

WIE INTEGRATION
FUNKTIONIEREN KANN

In bestimmten sozialen Schichten blüht das Verbrechen, und auch unter den Migranten Neuköllns gibt es Berufskriminelle. Warum es trotzdem unfair ist, einzelne arabische Großfamilien insgesamt als vermeintliche Kriminelle zu stigmatisieren – was aber immer wieder geschieht. Und wie viele Migranten sich vorbildlich und ganz legal hocharbeiten.

Im Büro von Arnold Mengelkoch, dem Integrationsbeauftragten des Stadtteils, steht eine große Landkarte Neuköllns. Der Diplom-Sozialarbeiter ist ein angesehener Mann, seit Jahrzehnten erfahren in der Verwaltung, und er galt nie als Schreibtischtäter. Zu ihm geht man, wenn man wirklich wissen will, was auf den Straßen los ist, höre ich mehrfach. Nun steht er vor mir, wischt mit dem Finger über einzelne Plätze und Straßenzüge auf seiner Karte und sagt: Hier haben Männer aus der So-und-so-Familie das sagen. Und das Gebiet hier dominieren Mitglieder einer Familie aus Dem-und-dem-Land. Und hier an der U-Bahn hatten Nachkommen von Beduinen aus Da-und-da den Drogenhandel lange übernommen.

Er sagt niemals: »Der xy-Clan ist kriminell«, so wie die Zeitungen es schreiben. Dabei kommt immer wieder das Fernsehen vorbei und fragt nach genau diesen Themen, nach der vermeintlichen Macht des organisierten Verbrechens in Neukölln. Mengelkoch stellt jedes Mal die gleiche Bedingung: Namen nennt er nicht. Kein Familienname ist von ihm zu hören. »Denn das ist ungerecht«, erklärt er. Selbst wenn es Fälle gibt, bei denen mehrere Familienmitglieder mit bestimmten Straftaten in Erscheinung treten – die Familie hat neben diesen Tätern oft hundert oder mehr absolut rechtschaffene Mitglieder. »Es wäre nicht fair, zu pauschalisieren.«

Es gibt in Berlin Berufsverbrecher, es gibt besonders viele in Neukölln, und viele sind aus Einwandererfamilien hervorgegangen. Das seltsame Wort »Berufsverbrecher«, das man lernt, wenn man mit Polizisten oder Mitarbeitern des Bezirksamts redet, meint: Es gibt in diesem Stadtteil Menschen, die ihre Existenz ganz und gar auf kriminellen Geschäften aufbauen: Raub, Einschüchterung und Erpressung, Drogen, Prostitution; meist nur eins davon, manchmal mehreres. Und abgesehen von diesen mehr oder weniger organisierten Strukturen fielen in den Polizeimeldungen aus Neukölln auch im Jahr 2015 mehr als einmal im Monat Intensivtäter auf, die jeweils festgenommen wurden – meist nachdem sie schon ein langes Register an Straftaten hinter sich haben. Das Amt zählt zurzeit 159 der sogenannten Serienstraftäter in Neukölln, davon sind rund die Hälfte arabischstämmige junge Männer.

»Früher gab es die deutschen Rowdys«, sagt Mengelkoch. »Neukölln hatte schon immer eine Straßenszene von Kriminellen. Vor dreißig Jahren haben schwere Jungs aus Berlin anderen auf die Schnauze gehauen. Heute ist das Milieu dominiert von Menschen nichtdeutscher Herkunft. Eigentlich hat das alles aber wenig mit Herkunft zu tun. Die Rocker mischen übrigens auch mit.«

Allerdings gibt es ein paar Bedingungen für die eingewanderten Familien, die ihnen das Leben besonders schwer machen. Die kurdischen und libanesischen Großfamilien, die ursprünglich aus der Südosttürkei stammen, oft aus der Provinz Mardin, haben teilweise nach Jahren noch unter dem Duldungsstatus zu leiden. Viele sind mit palästinensischen Flüchtlingen gekommen. Manchmal mussten sie lügen und angeben, sie seien auch Palästinenser, um Einlass zu finden. Sie haben keinen türkischen Pass. Aber auch der Libanon will sie nicht dauerhaft aufnehmen, weil sie nur »temporär« dort gewesen seien – auch wenn dieses »temporär« mitunter zwanzig Jahre dauerte. Ihr Geld haben sie etwa im Marktgeschehen von Beirut verdient, der Markt lag dann brach während des Krieges. Wo sollten sie hin? Niemand wollte sie.

Eine so von allen Seiten drangsalierte Familie besinnt sich auf sich selbst. Die Sippe, der Clan, stärkt sich selbst. Auf einen Staat zu vertrauen, haben sie nicht gelernt. Den Staat gibt es in der Heimat nicht, sondern es fühlt sich eher so an, als gehörte der Staat selbst auch einer Familie. Syrien gehört in dieser Sicht Familie Assad, Libyen gehörte Familie Gaddafi, Saudi-Arabien gehört den Nachkommen König Sauds, Jordanien gehört der Familie Hussein. Stark ist, wer dazugehört – oder zahlen kann. Es gibt keine rechtsstaatlichen Strukturen der Art, wie wir sie kennen, und keine klare Gewaltenteilung. Das wirkt nach im Denken und Fühlen, da kann die Maxime übrig bleiben, dass die eigene Familie stark werden muss. Das alles heißt nicht, dass kein Wandel möglich sei oder keine Integration gewünscht.

Aber der Gegenwind kommt ja auch in der neuen Heimat auf. Dass ein Einwanderer nicht von dem Gefühl beseelt ist, willkommen zu sein, kann im Moment niemanden überraschen. Talkshows, Kommentarspalten im Internet und Pegida-Demos sprechen eine klare Sprache. Die reichen Araber und Palästinenser haben ihr Geld nach Amerika geschickt und sind hinterhergereist. Hier sind eher die, die sich das nicht leisten konnten. Die CSU brüstet sich damit, dass sie das Asylrecht verschärft und den Familiennachzug gestoppt habe, die Partei ließ im Winter 2015 einen entsprechenden Banner erstellen und online verbreiten. Ärzte und Ingenieure gehen aber lieber in ein Land, das sie auch ernsthaft integriert: USA, Kanada, Großbritannien, Skandinavien. Dorthin scheint das Know-how verschwunden zu sein, das Merkel eigentlich holen wollte.

Offenbar gibt es Tatendrang und einen starken unternehmerischen Geist, viele wollen einen eigenen Laden. Mitunter scheint der Wille, sich mit Bürokratie oder Steuern auseinanderzusetzen, nicht ganz so ausgeprägt. Schnell sollen die Dinge gehen. Es gab Fälle, da wurde das Mineralwasser einfach bei Aldi gekauft und in der Bar ein bisschen teurer weiterverkauft, gern auch an der Steuer vorbei. Eine Kette hatte den Tabak für ihre Shisha-Bars illegal aus dem Libanon geholt. Als das aufflog, stellte das Amt fast zwei Millionen Steuerschulden fest.

Das Geschäftsmodell einiger Menschen aus diesen Kreisen sei also Berufskriminalität, hört man im Stadtteil. Die Zeitungen berichten immer wieder, dass es im Kern um sechs Familien geht. Das meint vor allem kurdisch-libanesische Familien, also gerade nicht die ursprünglich palästinensische Familie Abou-Chaker, von der in etlichen Beiträgen auf Spiegel-TV und in der *Bild*-Zeitung immer wieder die Rede war. In Berlin standen auch mehrere Personen dieses Nachnamens vor Gericht. Trotzdem weigert sich Mengelkoch, der Kenner der arabischen Szene, den Namen dieser Familien ausschließlich mit Kriminalität in Verbindung zu bringen. »Dafür gibt es doch keinen Grund. Viele Familienmitglieder, die ich in meiner Arbeit als Integrationsbeauftragter kennenlerne, sind völlig in Ordnung, ganz normale Mitbürger.«

Etwa 36 000 Türken und Kurden leben in Neukölln. 18 000 Araber mit palästinensisch-libanesischem Hintergrund. Weitere 12 500 Bürger sind »nicht zuzuordnen«. Das ist Amtsdeutsch für andere Araber, etwa staatenlose Palästinenser. Viele sind auch nach Jahren keine Deutsche, dürfen sich im Land nicht frei bewegen, teilweise nicht arbeiten. »Das ist nicht in Ordnung«, sagt

Mengelkoch. »Das hätte längst reguliert werden müssen, so eine große Gruppe. Die hätten eingebürgert werden müssen, damit es Planungssicherheit für die Familie gibt. Die sogenannte Duldung ist unverschämt den Familien gegenüber, die seit Jahrzehnten hier leben. Mit unserem jahrzehntelangen Misstrauen drängen wir diese Familien ja gerade in die Parallelgesellschaft. Das muss doch mal ein Ende haben.«

Dass es Kopftuchdebatten gibt, wundert Mengelkoch auch nicht. Vor zwanzig Jahren noch haben sehr moderne Türkinnen und Perserinnen, die kein Kopftuch tragen wollten, das Bild der Einwanderer in Deutschland bestimmt. Heute ist ein Rollback ins Konservative zu beobachten. Das sei durchaus konsequent: Der deutsche Staat drücke die Familie ins Passive. Sie bekommen Kindergeld, Hartz IV, müssen eigentlich nichts dafür tun. Böse gesagt könnte man meinen, wir geben den Familien Geld und verlangen, dass sie still sind. Aber woher bekommt man in einer solchen Lage eine positive Identität? Da bietet sich dann die Religion an. Die ist identitätsstiftend.

»I'm muslim, don't panic« ist ein beliebter Spruch auf den T-Shirts der Vierzehnjährigen in Neukölln. Oder sie tragen die Silhouette des Libanon oder Palästinas als Kettenanhänger um den Hals. Die Mädchen tragen Kopftuch, obwohl die Mütter es nicht tun. Sie alle wollen sich damit anderen gegenüber abgrenzen. Sie wünschen sich ein wenig Stolz. An Neukölln sieht man auch in diesem Punkt schon länger, was auch angesichts der sogenannten Flüchtlingskrise immer deutlicher wird: Die Lage der Welt spiegelt sich auch bei uns sofort wider. Der neue Konservativismus der jungen Türkinnen hat auch mit dem Wandel in der Türkei zu tun. Erdogan baut das Land um und sorgt dafür, dass die religiösen Symbole im Alltag erscheinen. Er hat viele Lehrer und Polizisten ausgetauscht, die liberalen und weltlichen Atatürk-Anhänger mussten raus, orthodoxe Muslime ersetzten sie.

In Berlin gibt es 60 000 Araber, das ist keine sehr große Gemeinschaft. Die Hälfte lebt in Neukölln. Aufgewachsen sind die meisten in den zwölf Palästinenserlagern, die es seit Jahrzehnten im Libanon gibt. Ain al-Hilweh ist mit gut 50 000 Bewohnern das größte, nahe der Stadt Saida gelegen. Insgesamt sollen rund eine Viertelmillion Menschen in diesen Lagern leben. Der libanesische Bürgerkrieg (1975–1990) löste die erste Ausreisewelle aus. Die derzeitigen bewaffneten Auseinandersetzungen – einerseits mit Israel, andererseits, Medienberichten aus der Region zufolge sogar heftiger, mit radikalislamischen Truppen – ziehen gerade eine zweite nach sich. Ohnehin hatten die Palästinenser im Libanon nur wenig Rechte, konnten die Staatsbürgerschaft nicht beantragen und nicht frei arbeiten. Wieder einmal hat es den Anschein, dass die Weltpolitik bis hin zu uns nach Neukölln reicht.

In letzter Zeit wird die Forderung lauter, man solle über die deutschen Waffenexporte nachdenken, statt ein paar Jahre später die Folgen der Kriege auszubaden – Deutschland ist etwa der zweitgrößte Exporteur von Kleinwaffen. Andreas Heeschen, der Mehrheitsgesellschafter der Heckler & Koch Beteiligungsgesellschaft, sagte der *Wirtschaftswoche* bei einem seiner seltenen Interviews stolz: »Wir bauen gerade für Saudi-Arabien eine komplette Produktionsanlage für das G36 auf.« Immer wieder behaupten Medien, dass seine Waffen auftauchen, wo sie nicht sein sollten, bei mexikanischen Banden oder im georgischen Bürgerkrieg.

Der erste Intensivstraftäter aus einer Neuköllner Großfamilie, der in den Medien für viel Aufsehen sorgte, war »Mahmoud«, eigentlich Nidal R. Der heute 32-Jährige verbrachte ziemlich genau ein Drittel seines Lebens in Haft. Auch das Jahr 2015 hat er im Wesentlichen hinter Gittern erlebt. Er war in eine Schießerei in der Emser Straße verwickelt, in etliche Raubüberfälle, sein Register umfasst Körperverletzung, Trunkenheitsfahrten ohne

Führerschein, mehr als 80 Straftaten schon mit Ende zwanzig. Die Staatsanwaltschaft richtete eine Abteilung für Intensivtäter ein, denn es gab dieses Phänomen immer wieder: Jugendliche, die schon mit sechzehn Dutzende Straftaten hinter sich haben. Die Gerichte reagieren in jüngster Zeit mit aller Härte.

Kontakt zu den Familien sucht dagegen eher selten mal jemand. Als ein Junge auf der Straße enorme Zerstörungen anrichtete, ist Mengelkoch zusammen mit einem arabischen Streetworker bei den Familien herumgegangen mit Fotos, um den Eltern einmal zu zeigen, was ihr Sprössling da angerichtet hat. Der Vater sagte: »Das ist das erste Mal, dass ein Deutscher hier ist, um mit uns zu reden.«

Wenn man sich im Internet in den Kommentarspalten zu Zeitungsartikeln oder auf Facebook, also am digitalen Stammtisch, umschaut, stößt man auf Kommentare wie: »Wir wollen doch hier keine Neuköllner Verhältnisse, wo es nur Probleme mit Türken gibt.« Eine solche Einschätzung dürfte gleich auf mehreren Ebenen grober Unfug sein. »Die Türken«, wenn man denn so pauschalisieren will, sind gut integriert und sind länger in Deutschland als die meisten arabischstämmigen Immigranten, die meist wegen des Krieges im Libanon kamen. Die Gruppierungen von Migranten stellen sich also viel komplizierter dar. Wer so etwas schreibt, interessiert sich allerdings meist auch nicht sehr für die Fakten.

Türken und Araber gehen sich aus dem Weg. Schwarzafrikaner mögen meist beide nicht. Roma haben noch weniger Ansehen, werden aber nicht wahrgenommen, weil sie sich nicht dem Kampf stellen. Deutsche auch nicht. Bekommen deutsche Jungs Ärger, ziehen sie weg aus Neukölln. Das hat Detlev Buck in seinem höchst reißerischen, aber auch packenden Spielfilm *Knallhart* illustriert. Ein deutscher Junge wird in den Kreislauf der gut organisierten Drogenkriminalität hineingezogen und scheitert dort kläglich. Kurz bevor die alleinerziehende, überforderte Mutter den rettenden Umzug in ein ruhigeres Viertel bewerkstelligen kann, hat ihr Sohn sich schon zum Instrument skrupelloser Gangster gemacht und tötet unter Zwang in deren Auftrag einen anderen.

Die Gewalt sei »in den Untergrund« verschwunden, hört man manchmal. Das heißt: nicht an den Schulen. Die frustrierten Lehrer haben den Störern irgendwann gesagt: »Ihr müsst nicht kommen.« Dann blieben sie weg, gern sogar. Mit den restlichen konnte man Unterricht machen. Die anderen beteiligten sich draußen am Drogenhandel, hatten immer Scheine in den Taschen. Das wurde dann immer wilder. Mitunter hörte man aus Polizeikreisen sogar, dass die afrikanischen Drogenhändler die Plätze, an denen sie stehen durften, von den Arabern mieteten. Das soll es in der Hasenheide gegeben haben.

Funktioniert Neukölln nicht? Doch, aber nur, weil wir es subventionieren. Wir haben das größte Jobcenter Deutschlands hier. Die Zahl derer, die von Hartz IV lebten, nimmt immer noch zu. Die ganzen tollen Gaststätten entlang der Hermannstraße, Shisha-Bars, Imbisse – etliche funktionieren nur, weil sie pfuschen. »Aufstocker« – das Jobcenter zahlt dazu. Den Staat zu betrügen scheint vielen Menschen aus Ländern, in denen es gar keinen Staat gab, leichtzufallen. Die Argumentation vollzieht sich wie die mancher Linker: Es gibt ja genug Reiche, sollen die doch die Steuern zahlen, nicht wir.

Eine der Familien, die immer wieder in den Medien auftauchte, die sich oft dagegen wehrte und bei Freund wie Feind ein Reizthema ist, sieht Mengelkoch sogar auf dem richtigen Weg. Sie hätten dazugelernt und machen legale Geschäfte – kaufen Immobilien, auch in anderen deutschen Städten, entwickeln sich vielleicht wie eine der bekannten US-Großfamilien. In der ersten Generation waren die auch noch in den mafiösen Strukturen der amerikanischen Prohibition beteiligt. Das Prinzip war: Am Anfang wird Geld gemacht, notfalls mit Gewalt. In der zweiten Generation wickelt man schon legale Geschäfte ab. Und in der dritten engagiert man sich im Sozialen, geht in die Politik und stellt sogar US-Präsidenten.

Ob das Neukölln etwas nützt, wäre eine andere Frage. Denn auch die Ausländer sind bisher, wenn sie einen höheren sozialen Status erlangt haben, gegangen. Sie leben dann in Reinickendorf als Bürger unter Bürgern. Das ändert sich erst, wenn alle bleiben und die Kinder auch hier auf der Schule lassen. Später werden auch die intellektuellen Türken und Araber sich engagieren an der Schule, wenn sie eingeladen sind.

Kürzlich erfuhr Mengelkoch, der sich viel im Stadtteil umschaut und mit Menschen in Cafés spricht, von einer irrwitzigen Szene. In einem Haus hing ein stattlicher arabischer Mann am Fenster und schrie um Hilfe. Von hinten wurde er von seiner zierlichen Frau gehauen. Der hätte ja nur ein Mal zurückschlagen müssen, dann wäre sie k. o. gewesen. Aber sie ist die Chefin zu Hause und muss ja die Familie versorgen. Dann schreit er lieber seine Wut aus dem Fenster. »Es geht doch!«, sagt Mengelkoch. Jetzt noch ein bisschen mehr Kultur in den Stadtteil, ein bisschen mehr legale Arbeit und Steuern zahlen, dann haben wir es geschafft.

PREISLISTE EINES FRISEURS, NAHE RATHAUS NEUKÖLLN

Haarschnitt	ab 10,–
Kinderhaarschnitt	7,–
Färben	ab 10,–
Strähnen	ab 10,–
Dauerwelle	ab 10,–
Augenbrauen zupfen mit Faden	5,–
Föhnen	ab 10,–
Augenbrauen/Wimpern färben	5,–
Haarverlängerung	ab 3,–
Haarverdichtung	ab 3,50
Hochsteckfrisur	ab 25,–
Make-up	ab 15,–
Rasieren	ab 5,–
Tribal	ab 3,–

IPL BEHANDLUNG

DAMEN

Gesicht / Yüz	35,–
Achseln / Koltuk Altı	25,–
Bikini-Bereich / Bikini bölgesi	25,–
Intim	35,–
Bikini-Intim	50,–
Beine komplett / komple Bacak	90,–
Arme / Kollar	45,–
Bauch / Karın	35,–
Rücken / Sırt	50,–
Ganzkörper / komple Vücut	180,–

HERREN

Rücken	80,–
Brust	80,–
Rücken, Brust & Arme	200,–
Arme	60,–
Nacken	20,–
Gesichts- / Wangenbereich	10,–

NICHT ALLE TÜRKISCHEN
KINDER HABEN SMARTPHONES

Hartnäckig hält sich das Gerücht, Migranten seien sehr nachlässig mit der Medienerziehung und ließen ihren Kindern praktisch freie Hand, am Handy zu fummeln, die Xbox zu bedienen oder Filme ab achtzehn zu schauen. Um das zu beklagen, muss man allerdings erst einmal elektronische Medien kritisch sehen. Und dann stimmt es immer noch nicht. Eine kleine Feldstudie.

»Ey, Quinn, ich hab was gesehen bei ›Die schlimmsten Verletzungen der Welt‹«, sagt Leo hastig zu seinem kleinen Bruder. »Da ist ein Mann von der Bahn in zwei Hälften zerteilt worden und dann weiter rumgelaufen.« Meine Söhne wissen nicht, dass ich sie belausche. Ich sitze um die Ecke in der Küche, und die beiden führen auf dem Sofa ein »Krass, echt, Alter«-Gespräch. »Aber das geht nicht, dass einer ohne Kopf weiterlebt, der Mensch ist ja kein Regenwurm«, sagt Quinn. »Bei Regenwürmern geht das. Aber bei Menschen nicht, oder?« Damit sich keine ganz abstrusen Angstvorstellungen entwickeln, muss ich einschreiten. Vor allem aber möchte ich rausfinden, woher Leo »Dieschlimmstenverletzungenderwelt« kennt. Er sagt das immer ganz schnell, als wäre es ein stehender Begriff, den jeder kennt. Etwas Normales, das zum Leben gehört wie Arbeitslosenhilfe oder Glühwein mit Schuss. Also erklärt er mir: »Wir haben uns Filme angesehen am Handy, als ich letzte Woche bei Pahali war.« Aha.

Beim nächsten Treffen der beiden greife ich mir seine Freundin mal und frage, wie das so ist mit Filmen auf dem Handy.

»Also eigentlich dürfen wir das auch nicht«, sagt Pahali. Dachte ich mir, denn sie ist neun Jahre alt, wie Leo auch. »Aber Mama hat viele Dienste am Wochenende. Dann sind wir allein, mein Bruder schaut in der Zeit fern, ›SpongeBob‹-Folgen zum Beispiel. Das interessiert mich aber nicht so. Wir nehmen lieber das Handy.« Mit ihrem könne man nicht viel erreichen, das sei ein herkömmliches Telefon mit Tasten. Aber die Mutter lässt ihr Smartphone zu Hause, wenn sie zur Arbeit geht. »Das nehme ich mir dann einfach und lege meine SIM-Karte da ein. Dann drückt man einfach auf das Zeichen von ›YouTube‹, und dann schauen wir kleine Filme an. Manchmal richtig lange. Wir geben so was wie ›Schlimmste Verletzungen der Welt‹ ein, da gab es ein Video, wo sich ein Mann selbst die Zähne mit einer Kettensäge abschneidet und dann den Kopf. Das kann man aber nicht sehen, das Bild wird dann so ganz klein. Andere Sachen mache ich mit dem Telefon nicht. WhatsApp? Weiß gar nicht so genau, was das ist.«

Später google ich selbst nach den »Schlimmsten Verletzungen der Welt« und finde auf YouTube, das ich spontan für einen miesen, unkontrollierten und unreglementierten Albtraum des Blödsinns halte, allerhand Ekelhaftes. Einiges davon sind Filme, die innerhalb von Egoshooter-Videospielen gemacht wurden. Dass es sich nur um eine virtuelle Realität handelt, haben die Kinder nicht erwähnt, vielleicht nicht einmal gemerkt. Mehr Regeln müssen her und Verbote auch, denke ich mir. Das Gespräch mit Leo darüber verläuft allerdings nicht sehr erfolgreich. Meine Medienpädagogik findet er doof, und die Welt findet er ungerecht. »Alle Türken haben ein Handy, die Araber auch alle, die haben es viel besser als wir«, ruft Leo.

Um seine Behauptung zu überprüfen, mache ich mir den Spaß und spreche immer, wenn ich auf dem Spielplatz oder noch besser dem Bolzplatz dabeisitze, einen der Bekannten meines

Sohnes an. Auf die Frage: »Sag mal, Leo wünscht sich ein Smartphone oder noch besser ein iPad, kann ich dich mal fragen, ob ihr zu Hause so was habt?«, antwortet jeder gern. Aus den meisten sprudelt es regelrecht heraus, denn sie dürfen über ihr Lieblingsthema reden.

Da ist zwar der Palästinenser Ibo, der mich mit »Na, sind Sie denn gechillt, Alter« anredet und behauptet, alles zu dürfen, vom Smartphone über das iPad seiner großen Brüder bis hin zur Playstation 4, auf der er auch Spiele ab achtzehn spiele, sei doch alles kein Problem. Ich treffe aber auch Namid, den Ägypter, der sich nur für japanische Manga-Comics und die zugehörigen Videospiele interessiert. Und eine kleine Amerikanerin, die Kurzgeschichten schreibt und ein Smartphone hat, es aber nicht mag. Und dann ist da noch Asya, die sich mit ihren neun Jahren gewählt ausdrückt wie eine Elitestudentin und deren Eltern aus Pakistan stammen. Weder sie noch ihre Brüder haben irgendetwas Elektronisches, sagt sie. Sie spricht Arabisch, Urdu und Deutsch, sagt sie, den Koran müsse sie ja auch studieren, da bleibe nicht viel Zeit für anderes.

Am Ende gefällt mir die soziologische Ministudie so gut, dass ich das Gleiche der Schule meiner Kinder als kleines Forschungsprojekt anbiete. Ich führe also mit einigen Kindern Einzelgespräche und lasse mir erklären, was sie haben und dürfen und nicht dürfen. Über die Ergebnisse der Schule darf ich aus Gründen des Datenschutzes nicht reden, aber eines verrate ich doch: Es war auch dort viel diverser und komplexer als »Alle außer mir haben schon ein Smartphone«, auch wenn dieser Satz bei erstaunlich vielen Kindern zum Repertoire gehört. Als wir später eine Unterrichtseinheit darüber veranstalten und ich den Kindern erzähle, wie wenige Jugendliche statistisch gesehen Handys und Tablets haben, geben die meisten auch zu, dass es bei ihnen zu Hause doch nicht ganz so paradiesisch sei, wie sie auf dem Schulhof gern behaupten, wenn die Angeberlaune sie packt. Bei praktisch allen schauen die Eltern auf den Umgang mit Medien und beschränken diesen auch.

Mein Leo gibt dann auch noch etwas zu, am Ende, nachdem wir so viel über dieses Thema geredet haben: »Am allerbesten war es damals in Prenzlauer Berg bei Lukas«, behauptet er nämlich nun. Der Junge ist ein Klassenkamerad aus der alten Schule, der ganz in der Nähe unserer alten Wohnung lebte und den mein Sohn oft besucht hat. Seine Eltern leiten gemeinsam einen Feinkostladen, arbeiten viel und sind selten zu Hause, und mir dämmert schon was. Lukas hat auch noch einen älteren Bruder. In der Kombi mit den abwesenden Eltern ergibt diese Situation schnell eine gepflegte Wohlstandsverwahrlosung, was Medien und andere verbotene Dinge betrifft. In der nächsten Sekunde erfahre ich, dass ich mit meiner Ahnung ganz recht habe. »Der hatte Nintendo, Computer, Tablet und Handy. Wir haben da immer Minecraft gespielt und Clash of Clans. Und Plants versus Zombies. Und so ein Spiel, wo man über Berge fahren muss und immer Gas und Bremse sucht. Und natürlich Subway Surfers, da rennt man über Gleise und die Züge kommen.«

Und ich dachte immer, die spielen draußen Fußball. Diese verdammten deutschen Mittelschichtseltern!

IN DEN FERIEN KÄMPFT
UNSER KELLNER GEGEN DEN IS

Der rüde Ton unter den Jugendlichen Neuköllns verdeckt auch Ängste und das Gefühl, nicht gewollt zu sein – gerade als Kind einer Migranten-familie. Sozialarbeiter und Ehrenamtliche bemühen sich redlich, den Teen-agern neue Wege zu zeigen. Aber manchmal lässt das Amt auch sie im Stich. Was man in Neukölln immer wieder trifft, ist eine gewisse, oft ag-gressive Härte.

Sie waren zu acht. Und ich war allein. Meine Frau brachte zu Hause gerade die Kinder ins Bett, und ich war unterwegs zu ei-nem Konzert. Unten im U-Bahnhof Leinestraße umringten mich plötzlich die Jungs. Es gab eine Art Wortführer, der gut aussah, etwas müde dreinblickte und ein Gespräch anfangen wollte. Das lief so: »Sind Sie Sozialarbeiter? Sie haben so eine Brille.« Tat-sächlich trage ich eine verdammt coole übergroße Brille, die mein Vater in den Achtzigern ernsthaft benutzte und die heute als Mo-de- und Ironie-Statement unschlagbar ist. Dann kam: »Sind Sie für Israel? Oder glauben Sie auch, dass die Moslems an allem Schlechten in der Welt schuld sind? Das sagen jetzt nämlich im-mer alle.« Und schließlich: »Haben Sie mal zehn Euro? Wir brau-chen Zigaretten.«

Ein nerviger langer Typ fing an, mir Rauch ins Gesicht zu blasen. Ein dritter filmte das mit seinem Handy. Und dann riss mir der Rauchende die Mütze vom Kopf und lief kichernd da-mit auf dem Bahnsteig auf und ab.

Ich nahm zwei Gefühle war. Erstens: Angst. Die Bengel waren zwar erst etwa vierzehn, aber wie gesagt zu acht. Zweitens: das starke Bedürfnis, dem pickligen Lulatsch mächtig eine zu scheuern. Wo, allerdings, sollte das hinführen? Entsprach das meiner Idee von Konfliktlösung? Entsprach es meiner Haltung zur Gewalt? Weil ich ohnehin eine Niederlage gegen die Street Boys zu erwarten gehabt hätte, schnappte ich mir meine Mütze und zog wütend ab, zum anderen Ende des Bahnhofs.

Das Erlebnis im Bahnhof war der Abschluss meiner ersten Woche in Neukölln, und ich habe meiner Frau gar nichts davon erzählt. Die stand unserem Umzug und unserem neuen Leben ohnehin noch sehr skeptisch gegenüber, so eine Anekdote hätte für mein Empfinden in jenem Moment nicht so gut gepasst. Ich nehme es einfach mal als Eintritt in das Life on the Street.

Dabei hatte meine Frau längst etwas Ähnliches erlebt, wie wir später feststellten. In der U8 spricht sie ein junger Typ in schwarzer Bomberjacke an, ob er mal ihr Handy haben könne, er müsse telefonieren. Sie sagt Nein. Der Kerl trollt sich, murmelt aber noch: »Sau!«

Den harten Umgang erlebe ich bald öfter und auch in Situationen, wo er mir besonders wenig passt. Etwa vor ein paar Tagen. Es ist heller Nachmittag, ich gehe die Thomasstraße entlang, die quer durch das Viertel schneidet. Ein paar kleine Jungs kommen mir entgegen, sechs Jahre alt vielleicht, höchstens acht. Ein kleiner Dunkelhäutiger mit schönen Afro-Locken ruft gerade einem der anderen Jungen aus der Gruppe zu: »Hey, Ficker! Hurensohn! Ficker!«, und zwar mit so einer niedlichen Sesamstraßen-Stimme. Das könnte Kabarett sein, das würde in der deutschen Comedy im Fernsehen funktionieren. Und dann höre ich eine andere Stimme aus derselben Kindergruppe. Sie piepst: »Hallo, Papa!« Ich begreife nicht sofort. Dann sehe ich mich um: »Was machst du denn schon hier?« Es ist mein Sohn Quinn, der ein paar Schritte weiter geht, es ist seine Hortgruppe. Ich habe ihn einfach nur auf diesem Weg nicht erwartet, bin gerade unterwegs, um ihn auf einem nahe gelegenen Spielplatz abzuholen, auf dem die Gruppe normalerweise den Nachmittag verbringt. So ist das also. Herzlich willkommen in Neukölln!

Natürlich ist es ein weiter Weg von ein paar provozierenden Schimpfwörtern zu Raubüberfall und Schulversagen. Trotzdem denke ich, der ich mittlerweile schon alarmiert bei dem Thema bin, das alles in einem Zusammenhang. Zuerst kommt die verbale Verrohung, dann werden die Jungs aggressiv-nervig wie die Gruppe, der ich in der U-Bahn begegnet bin, und anschließend ist es so weit: Messer, Macheten, Menschenhandel! Oder ist es doch alles nicht so einfach?

»Keiner hat Lust, ein Delinquent zu sein«, erklärt mir Thorsten, der eine Zeit lang in der Gewaltprävention gearbeitet hat. Mit Projekten wie »Cool bleiben, Respekt zeigen« gehen Pädagogen und Sozialarbeiter in Schulklassen und organisieren eine Art psychologische Gruppenarbeit mit den Kindern, die schon durch Schlägereien aufgefallen sind. Dort wird dann darüber geredet, was denn »cool sein« heißen möge: sich aufspielen, laut sein, posen oder einfach ruhig bleiben. Der Dialog mit den sogenannten schwierigen Kindern funktioniere erstaunlich gut. Aber: Alle Kinder aus Migrantenfamilien spürten sofort kleinste Signale, die ihnen zeigen, dass sie nicht gewollt seien, sagt Thorsten. So entsteht die Wut und die Abgrenzung von den anderen, von den Deutschen, vom System, der Schule.

Er berichtet aber auch von einem Fall, der die Sozialarbeiter traurig gemacht hat. Einer der Jungs, die sie betreuen, meint es jetzt wirklich ernst damit, einen ehrlichen Lebensweg einschlagen zu wollen. Kein Schulschwänzen mehr, keine Schlägereien und keinen Kontakt zu den Älteren, die schon mit illegalen Aktivitäten wie dem Drogengeschäft zu tun haben. Also hat sich der Schüler einen Ferienjob gesucht, einen vollkommen legalen, und hat den ganzen Sommer hindurch gearbeitet. Am Ende war er richtig stolz auf sich. Und dann kam der Schock: Das Amt hat das gesamte Geld eingezogen, alle seine Einkünfte aus den langen Ferienwochen. Denn seine Eltern leben von Hartz IV, und damit werden auch die Einkünfte anderer Familienmitglieder sofort kassiert. Der Junge wusste nichts von dieser Regelung. Ob er jetzt wirklich gelernt hat, dass legale Arbeit sich lohnt? Darüber möchte lieber niemand von seinen Betreuern genauer nachdenken.

Die Welten prallen vollends aufeinander, wenn Oma und Opa meiner Kinder kommen. Ich bin nicht mehr zwanzig, ich nehme nicht jeden Tag Drogen, und ich lasse wahrlich viele Partys aus. Aber wenn Elternbesuch ansteht, über den ich mich immer freue, ist das zum Teil die gleiche Geißel wie für viele Studenten. Meine Mutter und mein Vater rücken dann aus ihrem ruhigen, äußerst gediegenen Vorort an, in dem sich seit dreißig Jahren nicht viel geändert hat, außer dass die letzte Kneipe und der Tante-Emma-Laden geschlossen haben und es noch ruhiger wurde. Wir aber sind jetzt in Neukölln. Einen größeren Kontrast kann ich mir nicht vorstellen.

»Habt ihr euch, äh, gut eingelebt?«, fragt Mama dann, und es klingt wie: »Wie komme ich hier schnell wieder weg, und wollt ihr wirklich bleiben?« Meine Mutter geht hier auch im Dunkeln nicht auf die Straße, nicht einmal die sechs Schritte von der Haustür bis zum Taxi.

Wenn meine Eltern mich in der Hauptstadt besuchen kommen, stehen sie mit schlotternden Knien vor unserer Wohnungstür. Und das liegt nicht daran, dass ich im fünften Stock wohne. Das Echo, das Neukölln in den Rest der Republik schickt, ist immer noch bestimmt von den Warnrufen des Ex-Bürgermeisters Heinz Buschkowsky (»Wir haben Schulen, wo 95 Prozent der Eltern arbeitslos sind«) und reißerischen Zeitungsüberschriften (»Am Rande der Zivilisation«, *Süddeutsche Zeitung*). Und wenn man dann an der Ecke Hermannstraße und Flughafenstraße im Regen sein Hotel sucht, kann man schon einmal das Gefühl bekommen, in einer besonders hässlichen Ecke Deutschlands zu stehen.

In dem Hotel haben sie dann immerhin einen »ganz netten Türken« kennengelernt, der ihnen täglich das Essen serviert und intensiv dabei mit ihnen plaudert. »Vor drei Jahren wäre Ihr Sohn aber noch nicht hierhergezogen«, behauptet er. »Da war unsere Gegend noch ganz schön kaputt. Also, nicht nur so wie jetzt, sondern noch schlimmer.« Von den angeblich schrecklichen Zuständen um die Rollbergstraße herum, die er maßlos übertrieben darstellt, kommt er dann schnell auf das Land, aus dem seine Eltern stammen. »In den Ferien fahre ich in die alte Heimat«, sagt er, »gegen den ISIS kämpfen.« Alle am Tisch schweigen entsetzt. Aber doch, er hat es so gemeint. Er sei Kurde, seine Vorfahren lebten in den umkämpften Grenzgebieten. Deswegen greife er im Sommer zur Waffe und serviere dann hoffentlich ab September wieder Gnocchi und Weißburgunder in Neukölln.

BERÜHMTE BEWOHNER DER »HUFEISENSIEDLUNG« IN NEUKÖLLN-BRITZ

Die von Bruno Taut entworfene und in den Jahren 1925 bis 1933 in Britz erbaute Siedlung ist ein Vorzeigeprojekt der sozialreformerischen Architektur. Die Anlage umfasst 2000 kleine Wohnungen und Häuser, die um einen offenen Ring aus Wohnhäusern, das Hufeisen, gruppiert sind. Die Siedlung ist eine der 33 deutschen Weltkulturerbe-Stätten und auf dem Wohnungsmarkt mittlerweile heiß begehrt.

Erich Mühsam, Schriftsteller und Essayist
   (1924–1933)
Heinrich Vogeler, Jugendstil-Künstler und Kommunist
   (1927–1931)
Conrad Blenkle, Politiker der KPD und Widerstandskämpfer
   (1928–1931)
Adolf Eichmann, Buchhalter, Organisator der Judenvernichtung
   (1934–1938)

DER ORT, DER DIE GEMÜTER ERHITZT: EIN BESUCH IN DER AL-NUR-MOSCHEE

Prediger, die Juden den Tod wünschen oder davon reden, dass Frauen verpflichtet sind, sich ihrem Ehemann sexuell hinzugeben: Die Al-Nur-Moschee macht keine guten Schlagzeilen. Der Verfassungsschutz beobachtet sie seit Jahren. In der arabischen Gemeinschaft Neuköllns ist sie aber hochetabliert. Ein Besuch in dem umstrittenen Haus und bei seinem Imam.

Auf dem Weg zur Al-Nur-Moschee ist mir ein wenig flau im Magen. Die Einrichtung hat einige Dämonisierungen hinter sich. Sie war in allen Medien, wurde zum Symbol für die islamischen Parallelgesellschaften, die unsere Demokratie bedrohen. Die größte arabische Moschee Berlins wird seit einigen Jahren vom Verfassungsschutz beobachtet, nachdem dieser genau hier das Erstarken radikalislamischer Strömungen vermutete. Zwei Vorfälle sorgten in jüngster Zeit für Aufsehen: Zunächst war aus Dänemark der Gast-Imam Sheikh Abu Bilal Ismail angereist. Er predigte im Juli 2014 in der Al-Nur-Moschee unter anderem: »Oh Gott, vernichte die zionistischen Juden. Zähle sie und töte sie bis zum Letzten. Lasse keinen übrig.« So jedenfalls haben Medien die in arabischer Sprache gehaltene Predigt übersetzt. Im April 2015 redete dann ein Sheikh Abdel Moez al-Eila aus Ägypten und sprach Frauen jegliches Selbstbestimmungsrecht ab. Ohne Erlaubnis des Mannes dürften sie das Haus nicht verlassen, und sexuell zu Willen müssten sie ihm auch sein, hieß es in seiner Predigt. Im Frühjahr 2015 fasste das Bezirksamt daraufhin den Beschluss, ein Verbot des Moscheevereins zu prüfen, der Fall liegt beim Senat und ist noch nicht entschieden.

Der deutsche Konvertit Pierre Vogel predigte hier, und Denis Cuspert, der als Rapper Deso Dogg hieß, dann für den IS in Syrien kämpfte und mit Leichen posierte, besuchte diese Moschee. Das klingt alles erschreckend. In der *Frankfurter Allgemeinen Sonntagszeitung* erschien ein Stadtspaziergang mit der Bürgermeisterin Franziska Giffey, bei dem die Journalistin mit ihr vor der Al-Nur-Moschee steht und fragt: »Wollen wir reingehen?« Giffey will aber auf keinen Fall. Sie darf auch nicht ohne Weiteres. Auch meine Frau ist sauer, als sie hört, dass ich sie nicht mitnehmen könnte. Frauen müssen den Seiteneingang nehmen und in einem eigenen Raum im Obergeschoss verschwinden, von wo aus sie die Predigt über Monitor oder durch ein Fenster verfolgen können. Allerdings: Getrennt sind Mann und Frau in Moscheen fast immer.

In diese Höhle des Löwen wage ich mich, und ich weiß nicht einmal, ob man mich reinlassen wird, und wenn ja, wie man sich in einer strengen Moschee überhaupt verhält. Kurz bevor ich über die Schwelle trete, möchte ich doch lieber abhauen und etwas ganz anderes machen, vielleicht ein Eis essen gehen. Aber ich bleibe. Und dann gestaltet sich eigentlich alles ganz angenehm. Man zieht sich die Schuhe aus, stellt sie in ein großes Regal und sucht sich einen Platz auf dem Teppich. Die große Halle, von mächtigen Kronleuchtern beschienen, wirkt imposant. In einem Nebenraum leihe ich mir einen Funk-Kopfhörer, um die auf Arabisch gehaltene Predigt auch zu verstehen. Man bekommt ihn bei einem kräftigen Kerl mit mächtigem schwarzem Vollbart, der auf Krücken geht, weil er nur ein Bein hat. Er grüßt freundlich, zeigt mir bereitwillig, wo die Kopfhörer hängen. Als ich einen suche, der auch funktioniert, hilft mir ein anderer Gast, wieder in reinstem Deutsch. Natürlich bin ich hier unter Deutschen, Arabisch-Deutschen eben, und auch meine zweite Begegnung verläuft sehr freundlich. Der Mann, der mir hilft, einen aufgeladenen und intakten Kopfhörer zu finden, redet mich mit »Bruder« an und wirkt grundsympathisch, nicht anders als jemand, den ich vielleicht in meiner Lieblingsbar kennengelernt hätte.

Die Freitagspredigt beginnt. Der Imam, diesmal ein Gast aus einer anderen Moschee, tritt auf ein kleines Treppchen. Er singt, dann fängt er an zu predigen – lange, über eine halbe Stunde. Arabisch kann hart und aggressiv klingen, und ich kann mir auch nicht erklären, warum er zwischendurch immer einzelne Passagen so schreit. Die Stimme in meinem Kopfhörer – ein Mann, der in einem Nebenraum sitzt – übersetzt dagegen ruhig und kühl, was gesagt wird. Lange geht es um das »Wort des Koran«, das für alle Zeit gültig und unantastbar sei. Und dass es sich nicht ändere, nur weil die Zeiten sich vielleicht ändern. Ich verstehe nicht alles, meine aber, hier eine eher strikte Religionsauslegung zu hören. Die Treue zur Schrift erinnert mich ein wenig an die Gruppen, die man heute christliche Fundamentalisten nennt und die sich seit Jahren wieder verstärkt in politischen Diskussionen zu Wort melden, etwa zum Thema des Sexualkundeunterrichts an Schulen oder Homosexualität.

In meiner Schulklasse gab es, als ich vierzehn war, eine Gruppe von Mitschülern, die echte christliche Fundis waren und allen mit Missionierungsbemühungen stark auf den Wecker gingen. Ihr Argument war die Angst vor der Hölle und dem Zorn des Herrn. Kriegten Sie jemanden rum, wurde er umgekrempelt. Eine Freundin von mir musste dann gemeinsam mit den Fundis ihre Schallplatten zerstören – die waren angeblich Satanswerk, zum Beispiel die von Depeche Mode. Und später, als ich Student war, machte ich gemeinsam mit einem hervorragenden anderen Keyboarder Musik. Eines Tages kam er nicht mehr zu den Proben. Seine neue Freundin, eine Evangelikale, duldete den Kontakt zu uns Kiffern und Monty-Python-Fans nicht mehr. Ich habe also mehrmals Erfahrungen mit den Radikalreligiösen gemacht, und sie waren nie gut. Ich halte sie für Feinde der offenen deutschen Gesellschaft. Trotzdem wird der fundamentalistische Islam natürlich ganz anders gesehen und viel eher als Gefahr wahrgenommen.

Als ich die Al-Nur-Moschee ein paar Tage später noch einmal besuche, ist das Gebäude fast leer, hier und da klappert eine Tür im Novemberwind, dann merkt man, dass der graue Klotz früher eine schlichte Lagerhalle war. Die Moschee liegt in einem Industriegebiet am östlichen Rand Neuköllns, bei der Köllnischen Heide und dem Britzer Verbindungskanal, weitab vom sonstigen Sozialleben des Stadtteils.

Während ich in einem schlichten Vorraum warte, kocht mir ein Herr mit langem schwarzem Bart einen starken Tee. Außer ihm und einem weiteren Mann Ende fünfzig scheint niemand da zu sein. Nur einmal steht ein junger Deutscher in der Tür, er trägt einen Ziegenbart, grinst aus seinem runden Gesicht die Männer an und bespricht etwas, weil »vorne noch gemalt werden muss«, wobei er offenbar mithilft. Als mich der Imam kurz darauf in sein Zimmer führt, quer durch den ruhigen, großen Gebetsraum, sehe ich den Deutschen wieder. Er steht an der Kopfseite des Raums, hält eine Kette in der Hand und betet.

Shaikh Nasser El-Issa ist der Imam der Al-Nur-Moschee. Das Internetmagazin *Krautreporter* trug im Herbst in einem Artikel zusammen, wie die Medien mit der Moschee umgehen. Nach dem Ereignis mit dem allgemein als frauenfeindlich wahrgenommenen Gast-Imam und dem auf seine Predigt folgenden Verbotsantrag des Bezirks gegen den Moscheeverein berichteten viele Medien intensiv über den Fall, doch nie wurde ein Vertreter der Moschee zitiert. Dabei waren es fünf Artikel aus Berlin: zwei der

Berliner Zeitung, darunter ein Kommentar der Chefredakteurin, und drei Artikel des *Tagesspiegels*. Zwischen Mai 2010 und Februar 2015, rechnet der *Krautreporter*-Autor Christian Gesellmann dann vor, seien fünf Artikel über die Al-Nur-Moschee in der *Süddeutschen* erschienen, aber nie wurde ein Vertreter der Moschee angerufen oder durfte direkt zu Wort kommen.

Kein Wunder also: El-Issa berichtet von schlechten Erfahrungen. Die Presse habe stets geschrieben, was sie wollte, lange habe er dann auch den Kontakt eher gemieden. Nun sei das aber vorbei, die Moschee möchte sich öffnen. »Damit man nicht nur Stuss über die Moschee redet. Man sollte sich kennenlernen und erst dann eine Meinung bilden.« Ihre Webseite wurde neu gestaltet. Nach den Anschlägen von Paris im November 2015 erschien dort sofort eine Erklärung. Nach dem Anschlag auf die Redaktion von *Charlie Hebdo* war noch nichts auf der (damals schlecht gepflegten) Webseite zu lesen gewesen. Nun aber verurteile, heißt es, der Vorstand die »abscheuliche Tat auf das Schärfste«. Drei Koranstellen werden zitiert.

Bevor wir uns trafen, brauchte es mehrere Telefonate, El-Issa fragte genau nach, wer ich bin und wofür ich das machen will, das vorsichtige Misstrauen war zu spüren. Nun, da ich dort bin, werde ich hingegen sehr freundlich empfangen. In seinem Büro steht eine große Sofagarnitur aus grünen und braunen Elementen, daneben eine Plastikblume, eine Dose Pepsi. Das Zimmer enthält mehrere Bücherwände, golden glitzern arabische Schriftzeichen. Wir sprechen über meinen Besuch der Freitagspredigt. »Sie haben es doch selbst gehört«, sagt El-Issa, »da war keine Hetze. Wir reden über den Koran und über unseren Glauben. So ist es bei uns immer.«

Die Vorurteile sind aber noch sehr mächtig. Unter anderem darüber möchte ich reden. Unlängst erschien eine Studie namens »Zusammenleben in Neukölln«, gefördert vom Familienministerium und zum Download auf den Seiten der Stadt Berlin verfügbar, die habe ich dabei. Zwei Sozialforscher untersuchen Rassismus, Gewalt an Schulen, Multikulti. Alles sehr interessant. Und mittendrin, als es um Maßnahmen für mehr Sauberkeit auf der Sonnenallee geht, der Satz: »Das würde auch ein positives Licht auf die ansässige arabische Bevölkerung werfen, die dann nicht nur mit der Al-Nur-Moschee oder ISIS in Verbindung gebracht würde.« Abgesehen davon, dass ich als Araber in Neukölln diese Aussage vielleicht als etwas frech empfände, wird Al-Nur hier wieder als äußerst negativ aufgeladenes Symbol verwendet, und das sogar ganz en passant, ohne nähere Begründung. El-Issa macht das traurig, sagt er. »Wäre die Moschee so schlimm, wie dargestellt, würde uns die Bezirksbürgermeisterin nicht zu einer Kampagne gegen Zwangsheirat einladen.« Diese Einladung wird er während der Stunde, die wir zusammensitzen, noch zweimal erwähnen. Er scheint stolz darauf und will natürlich hingehen. Um Missverständnisse zu vermeiden, hier der Wortlaut des Gesprächs.

Herr El-Issa, wie sehen Sie sich – was bedeutet die Moschee für Neukölln?

Unsere Arbeit ist eine sehr schöne, sie hilft der Gesellschaft in vielen Dingen. Viele Süchtige haben von den Drogen abgelassen, viel Kriminalität konnte verhindert werden, alles durch die Arbeit der Al-Nur-Moschee. Wir leisten pädagogische Arbeit, die Gesellschaft profitiert davon. Es wäre doch schade, wenn das wegfiele. Ich meine, dem Stadtteil würde etwas fehlen.

Was bedeutet das Wort »Salafismus« für Sie? Sind Sie ein Salafist?

Dieses Wort gibt es im Arabischen gar nicht. Es gibt salafi, das sind die Vorfahren. Alle Muslime sind praktisch salafiyya, denn sie nehmen ihre Religion von ihren Vorfahren. Ich unterscheide drei Varianten: Es gibt eine Gruppe, die tendiert zur Strenge, bei denen ist alles verboten. Und es gibt eine Gruppe, die zum Dschihadismus tendiert, die wollen kämpfen. Und es gibt eine vermittelnde Gruppe, sie sind weder streng noch lasch, sucht die Mitte – dazu tendieren wir. Bei uns ist nicht alles verboten, und wir wollen keinen Dschihad. Wir leben unseren Glauben so, wie unsere Vorfahren ihn gelebt haben. Ich muss nicht genauso leben wie meine Vorfahren, mich nicht so anziehen wie sie, nicht essen wie sie, denn die Zeiten sind andere. Aber wir führen die Religion so aus wie sie. So, wie ich das definiere, sind die Christen und die Juden auch Salafisten, denn sie nehmen auch die Religion von ihren Vorfahren.

Gibt es hier Zwangsehen?

Im Islam sind sie verboten. Es gibt so etwas in Einzelfällen, es werden bestimmt Zwangsheiraten durchgeführt. Da stehen wir auch vor verschlossenen Türen, wir wissen ja nicht, was in den Familien passiert. Außerdem gibt es in meinen Augen noch eine andere Art von Zwang bei dem Thema, wenn nämlich die Eltern einer jungen Frau einfach jeden Bewerber ablehnen, den sie mag. Dann kann sie nicht heiraten. Das passiert öfter. Die Eltern wollen dann zum Beispiel nur einen, der auch aus Tunesien kommt, aber nicht aus Marokko. Ich sage denen: In welcher Welt lebt ihr denn? In einigen Fällen haben wir Paare schon gegen den Willen der Eltern verheiratet.

Sagen kann ich, hier rufen Menschen an, die einen religiösen Partner suchen. Sie haben oft schlechte Erfahrungen gemacht mit anderen und wollen nun mehr Sicherheit. Dann helfen wir. Sie suchen einen ehrlichen Menschen. Denn wer religiös ist, spielt nicht mit den Gefühlen anderer und hält sich an den Islam.

Was empfinden Sie, wenn das Wort »Islamisierung« nun immer durch die Nachrichten geht? In Dresden gehen nach wie vor ein paar Tausend gegen »Islamisierung« auf die Straße.

Eigentlich glaube ich, Pegida hat keine große Auswirkung auf die deutsche Gesellschaft. Das deutsche Volk ist aufgeweckter. Es ist ein Volk, das gute Werke verrichten mag und anderen auch hilft. Ich habe ein Lob und Dank auszusprechen an die Deutschen, dass sie Pegida nicht folgen. Die meisten Leute bieten doch diesen Tendenzen die Stirn. Das ist ein sehr schönes Zeichen. Das ist nur eine kleine Gruppe in Dresden, einer Gegend, in der es kaum Ausländer gibt, wohl aber Nazis, die die Lage ausnutzen. Das ist nicht Deutschland.

Bei Ihnen war ein Prediger, der Israelis den Tod wünschte, so fing das doch alles an, das Gerede über die Moschee. Wie denken Sie heute darüber?

Nach dieser Predigt haben wir den Entschluss gefasst, keine Imame aus dem Ausland mehr einzuladen. Genau das war damals der Fall, es war ein Gast, den wir nicht kannten. Das ist üblich. Es kamen Imame aus aller Welt hierher und fragten, ob sie bei uns predigen können. Daher waren immer viele Gäste da, und wir wussten nie, was sie reden würden. Neuerdings lassen wir nur Imame predigen, die hier in unserer Gesellschaft leben und diese auch kennen, die dann kein Unheil stiften.

Sie haben die Anschläge in Paris verurteilt. Und Sie wissen, viele machen den Islam verantwortlich. Sind es religiöse Menschen, die solche Attentate verüben?

Was dort geschehen ist, ist nicht islamisch. Das hat mit einem islamischen Staat gar nichts zu tun. Das sind Fanatiker. Religiös mögen sie vielleicht sein, aber sie sehen einen fanatischen Islam. Das ist nicht der Islam, sie stiften nur Unheil. Auch das historische Kalifat, auf das sie sich zu Unrecht berufen, ist nicht in andere Länder eingedrungen. Unschuldige zu erschießen, als wären es Tiere, nur weil die Menschen zum Beispiel an einem bestimmten Ort in Paris waren und feiern wollten, das hat doch mit Religion nichts zu tun.

Gibt es hier Sympathisanten, die die Bewegung IS dennoch positiv sehen?

Bei uns in der Al-Nur-Moschee nicht. Es mag einen oder zwei geben, die innerlich ein bisschen sympathisieren. Wenn es sie gäbe, würden sie das hier nicht äußern. Denn sie wissen, die Al-Nur-Moschee ist gegen den sogenannten Islamischen Staat.

Der Berliner Imam Abdul Adhim Kamouss, der ebenfalls einige Jahre an der Al-Nur-Moschee wirkte, wurde einer breiten Öffentlichkeit am 28. September 2014 durch seinen Auftritt in der ARD-Talkshow von Günther Jauch bekannt. In der Sendung über Gewalt im Namen der Religion und was deutsche Muslime dazu meinen, wusste der Imam offenbar auch nicht recht, wie mit der Situation im Fernsehen umzugehen ist. Er sprach immer wieder, laut und viel, die Sendung geriet zur Posse. Seither bekam er von einigen Zeitungen den Stempel »Quassel-Imam« aufgedrückt. Auf seiner Internetseite und bei Facebook wirkt Kamouss aber alles andere als aggressiv; auch er äußerte im November 2015 Mitleid mit den Opfern des Terrors in Paris, er ging wie viele Berliner zur französischen Botschaft und zeigte seine Trauer. Er hat sich immer gegen IS ausgesprochen und die Anhänger »Satane« genannt.

Als ich seine Seite besuche, stellt er dort seinen Fans und Freunden gegenüber klar: Der Islam sehe keine Todesstrafe für Abtrünnige vor. Ich wundere mich, dass man das betonen muss, und noch mehr, dass einige der Kommentatoren ihm widersprechen. Ich frage El-Issa danach. Er möchte zunächst nicht antworten, dazu müsse er erst studieren, was die Gelehrten gesagt haben. Der Islam sei thematisch sehr breit, es gebe auch viele wichtige Gelehrte, erst wenn man gelesen habe, könne man sich eine Meinung erlauben.

Was passiert, wenn jemand austreten möchte bei Ihnen, den Islam verlassen möchte?

Das kann er. Wer hindert ihn daran? Keiner. Wir können doch niemanden zwingen.

Man liest immer wieder von drastischen Dingen wie Steinigungen, da stellt man sich dann vor, das sei die Scharia, das sei der Islam. Daher kommen doch sicher viele Ängste. Können Sie die entkräften?

Diese Strafgesetze, die in Saudi-Arabien oder dem Iran angewandt werden, sind aufgehoben. Man darf sie nicht anwenden. Sie stammen aus dem Kalifatsstaat. Da es keinen Kalifatsstaat mehr gibt, dürfen diese Gesetze nicht angewandt werden, das haben die Islamgelehrten gesagt. Das, was man da manchmal so sieht, ist unislamisch. Das darf man nicht tun. Die oberste Priorität aller drei himmlischen Religionen ist der Schutz des Lebens. Am Tag des Gerichts, sagt einer unserer Propheten, steht jedes Opfer einer Bluttat auf und trägt seinen Kopf in der linken Hand. Mit der rechten zieht er seinen Mörder vor den Schöpfer und sagt: Oh Gott, oh Herr, frag diesen, warum er mich getötet hat. Der Mörder wird dann büßen und ins Feuer geworfen.

Christliche Fundamentalisten legen die Schrift immer nur ganz wörtlich aus, sie nennen sich bibeltreu. Sind Sie ein Fundamentalist insofern, als dass Sie eine wortgetreue Auslegung des Korans vertreten?

Der Koran hat viele Interpretationen, in der arabischen Sprache hat ein Wort oft mehrere Bedeutungen. Das wird von den Leuten ausgenutzt, die Gehirnwäsche verabreichen, etwa IS. Sie suchen eine ganz bestimmte Auslegung und behaupten dann, das sei die einzige Wahrheit. Das stimmt nicht. Es gibt eindeutige Verse, und es gibt viele mehrdeutige. Man muss immer interpretieren.

Sie sind in Neukölln aufgewachsen, fühlen Sie sich als Deutscher?

Sagen wir es so, ich fühle mich als Berliner. Ich bin gern in Deutschland und fühle mich sehr wohl hier, mir gefällt das System und die freie Art des Lebens hier. Ich kenne es auch nicht anders, ich kam mit achteinhalb Jahren nach Deutschland.

Die Moschee ist wichtig für die arabischstämmige Bevölkerung Neuköllns. Und der Rapper Bushido kommt hierher, auch Mitglieder der Familie Abou-Chaker, das sind ja sozusagen Prominente aus Neukölln. Sind Sie stolz darauf?

Ich sage einfach, möge Gott sie und mich recht leiten. Wir wünschen jedem das Gute, und es ist gut, dass sie in die Moschee kommen. Übrigens sind nicht nur Araber hier. Es kommen Palästinenser, Libanesen, Sudanesen, Syrer, Afrikaner, Deutsche, Jugoslawen.

Ist die Frau bei Ihnen benachteiligt?

Das sollte lieber eine Frau beantworten. Ich glaube aber nicht. Die Frauen haben oben einen eigenen Bereich, sie sind auch im Vorstand, sie haben alle Freiheiten. Es gibt keinen Unterschied zwischen Mann und Frau in unserer Moschee. Letztes Jahr sind nur die Männer nach Mekka gefahren, dieses Jahr nur die Frauen. Die räumliche Trennung ist ein Gebot des Islams. Die Frauen können sich untereinander freier fühlen, das Kopftuch abnehmen.

Während unseres Gesprächs steht er auf. »Wir beten kurz, einen Moment.« Es ist Mittag. In dem großen Saal der Moschee – die Tür dorthin stand die ganze Zeit offen – haben sich ein paar Gläubige versammelt. Der Imam streift ein braunes Gewand mit orangefarbenem Saum über, wendet sich zur Wand und leitet das Gebet an. (Mit dem Gebäude habe man Glück gehabt, es sei genau nach Mekka ausgerichtet, hatte er gesagt.) Den Gesang, der alles einleitet, vollbringt ein etwa zwölfjähriger Junge. Das Gebet dauert etwa zehn Minuten.

Zeit, in der ich darüber nachgrübeln kann, warum alles hier so einen positiven Eindruck auf mich macht. Das Kamerateam von *Welt Online* hat kürzlich vor der Tür einige Gläubige auf die Anschläge von Paris angesprochen. Alle drücken Wut und Traurigkeit über den Terror aus und wollen nichts damit zu tun haben. »Wenn ein paar, sorry für das Wort, Arschlöcher solche Sachen machen und behaupten, sie seien Muslime … Unsinn. Islam ist eine friedliche Religion«, sagt einer. »Hier wird nie über Politik geredet, ich habe nichts bemerkt«, sagt ein anderer. Der Imam El-Issa wird auf die israelfeindliche Predigt angesprochen und wiegelt in dem Fall allerdings ab: Nicht alle Juden habe jener Imam gemeint, sondern nur die, die Krieg stiften. Eine strikte Distanzierung klingt anders, denke ich.

Als El-Issa zurückkommt und wir noch darüber reden, woher die Geschlechtertrennung und die Idee des Kopftuchs eigentlich kommen, vertritt der Imam eine Haltung, die man auch oft außerhalb des religiösen Diskurses hört: Alles sei darauf zurückzuführen, dass im Islam Unzucht verboten sei. Nur müsse man den Menschen helfen, sie zu unterbinden. Dass Frauen »in Unterhose« vor den Männern herumlaufen, gehe nicht, zum Schutz der Frau und des Mannes. Sonst würden auch Vergewaltigungen entstehen, weil die Männer es nicht mehr aushielten. Das ist eine alte Theorie, die ich schon in den Neunzigern von den Lehrern an meiner Schule gehört habe: der Mann als Dampfkessel einer im Extremfall unkontrollierbaren Libido. Daran würde ich lieber nicht glauben, das passt auch nicht zu meiner Lebenserfahrung. Speziell islamisch ist diese Idee aber nicht.

Tragen manche Frauen bei Ihnen Burka?

Nein, nicht dass ich wüsste. Es gibt hier Frauen, die einen Niqab tragen, aber das sind vielleicht drei, nicht mehr. Es gibt keinen richtigen Beweis von dieser starken Verhüllung der Frau im Koran. Das ist eine Streitfrage unter den Gelehrten. Wir sagen den Frauen immer: Verhüllt euch nicht, gerade in dieser Gesellschaft, in der wir hier leben. Dies ist Deutschland, nicht Saudi-Arabien. Wenn eine Frau mich fragt: Ist Verhüllung Pflicht?, sage ich: Nein, und ich rate dir davon ab. Das Kopftuch reicht vollkommen. Man muss wissen, in welcher Gesellschaft man lebt.

Gibt es Dinge, die Ihnen zu weltlich sind, die Sie ablehnen? Also, zum Beispiel, darf man als Gläubiger in die Disco gehen?

Wir gehen einfach nicht in die Disco, das ist für uns normal. Aber wer hingehen will, der soll. Ich stelle mich nicht mit dem

Schwert vor die Menschen und sage: Wehe! Vergnügen darf man sich aber im Islam – solange es im Islam erlaubt ist. Dass ich verreise, am Strand liege, all das darf ich. Wir haben auch unseren Spaß, unser Leben besteht nicht nur aus Beten. Auch Frauen treffen sich, albern herum, das dürfen sie doch. Aber dass Männer und Frauen sich treffen und Alkohol trinken, das ist verboten. Wir schauen Filme, wir lachen. Es trinkt ja auch nicht jeder Deutsche Alkohol. Ich glaube, unser Leben ist gar nicht so sehr unterschiedlich.

Ich bin nicht religiös, und ich teile wahrlich nicht alles, was der Imam im Gespräch mit mir vertreten hat. Meine Freiheit ist eine andere. Ich würde mich regelrecht dafür engagieren, dass Frauen und Männer zusammen feiern und Alkohol trinken dürfen und dass das nur der Anfang herrlicher Partys ist. Aber meine Toleranz, den Imam und die Moschee als Nachbarn zu akzeptieren, ist augenblicklich doch hoch. Ich kann mir durchaus vorstellen, dass die Moschee dem Stadtteil hilft. Zumindest würde ein Verbot meines Erachtens das Gegenteil des Gewünschten bewirken. Es scheint nicht sehr abwegig, dass Menschen sich »radikalisieren«, wie es jetzt immer so genannt wird, wenn man ihnen etwas wegnimmt, was zu ihrer Selbstdefinition beitrug.

Bin ich ihm auf den Leim gegangen, wie man so sagt, wenn man sich als Journalist vom Charme eines Menschen einfangen und auf seine Seite ziehen lässt? Ganz ausschließen lässt sich das nie. Aber mein Gefühl sagt, dass ich eine höfliche Begegnung hatte mit einem Menschen, mit dem mich wenig verbindet, was die Weltsicht angeht, mit dem ich aber bestens klarkomme, was die Nachbarschaft angeht.

Als ich durch die mit dem edel wirkenden Teppich ausgelegte Halle zurückgehe, sehe ich wieder den Deutschen mit dem Bärtchen, der anscheinend in ein Gebet versunken ist. Der Raum ist gespenstisch still. Menschen, die nach Esoterik und Religiosität und vielleicht auch einfach nur nach etwas Neuem suchen, kann das bestimmt anziehen hier, denke ich. Am Ausgang ziehe ich meine Schuhe an und nehme mir für den nächsten Besuch einer Moschee fest vor: Nicht wieder Socken mit einem Loch anziehen, Lindemann, du Trottel!

DAS KOPFTUCH – EIN UMSTRITTENES SYMBOL

Die Neuköllner Şehitlik-Moschee, Treffpunkt der muslimischen Türken, bemüht sich wie keine zweite um den Dialog mit dem Stadtteil. Manchmal hat das wegweisende Bedeutung für Integration schlechthin, für ein modernes Deutschland: etwa wenn Juden, Muslime, Christen und andere gemeinsam einen Info-Abend über das Kopftuch veranstalten.

An einem unserer ersten Tage in Neukölln sitzen wir im Bus, als eine in eine schwarze Burka gehüllte Frau einsteigt. Nase und Mund sind mit einem ebenfalls schwarzen Tuch verhüllt, nur die Augen zu sehen. Quinn, der das offenbar zum ersten Mal in seinem Leben sieht, beugt sich zu mir herüber und fragt gut hörbar: »Papa, ist das ein Dieb?« Das finde ich einerseits wahnsinnig komisch. Zugleich ist mir die Szene aber irgendwie unangenehm, denn nun muss ich ja auch auf die Frage antworten.

Da merke ich erst einmal, wie wenig ich über das Kopftuch und die verschiedenen Formen der weiblichen Verhüllung im Islam weiß. Ich murmele etwas von Moslems und Glauben und versuche vor meinem Kind, den Gesichtsschleier als etwas für mich völlig Normales darzustellen, als ginge es um die Frage, warum es manche Frauen halt einfach schick finden, sich auf diese Weise zu vermummen. Dann denke ich wieder: Moment mal, das musst du nicht normal finden, vielleicht ist es genauso reaktionär wie Gartenzwerge im Vorgarten, was weiß ich denn. Vielleicht sollte ich ein wenig mehr wissen.

In den folgenden Tagen beginne ich, die verschiedenen Formen des Kopftuchs einmal genauer zu studieren. Einige der Frauen stecken ihr Handy bequem in den Schlitz zwischen Ohr und Tuch, sodass sie die Hände frei haben, was ich sehr praktisch finde. Aber meine Unsicherheit bleibt. Ich habe viele Fragen: Warum verdecken manche ihren Hals? Was steckt eigentlich alles so unter einem Kopftuch drunter? Sind das nur Haare oder auch irgendein Kopfputz, der einen hohen Hinterkopf macht? Warum läuft die junge Frau mit den coolen Turnschuhen in einem Ganzkörperschleier in einer wirklich unattraktiven Farbe herum? Und warum macht sie das überhaupt? Geschieht das freiwillig, oder wird sie dazu gezwungen?

Plötzlich spüre ich, was dieses Unwort bedeuten könnte – »Parallelgesellschaft«. Man lebt im gleichen Viertel nebeneinander her und kapiert einfach gar nichts. Und traut sich auch nicht, direkt zu fragen, aus Respekt oder falscher Scham. Über das Kopftuch wird zwar viel berichtet, ich habe auch die schönen Erläuterungen der Autorin Hatice Akyün gelesen (»wichtigstes modisches Accessoire«), die selbst keins trägt. Und ich kenne das Diagramm, das alle Medien gezeigt haben, in dem die Unterschiede zwischen Tschador, Hidschab, Al-Amira und so weiter erklärt werden. Aber meine Friseurin, die mir regelmäßig für einen Zehner die Haare schneidet, habe ich noch nie gefragt, warum ihr Kopftuch so eine große Ausbeulung am Hinterkopf entstehen lässt. (Dutt? Schaumstoff? Oder ist sie eigentlich ein Alien, Stichwort »Crystal Skull« aus *Indiana Jones*?) Ich hatte Hemmungen.

Also gehe ich in die Neuköllner Şehitlik-Moschee, die größte Berlins. Sie wird aus der Türkei mitfinanziert und gilt als besonders weltoffen, bietet viele Veranstaltungen für alle Berliner an. Heute einen Abend über das Kopftuch. Zur Langen Nacht der Religionen hat die Sehiktlik-Moschee ihre Pforten ohnehin geöffnet. Im angegliederten Kulturhaus gibt es den Workshop zum Thema »Kopftuch«, organisiert von ein paar jungen Frauen.

Die Moschee ist am Columbiadamm gelegen, nur wenige Schritte entfernt von dem berüchtigten Freibad, an der vierspurigen Trasse, die quer am Tempelhofer Feld entlangführt. Als ich mich gegen 21 Uhr mit dem Fahrrad dorthin aufmache, zieht junges, der Hitze wegen leicht bekleidetes, feierfreudiges Volk an mir vorbei in Richtung Hermannstraße. Die Menschen wirken etwas deplatziert, denn scheinbar befinden wir uns hier im Nichts. Auf der einen Straßenseite liegt groß und dunkel die Hasenheide, einer der größten Drogenumschlagplätze Berlins, auf der anderen der islamische Friedhof, der sich hinter hohen alten Mauern verbirgt. Überall am Straßenrand haben unbeleuchtete Laster über Nacht oder länger geparkt. Straßenlaternen erhellen nur spärlich die breiten Gehwege. Man kommt sich vor wie an einem Autobahnrastplatz.

Plötzlich taucht wie ein Märchenschloss die Moschee neben mir auf. Strahler beleuchten die Fassade und die Türme, am Eingang herrscht reger Betrieb. Ein freundlicher junger Mann in Turnschuhen erklärt ein paar Leuten, was hier heute stattfindet. Ich schiebe mein Fahrrad in den Hof und schließe es am Radständer an, der neben einem kleinen Friedhof angebracht ist. Offensichtlich ortsfremde Besucher mischen sich zögerlich unter ein paar ältere türkische Männer, die an Tischen im Hof sitzen. Wo geht es denn in die Moschee hinein? Im unteren Teil des Gebäudes haben sich ein paar junge Männer zum Gebet versammelt, da gehe ich lieber nicht rein. Rasch schließe ich mich einer Gruppe von Leuten an, die zielsicher eine Treppe hinauf in den oberen Stock steigen und dort am Eingang zum prächtig mit Schriftzeichen bemalten Hauptraum stehen bleiben. Ich streife meine Schuhe ab, gehe hinein und setze mich zu einer Gruppe auf den Teppich.

Eine junge Frau steht in der Mitte und erklärt eloquent ihre Einstellung zum Dialog der Religionen. Sie spricht perfekt Deutsch – und als ich das bemerke, frage ich mich sofort, warum ich das wahrnehme, warum mir das überhaupt erwähnenswert erscheint. Die Antwort fällt mir nach kurzem Nachdenken auch ein: Weil auf der Straße eigentlich alle, die nicht von jeher schon deutsch sind, mit mindestens einem kleinen Akzent sprechen.

Die Frau schreitet vor und zurück, während sie mit den Händen gestenreich untermalt, was sie sagt. Sie ist freundlich, hübsch, lacht viel und blickt ihre Zuhörer offen an. Ihr Kopftuch sitzt so weit hinten, dass man ihren Haaransatz deutlich sehen kann, die Enden hat sie wie eine Stola locker über die Schulter geworfen. Ich mag ihre schwarzen Pumphosen. Auf Fragen geht sie direkt ein. Die Leute hängen an ihren Lippen. Ein Kerl in Trainingsjacke nickt unaufhörlich mit dem Kopf, als wolle er mit einem Dauer-»Ja« unterstreichen, was sie äußert. Gerade höre ich, wie sie sagt, dass Kopftuchträgerinnen auch nur ganz normale Menschen seien. Sie wiederholt es mehrmals lachend, als wäre es eine Absurdität, etwas anderes zu denken.

Irgendwann verstehe ich, dass diese Frau nicht zu der Veranstaltung gehört, zu der ich eigentlich will – das Thema Kopftuch scheint einfach nur so allgegenwärtig, dass auch hier darüber gesprochen wird. Mein Workshop findet nebenan im Kulturhaus statt. Etwa fünfzig Gäste haben sich versammelt, viele sitzen auf dem Teppichboden, auf kleinen Tischchen brennen Kerzen. Ich sehe viele Frauen, einige mit Kopftuch, aber auch Paare, Junge und Alte, etwa ein Viertel der Gruppe sind Männer, auch ein paar Kinder sind da. Durch die geöffneten Holzfenster hört man später den Muezzin zum Gebet rufen. Die Atmosphäre ist so einlullend, dass ich fast einschlafe.

Der Diaprojektor läuft, und von der Leinwand blickt uns die

mexikanische Künstlerin Frida Kahlo an – mit Kopftuch. Zwei Frauen, eine zierliche mit klassischem Kopftuch und langem Kleid, eher bieder, die andere mit lässig um den Kopf gewickeltem Tuch, großem Ohrschmuck und Flipflops, sitzen an einem Tisch und beginnen die Diashow.

Es geht durch die Welt der Mode. In den nächsten zwanzig Minuten und unzählige Bilder entlang hört man im Zusammenhang mit dem Kopftuch auffällig oft das Wort »style«. Von Religion ist an diesem Punkt des Abends überhaupt nicht die Rede. Sogar die Popsängerin Ofra Haza blickt uns von einer *Bravo*-Ausgabe aus dem Jahr 1988 an, und zwar in einem jemenitischen Brautgewand, wie wir erfahren. Reines Bühnenaccessoire natürlich. Ofra Haza wird wohl kaum privat so herumgelaufen sein. Viele Bilder sind wirklich schön. Aber was soll das Ganze? Der Satz aus der Moschee, dass unter dem Kopftuch auch nur ganz normale Frauen stecken, scheint die Prämisse des Abends zu sein. Nur keine Angst, wir sind auch nur Menschen! Und ein Kopftuch kann man so variantenreich tragen wie eine Frisur.

Zu den Themen, die mich bewegen, kommt es erst später: wie sich das Kopftuch zur weiblichen Selbstbestimmung verhält, welche Rolle Tradition und Religion im Leben dieser Frauen spielen, wo die Verhüllung anfängt. Auf mich wirkt eine Frau mit Kopfbedeckung auch deutlich anders als eine, die eine weite Kutte dazu trägt, die jegliche Körperformen verbirgt. Oder eine, die zusätzlich ihr Gesicht bedeckt, indem sie Burka, Niqab oder Tschador trägt. Warum gehen schon dreizehnjährige Mädchen mit Burkini ins Freibad? Ist das für sie selbstverständlich, oder beneiden sie insgeheim ihre westlich orientierten Freundinnen? Von wem lernt man eigentlich die Handhabung des Kopftuchs, und was für Frisuren verbergen sich drunter? Viele dieser Fragen bleiben offen, aber um die Freiheit der Frau geht es dann natürlich doch noch.

Die Berliner Bloggerin Büsra Delikaya tritt auf und verliest einen langen Text, in dem sie erklärt, warum sie seit ihrem dreizehnten Lebensjahr jeden Morgen das Kopftuch anlegt. Darin fällt auch der Satz, die Konstante sei »die beständige Liebe zu Gott« gewesen. Kaum hat sie das gesagt, geht sie auf die mögliche Kritik ein, dies sei schwülstig. (Und das ist auch mein Reflex. Religion, und zwar vor allem die, mit der ich selbst aufwuchs, verbinde ich mit Religionskriegen, mit vier Kreuzzügen, mit Folter, Inquisition und Hexenverbrennung, mit Nordirland, mit den Pädophilen in der katholischen Kirche und den Evangelikalen, die mich während meiner Schulzeit mit Bigotterie genervt haben.) Delikaya spricht darüber, wie ihr die Individualität abgesprochen werde, wie die Menschen nur ein Kopftuch sehen und keinen Menschen mehr. Unter den Kopftüchern sind Köpfe, sagt sie. Und viele davon haben sich schon lange aus lähmender Passivität befreit. »Mein Kopftuch ist Freiheit«, sagt sie. Immer wieder fällt der Satz: Jede Kopftuchträgerin sei anders.

Später stoße ich auf einen Text der kanadischen Autorin Zainab bint Younus. Sie nennt sich »feministische Salafistin«, ist großer Batman-Fan, in der Gothic-Szene aktiv, und sie trägt Gesichtsverhüllung. Darauf sei sie stolz, schreibt sie in dem Artikel. »Der Niqab ist ein feministisches Statement. Ich verdecke mein Gesicht und sage dadurch: Mein Körper gehört nur mir, und ihr habt kein Recht auf mich.« Man sieht dazu Bilder, auf denen sie in ihrer Ganzkörperverhüllung Hockey spielt oder Jetski fährt oder mal eine Batman-Maske drüberträgt. Auch sie ist gläubig.

Eine derartige Sichtweise denkt immer das aggressive Gegenüber mit, den Mann, der im nächsten Moment über dich herfällt und deswegen keine Körperform sehen darf. Das gefällt mir nicht. Und schließlich gibt es auch noch den Feminismus von Gruppen wie Femen, deren amerikanischer Ableger Obenohne-Spaziergänge durch New York veranstaltet, gerade um zu zeigen: Wir sind frei, und wenn wir es wollen, ziehen wir uns aus und zeigen unsere Körper. Das Kopftuch ist da nur noch ein ganz abgeleitetes Symbol. Wer sollte sich davon gestört fühlen? Wir leben in einer Gegend, in der man sofort denkt: Soll doch jeder anziehen, was er will. Oder ausziehen.

WARUM DER STADTTEIL EINE »NO-GO-ZONE FÜR JUDEN« GENANNT WURDE

Ein Rabbi warnt vor Neukölln – Juden sollten es besser nicht betreten. Ein Zusammenschluss junger Juden und Muslime wehrt sich gegen die Behauptung und demonstriert für das Kopftuch. Auch der Dialog von Muslimen und Juden wird hier ausgetragen. Er hat in jüngster Zeit einen hoffnungsvollen Ton.

Vor dem Rathaus Neukölln wird demonstriert. Wir kommen gerade aus dem nahe gelegenen Schwimmbad und müssen durch die Menschenmenge. Mein Sohn meint alles sofort zu durchschauen: »Die Türken veranstalten irgendwas.« Tatsächlich könnte man das vermuten. »Wegen der vielen Kopftücher«, erklärt er mir. Aber ganz so leicht ist das Multikulti-Viertel dann doch nicht zu durchschauen. Ich bin da auf dem gleichen Stand wie er als Neunjähriger. Immerhin sehe ich, einige Männer tragen die Kippa. Und dann stehen noch viele da, die wirklich sehr deutsch aussehen und überhaupt nichts Besonderes tragen. Sie alle skandieren heute zusammen für ein Symbol, das in jüngster Zeit meist nur für gemischte Gefühle taugt: das Kopftuch.

Die Menschenmenge ist eine Demo gegen einige Ansichten der Bezirksbürgermeisterin Franziska Giffey. Die verfolgt eine strikte Linie: Im öffentlichen Dienst darf es kein Kopftuch geben. Die etwa hundert Menschen, die hier stehen, sind die Salaam-Schalom-Initiative, ein Zusammenschluss von Juden, Muslimen und anderen aus Neukölln. Die Gruppe kämpft für den Dialog der Religionen und für eine radikale Religionsfreiheit. Wenn es nach ihr geht, kann jeder ein religiöses Symbol tragen, sei es ein Kopftuch, ein Kreuz um den Hals oder ein hinduistischer Turban. Überall. Auch im öffentlichen Dienst.

Dass sie hier stehen, ist auch Folge einer Diskussion, die mit Rabbi Daniel Alter anfing. Der sagte 2012 in mehreren Interviews, Berlin-Neukölln sei eine »No-go-Area« für Juden. Das Stichwort war sauber kalkuliert und ging natürlich sofort durch alle Medien. Alter war damals der Antisemitismusbeauftragte der Jüdischen Gemeinde zu Berlin. Er selbst war bereits von vier seinen Angaben zufolge arabischstämmigen Jugendlichen überfallen, beleidigt und geschlagen worden, allerdings im hübschen und sehr bürgerlichen Malerviertel in Friedenau, einem Teil Schönebergs. Dennoch riet er fortan Berliner Juden, ihre Kippa zu verstecken und sich nicht zu erkennen zu geben. In diesem Zusammenhang nannte er Neukölln: »Wenn man am Hermannplatz auf die falschen Jugendlichen trifft, gibt es auf die Ohren. Ganz einfach. Stadtteile mit einer großen islamischen Community sind No-Go-Zonen für Menschen, die offen als Juden erkennbar sind«, sagte er dem Berliner Stadtmagazin *Tip*.

Das waren drastische Worte, und sie wirken noch fort. In meinem Bekanntenkreis winkt wirklich eine Freundin gleich ab, als ich von meinem Umzug nach Neukölln erzähle. Die junge Schriftstellerin will mich eher nicht in meinem neuen Domizil besuchen: Von Neukölln halte sie gar nichts. Sie sagt das aus Solidarität mit dem jüdischen Leben in Berlin und weil sie weiß, dass aggressive Araber sich in Neukölln auch schon als Antisemiten hervorgetan haben. Eine solche Gegend will sie möglichst nicht betreten.

Armin Langer ist Jude, lebt seit einigen Jahren in Neukölln und sieht das alles ganz anders. Er und andere Juden aus der Gegend haben sich in den Aussagen von Rabbi Alter nicht wiedererkannt und die Initiative gegründet. Langer, der selbst Rabbinatsschüler in Berlin ist, spaziert durch den Norden Neuköllns auch mal mit Kippa, hat schon Hebräisch auf der Straße gesprochen. Sein libanesischer Friseur, den er letztens einfach fragte, ob es da irgendein Problem geben könnte, wollte dann einfach ein wenig über alles reden und hat sich für Langers Initiative interessiert. Und die Haare hat er ihm geschnitten wie jedem anderen auch.

Die Diskussion um die Aussage des Rabbi Alter habe zu der Idee beigetragen, dass Juden und Muslime grundsätzlich Feinde sind. »Das ist nicht so«, behauptet Langer. Nach wie vor würden 95 Prozent aller antisemitischen Straftaten von Rechtsextremen verübt, nicht von Muslimen. Die Neonazis seien die große Quelle antisemitischer Straftaten, und darüber solle man sich in Deutschland Sorgen machen.

Langers Initiative führte nach ihrer Gründung Anfang 2013 als Erstes Interviews mit Juden, die in Neukölln leben. »Ich fühl mich hier gut«, ist ein Satz, den man dort hört. Die Mini-Statements stehen online bereit, fast alle sind sehr positiv. Allein schon diese erste Aktion, unscharf gedreht mit einer Amateurkamera, erhielt großes Echo. Langer und seine Mitstreiter wurden als Gäste in den Bundestag eingeladen, sie sprachen in Moscheen. Auf einmal meldeten sich immer mehr, die mitmachen wollten. Heute sind es 140 Menschen – Juden, Muslime und andere –, auch orthodoxe Juden sind dabei. Sie organisieren Demos und Straßenaktionen, Diskussionsabende, laden Forscher ein. Man muss die Initiative, die nur aus einem Gefühl von Unmut heraus gegründet wurde, als großen Erfolg werten. Internationale Medien berichteten über sie, aus Kopenhagen und Hamburg meldeten sich Menschen, um Ableger zu gründen. Daniel Alter hat auch reagiert. Er würde sich freuen, wenn die Salaam-Schalom-Initiative recht hätte, sagte er der *Jüdischen Allgemeinen*. Aber ganz glauben wollte er es nicht.

Langer fühlt sich als gläubiger Jude in Neukölln sicher, er nimmt das Thema aber mit einem gewissen Sarkasmus: »Ich komme ursprünglich aus Ungarn, ich bin schon abgehärtet.« Dagegen hätten ihm alle muslimischen Mitglieder seiner Initiative berichtet, dass sie manchmal mit dem Vorwurf konfrontiert seien, sie seien für den Niedergang Deutschlands verantwortlich. So viel haben Thilo Sarrazin, Autor des Bestsellers *Deutschland schafft sich ab*, und seine Epigonen erreicht. (Vermutlich hat Sarrazin es nicht einmal so gemeint. Dass eine so krasse Verallgemeinerung und Vereinfachung der Tatsachen allerdings Ressentiments nach sich zieht, war absehbar, und damit muss er wohl leben.)

Langer hat sich für das Studium am Abraham Geiger Kolleg in Charlottenburg und Potsdam entschieden, weil er es für das liberalste in Berlin hält. Auf jüdischer Seite heißt es zuweilen, die Mitglieder von Salaam-Schalom sollten nicht in Synagogen eingeladen werden, weil sie Kontakt zu Islamisten hätten. Natürlich wird das alles nicht passieren. Langer nimmt es locker. Er weiß von seinen muslimischen Freunden, dass es dieselbe Kritik auch innerhalb der Moscheen gibt, selbst den liberalen. Dort sagt dann mal irgendwer: »Die linken Zionisten sollten bei uns doch keinen Raum bekommen.« Das alles verhallt.

Die Leute, die er noch überzeugen will, sitzen im Rathaus. Dort hatte es erst im Sommer 2015 einen etwas seltsamen Kopftuchstreit gegeben. Die sechsundzwanzigjährige Betül Ulusoy wollte einen Teil ihres Rechtsreferendariats im Rathaus ableisten, ihr Kopftuch aber dabei tragen. Dagegen hatte sich Bezirksbürgermeisterin Franziska Giffey zunächst gewehrt. Dann hatte man ihr doch den Platz angeboten, doch die Referendarin ließ eine Frist verstreichen und verzichtete so auf die Stelle. Viel Hickhack, der von den Medien intensiv begleitet wurde. Das Berliner »Neutralitätsgesetz«, welches das Tragen von Kopftuch, Kreuz oder Kippa im öffentlichen Dienst verbietet und damit das strengste Gesetz dieser Art im ganzen Land ist, hält Langer für verfassungswidrig.

Während wir reden, spricht die Kellnerin plötzlich rüde einen etwas verwahrlost aussehenden Mann an, der an einem ihrer Tische sitzt. »Tust du mir einen Gefallen und gehst bitte? Ich sag das nicht zwanzigmal. Sonst hol ich die Polizei. Ich glaube, ein Nein verstehst du schon.« Alles in einem Tonfall, der mir am Nebentisch Angst macht. Kurz darauf kommt ein lockiger Herr in einem sehr strahlend blauen Jackett, der ein Gedicht verkaufen will.

Der wachsende Antisemitismus und das Misstrauen gegen den Islam gehören zusammen, sagt Langer noch. Und viele arabisch- und türkischstämmige Jugendliche in Neukölln hätten noch nie einen Juden gesehen und viele Juden noch nie eine Moschee besucht. Als ich Armin frage, was die Initiative denn letztlich will, sagt er: »Darauf aufmerksam machen, wie im Moment mediale Feindbilder erzeugt werden.«

Das klingt wichtig und sinnvoll, aber trotzdem spüre ich ein Unbehagen bei der Idee, im Sinne der Liberalität für das Kopftuch zu kämpfen. Ich habe eine normale intellektuelle Sozialisation in Westdeutschland hinter mir, und Emanzipation war immer einer deren Grundpfeiler. Unter anderem sollten Frauen, die in Europa jahrhundertelang über weniger Rechte verfügten als Männer, heute selbst über ihre Belange entscheiden. Die Religion, egal welche, redet den Menschen grundsätzlich tief in ihr Leben hinein. Deswegen sind wir doch eigentlich alle froh, dass die Kirchen sich wenigstens ein paar Schritte aus dem öffentlichen Diskurs in Deutschland zurückgezogen haben. Kaum ist dies geschehen, trifft man immer wieder junge muslimische

Menschen, die darauf bestehen, religiös zu sein und die zugehörigen Symbole auch zu zeigen.

Ist der Spuk mit Gott nicht vorbei? »Die Religion ist das Opium des Volks«, sagte schon Lenin und zitierte dabei halb Karl Marx. Ich frage Armin also, ob Religionsausübung und moderne Liberalität nicht doch ein wenig im Widerspruch stünden. »Ich halte mich zum Beispiel an die jüdischen Speiseregeln«, sagt Langer. Außerdem arbeite er am Schabbat nicht, Einladungen zu Konferenzen an einem Samstag sage er ab. Ist er dadurch nun unmodern? Das Gefühl habe ich nicht. Der liberale Rabbinatsschüler, der mit Muslimen Kontakt sucht und übrigens auch offen homosexuell lebt? Nein. Einmal, als er hier in Neukölln mit einem Verein eine Veranstaltung leiten sollte, bei der auch gekocht wird, sagte er ebenfalls ab. Denn am Ort des Abends gab es nur eine Küche, in der sonst auch Schwein zubereitet wird. Das widerspricht den Regeln des jüdischen Glaubens. Da bekam Langer den Satz zu hören: »Das ist doch primitiv, wenn Sie sich an solche archaischen Regeln halten!« Die gemeinsame Veranstaltung platzte. Man kann solche Vorgänge nur aus der manchmal eben doch etwas angespannten Lage Neuköllns heraus verstehen. Manche bestehen streng auf religiöse Ernährungsregeln, im türkischen Gemüseladen in meiner Straße wird zum Beispiel nur das Halal-Sortiment von Haribo verkauft, also spezielle Gummibärchen-Packungen ohne Schweinegelatine, für die strenge muslimische Ernährung geeignet. Andere sind genervt und sehen genau das als reaktionär an, so kommt es dann zu einem »primitiv«.

Je länger ich über die Geschichte der Juden nachdenke, desto besser verstehe ich Armin Langer. Das Judentum ist eine Religion, die seit Jahrtausenden um die freie Religionsausübung kämpfen musste. Chanukka, das achttägige Lichtfest der Juden, kann sogar so verstanden werden: Es bezieht sich auf die Wiedereinweihung des zweiten Tempels in Jerusalem im Jahr 164 vor Christus. Das Ereignis war der Schlussstrich unter den Versuch griechischer Kräfte, das Judentum zu assimilieren und zu verbieten, auch ihr Tempel war vom Zeuskult unter Beschlag genommen worden. Der Makkabäeraufstand des Jahres 165 vor Christus setzte dem ein Ende. Natürlich nur für gut einhundert Jahre. Man kann sich die Geschichte des Judentums als eine des ewigen Kampfes um die eigene Religion vorstellen. Vielleicht ist es deswegen nur folgerichtig, dass ein moderner Jude heute in Neukölln auch für das Kopftuch kämpft.

Offenbar bin ich in einer Gegend gelandet, in der genau diese brisanten Konflikte ausgetragen werden. Wenn man mit einer fertigen Meinung kommt, einem griffigen Satz wie »Ich habe Angst vor Islamisierung«, nimmt man drei Viertel der eigentlich interessanten Diskussion gar nicht wahr.

Und ich schicke meine Kinder jetzt wieder zum Religionsunterricht. Als wir noch in Prenzlauer Berg wohnten, unter unseresgleichen, also all den anderen gebildeten digitalen Mittelschicht-Dienstleistern, haben wir die Kirche und den Religionsunterricht noch gemieden. Es war nur eine Fortsetzung des überflüssigen Zierrats, als den die modernen Bürger ihre Religion mitschleifen. Hier in Neukölln ist es mir doch wieder ganz recht, wenn die Kleinen wissen, auf welchem Fundament die Bundesrepublik mal entstanden ist. Ich fange an, den Kindern von Moses vorzulesen. Ich besorge die Genesis in der Comic-Version von Robert Crumb. Dass die genauso aussieht wie seine Geschichten von Kiffern und geilen Böcken der Siebziger, ist mir egal, beziehungsweise, ist mir eigentlich ganz recht. Die Kinder sollen ja merken, dass es hier um das pralle Leben geht. Von der Kirche muss man nichts halten, aber die Bibel ist ja nun wirklich lesenswert.

Ich selbst habe mich zwar mit Ende zwanzig enttäuscht von der christlichen Staatskirche abgewandt. Ich hatte aber Taufe,

Kommunion und Firmung hinter mir, war sogar mal ganz kurz Messdiener gewesen, ich wusste genau, wovon ich mich da abgrenze und warum. Vielleicht gehört es zur Erziehung zum kritischen Denken sogar dazu, dass man den Kindern auch die verknöcherte christliche Kirche zeigt.

NEUKÖLLNER VERHÄLTNISSE
IN DER KITA

Die Kultur des laktosefreien Bio-Essens für Kleinkinder hat noch nicht das ganze Land erreicht. Ein Teil von Neukölln wehrt sich.

Ich hole meine Tochter aus der Kita ab, zum ersten Mal. Die Tagesstätte ist in einem großen weißen Bau in einer Nebenstraße untergebracht, der auch noch einen schönen Garten hat. Das Haus macht einen angenehmen, freundlichen Eindruck, also haben wir dort zugeschlagen und sind nun seit knapp zwei Wochen hier. Als ich komme, sitzt meine Kleine mit einer Erzieherin, die ich noch nicht kenne, und vier anderen Kindern am Tisch und löffelt Cornflakes aus einer Schale. Die anderen Kinder heißen Ulima, Zain, Tarek und Edona, kein anderer außer unserer Tochter ist hier deutsch – beziehungsweise alle sind deutsch, aber ihre Eltern waren es noch nicht, hier gibt es eben die neue Emil-und-Lili-Kultur nicht.

Die Kinder sind schrecklich süß und stürmen alle auf mich zu, um etwas zu zeigen. Die Größeren holen ihre Schreibmappen aus dem Vorschulunterricht raus und präsentieren stolz die Fotos, unter die sie selbst ihren Namen geschrieben haben. Meine Tochter verlangt nach »mehr Müsli!«, und die Erzieherin rappelt sich auf zu einer Szene, die mich kurz schockiert: Sie schüttelt Cornflakes in die kleine, handtellergroße Schale. Dann kippt sie weißen Zucker hinterher, der in seinem typischen Papiersack auf dem Tisch steht – ein Esslöffel, zwei, drei, vier sind es wohl insgesamt. Dann kippt sie großzügig H-Milch hinterher und überlässt meine Tochter ihrem Schicksal. Die fällt natürlich begeistert über die süße Brühe her. Ich sage gar nichts, was mich selbst einige Sekunden lang sehr wundert, weil ich ja, rede ich mir ein, nur teilnehmender Beobachter bin, so nennt man das doch in der Soziologie. Also in meinem Fall mehr Beobachter als teilnehmend.

In einer Mittelschichtskita, also überall in Prenzlauer Berg oder in Pankow, übrigens auch überall in Altona oder Eimsbüttel, um mal wieder Hamburg als Beispiel zu nehmen, wäre diese Szene in jedem Punkt anders verlaufen: Es hätte natürlich keinen Zucker gegeben, Cornflakes sind schon gezuckert, und es hat sich – dachte ich – herumgesprochen, dass eine gesunde Ernährung für Kinder besonders wichtig ist. Normalerweise werden Kinder mit Aktionstagen darauf hingewiesen, dass man sich auch mit Gemüse ernähren kann und dass Tee ohne Sirup auch schmeckt. Vermutlich hätte es in einer bürgerlichen Kita ohnehin keine Cornflakes gegeben, sondern geschnittene Gurken und Möhrchen. Und wenn schon Zucker, dann wäre vielleicht ein brauner, unraffinierter da gewesen, der immerhin ein bisschen näher ist an dem Naturprodukt, er enthält noch Mineralien und Vitamine, der weiße nicht. Karies verursachen allerdings beide.

Und dann wäre – insbesondere wenn ich danebensitze – sicherlich auch gefragt worden, ob es denn Kuhmilch sein darf. Gründe, die gegen das sprechen, was die Kuh ihrem Kalb geben möchte, wie Laktoseintoleranz und Veganismus, sind auch schon fast überall bekannt, regelrecht in Mode eigentlich sogar. Und ich bin voll auf der Seite dieser Mode, denn meine Tochter verträgt in der Tat Kuhmilch nicht gut. Wenn sie abends dann das Bett vollkotzt, bin ich derjenige, der die Sauerei hat. Eine Frage mehr wäre mir also schon lieber gewesen.

Allerdings denke ich noch ein wenig über meine eigenen Ansprüche nach. Eine Sozialarbeiterin, die mit jungen Mädchen aus sozial schwachen Familien arbeitet, höre ich einmal sagen: »Auch die Zugezogenen müssen sich integrieren. Man kann nicht einfach herkommen und sagen, ihr esst falsch, ihr erzieht eure Kinder falsch. Man muss auch sehen, dass die Leute hier einfach nicht alle auf dem gleichen Stand sind, mit dem die zugezogenen Akademiker hier schon ankommen.« Das erinnert mich an eine Wand am Herrfurthplatz, da hat jemand über mehrere Meter angesprüht: »Yuppie, integrier dich!« Manchmal wirkt Neukölln wie ein Biotop, das geschützt werden möchte.

Und auf der anderen Seite denke ich durchaus auch: Schön, dass es hier noch so unkorrekt zugeht! Und außerdem: Vielleicht ist die Erzieherin auch neu im Team und noch nicht auf dem neuesten Stand. Die Kita hatten wir nämlich vor allem wegen der netten, überzeugenden Mitarbeiterinnen ausgewählt. Ich erinnere mich an die jährlichen Evaluationsbögen in der alten Kita, die helfen sollten, die Qualität der Einrichtung sicherzustellen, die bunten Pädagogik-Broschüren, die einem die absolute Sinnhaftigkeit eines jeden Spielzeugs näherbrachten. Keine Bauecke, keine Kinderküche war zufällig da, wo sie stand. Alles hatte einen festen Platz, war geplant, in etlichen Sitzungen durchdiskutiert und auf Tauglichkeit erprobt. In der Garderobe hing stets ein Tagesrückblick mit Bildern. Dort wurde auch genauestens erklärt, wie die Spiele und Aktionen, die stattgefunden hatten, die kindliche Motorik oder Hand-Auge-Koordination förderten. Auch dort liebten wir das Team, wenngleich uns manchmal der leicht genervte Tonfall mancher Pädagoginnen störte. Aber dort hatten sie auch viel mehr Kinder zu betreuen, und zwar ab sechs Monaten.

In ihrer neuen Kita sitzt Maja, wenn denn alle da sind, mit zehn Kindern im Alter von zweieinhalb bis vier Jahren zusammen am Tisch. Man isst, spricht miteinander, macht Morgen-kreis und Ausflüge. Ab und zu wird gebacken. Die Räume sind einfach gestaltet, es gibt auch Plastikspielzeug. Ruhig geht es zu. Familiär. Und von Zeit zu Zeit gibt es halt mal einen Schoko-kuchen.

Als ich meine Tochter am nächsten Tag abhole, sitzt Claas, ein Erzieher, neben ihr auf dem Boden. Ein kräftiger, freundli-cher Kerl in schwarzen Klamotten, Stiefeln und Ohrringen, die Haare zerzaust. Gemeinsam bauen die beiden einen Turm aus bunten Klötzen. Meine Tochter bemerkt mich, setzt das Spiel aber begeistert fort. Inzwischen beginnt sie zu erzählen, was sie da macht. »Ham wa gebaut!«, freut sie sich und zeigt auf das klei-ne Kunstwerk. Außerdem habe sie heute einfach mal Lara, die Erzieherin, an den Haaren gezogen, höre ich heraus, und das hätte »Aua« gemacht. »Wie alt ist deine Tochter genau?«, fragt Claas. »Zweieinhalb«, gebe ich zurück. »Die spricht aber gut für Neuköllner Verhältnisse.« Ich stelle mich doof. »Neuköllner Ver-hältnisse – was meinst du damit?« – »Na ja«, brummt er, »wenn du in der U-Bahn mal so zuhörst, da passen sich ja alle irgend-wie an den Slang der Migranten an.« Ich kapituliere. »Wir sind zugezogen«, gestehe ich.

EIN BAULÖWE HOLT
LAS VEGAS NACH BERLIN

Mitten in Neukölln steht das größte Hotel Deutschlands: das Estrel. Beinahe das erfolgreichste ist es auch. Dabei haben alle seinen Gründer für verrückt gehalten, als er es kurz nach der Wende bauen ließ. Ein Selbstversuch: Drei Tage in dem kleinen Las Vegas mitten in Berlin-Neukölln.

Das Stichwort »Familie« verfolgt mich bei all meinen Neukölln-Recherchen, und es fällt auch da, wo ich es wirklich nicht erwarte. Etwa im größten Hotel Deutschlands. Als ich im Estrel mit Angestellten rede, sagen mir gleich mehrere so etwas wie: »Das Familiäre ist hier so stark, deswegen arbeitet man gern in diesem Hotel.«

Sogar Elvis redet davon. Es ist drei Uhr nachts, ich sitze mit dem King of Rock'n'Roll an der Theke. Wir trinken Wodka. Er nimmt mich in den Arm und sagt: »Wir bauen hier gerade eine echte Verbindung auf, Mann!« Nur die drei jungen Mädchen aus dem Münchner Raum, die in ihren halb durchsichtigen Kleidern still danebensitzen, schauen pikiert. Ich glaube, ich klaue ihnen gerade ihr Idol.

Zugegeben, Elvis ist nicht Elvis, sondern heißt Grahame Patrick Doyle, aber fünfmal pro Woche steht er im Berliner Estrel-Hotel als der King auf der Bühne. Und er ist sehr überzeugend. Er singt nicht nur wie Presley, sondern hat auch den Hüftschwung drauf, die Tolle sitzt perfekt dazu. Dass er unter all den Elvis-Imitatoren der Welt wohl der beste sei, wurde ihm von Ed Enoch attestiert – einem Background-Sänger, der oft mit dem echten Elvis auf der Bühne stand. Doyle war mit seinem Programm schon in Las Vegas, jetzt aber singt er im Las Vegas Berlins. Im Estrel.

Ich habe mich drei Tage in Deutschlands größtes Hotel einkaserniert, das so schön unwirklich an der Berliner Ringbahn liegt wie ein von Außerirdischen fallen gelassenes Raumschiff. Es wird mein Kreuzfahrtschiff, das sich nicht bewegt. Es hat fünf Restaurants und drei Bars, hier müsste man ein paar Tage überleben können.

Ein dreieckiger, spitz zulaufender Legostein ist das Hotel mit seinen 18 Stockwerken, eine liegende Weichkäseschnitte aus Stein und Spiegel. Das Estrel verfügt über 1125 Zimmer, ein komplettes Kongress- und Veranstaltungszentrum, eine professionelle Musical-Bühne. An fünf Tagen die Woche gibt man hier eine Show, in der Star-Doppelgänger von Marylin Monroe oder Robbie Williams singen.

Sein Gründer, der Bauunternehmer Ekkehard Streletzki, war nach der Wende sauer angesichts der überhöhten Hotelpreise in der Hauptstadt. Also kaufte er einen gigantischen Schrottplatz und errichtete darauf sein Hotel. Alle hätten ihn ausgelacht, sagt er heute immer wieder. Und bald führte er jedes Ranking der Hotelbranche an, der Umsatz steigt stetig. Auf der anderen Straßenseite der Sonnenallee sollen bis etwa 2020 noch weitere Hallen sowie ein mindestens 40 Stockwerke hoher Turm entstehen. Die umsatzstarken Unternehmen Neuköllns sind das Estrel, der Medizingeräte-Hersteller Biotronik, die Kaffeerösterei Jacobs und Philipp Morris. Alle liegen nur ein paar Hundert Meter südlich des Estrel in dem Industriegebiet an der Köllnischen Heide und der Autobahn, in dem auch die Al-Nur-Moschee steht.

Ich betrete also ein Imperium, in dem Neukölln reich ist. Oft sehe ich nach oben, wenn ich durch diese Raumstation gehe. Im Atrium, der zentralen Halle, schwebt die Glasdecke 13 Meter über dem Boden. Kein Saal, eher ein Hangar. Im Zentrum ein Ristorante, davor eine freistehende ovale Cocktailbar, italienische Kaffeetische, Birkenholz und Chrom an den Stühlen, viel Glanz, viel Licht. Ein Flachbildschirm hängt zentral an einer Säule. Im Zentrum steht ein Brunnen, den der Keramikkünstler und Picasso-Schüler Gilbert Portanier anfertigte. Er sieht aus, als wären Hundertwasser und Picasso auf dem Flur einer Volkshochschule ineinandergerempelt. Eine angedeutete Dame trägt zwei weniger abstrakte Brüste, aus denen Wasserstrahlen ins Becken plätschern.

Eine Freundin, die mich besucht, sagt: »Gar nicht so kitschig, wie ich es erwartet hatte.« Sie mag es unter der Markise des Eiscafés. Natürlich sieht das Atrium, das Zentrum der Anlage, schon ein wenig aus wie eine Fußgängerzone der späten Achtziger. Aber es hat auch etwas Gemütliches. Etwa im Ristorante, in dem ich abends sitze. Auf der Karte finden sich Weinempfehlungen von Streletzki, ein Gericht trägt auch seinen Namen (Spaghetti mit gebratenen Garnelen, Flusskrebsen und Kirschtomaten). Meine Kellnerin, eine Frau Bautzer, ist wahrscheinlich die freundlichste Kellnerin, die ich seit Jahren in Berlin erlebt habe. Um mich herum sitzen ältere Damen mit Kleidern in grellen Farben, leicht gebücktem Gang und Sektlaune. Familien mit großen, fast erwachsenen Kindern sind auch da.

Es herrscht Abenddämmerung, der Pianist in der Halle spielt und singt. Geht man um seinen weißen Flügel herum, sieht man: Das ist gar kein Piano, sondern eine Holzkiste in Form eines Flügels. Der Musiker hat zwei Keyboards übereinander hineingestopft und spielt »I wanna know what love is« oder »Another day in paradise« mit Begleitautomatik. Seine Stimme verebbt ein wenig in der Halle. Er spielt aber auch nur die zweite Geige zu einem großen Bühnenereignis gegenüber: Ein paar Meter weiter, zwischen Hauptatrium und Kongressbereich, spielen die »Stars in Concert«. Zuletzt waren Abba da, jetzt kommt Elvis, danach folgt wieder ein bunter Abend mit Freddie Mercury, Cher, Amy Winehouse und den Blues Brothers. Aus aller Welt kommen diese musikalischen Doppelgänger. Helene Fischer ist Kanadierin und hat verbissen daran gearbeitet, den Akzent ganz abzulegen. Ray Charles ist eigentlich weiß, und Michael Jackson hat tiefbraune Hautfarbe. In der Maske schminkt sich jeder ins jeweilige Gegenteil, und unter großem Hallo der Musiker kommen zwei wie ausgetauscht aus der Garderobe.

Die Show von Elvis alias Grahame ist eine Nummernrevue mit kleinen szenischen Einlagen – einmal durch das Leben Presleys. Bei »Hound Dog« kommt dieser Hüftschwung. Als er »Are you lonesome tonight« anstimmt, stöhnt im Publikum eine Dame in schwarzem Blazer auf. Beim »Jailhouse Rock« singen alle mit. Das »Stem Quartet« kommt auf die Bühne, eine siebenköpfige Band spielt, zwei Hintergrundsängerinnen in Glitzerkleidern. Die Show ist mächtig wie eine Schwarzwälder Kirschtorte – von allem zu viel und sehr gekonnt gemacht. Am Ende geht Elvis lange durchs Publikum und verteilt Küsse und Umarmungen.

Und dann herrscht Hochbetrieb an der Bar. Irgendein Firmentreffen oder Kongress geht immer gerade zu Ende, es gibt Dinge zu feiern. Nach einer halben Stunde kenne ich fünf Menschen, nach zwei Stunden fünfzehn, nach Mitternacht dann alle. Ein Sascha aus Niedersachsen beschwert sich an der Rezeption, er sei herablassend behandelt worden, nur weil er keinen Anzug trage. Das wundert mich, der ich auch keinen Anzug trage. Zu mir waren alle höchst zuvorkommend. Bianca aus Köln sieht aus wie die Schauspielerin Karoline Herfurth, pfeift schrill nach dem Barkeeper, lacht dann noch lauter und wirft ihm irgendetwas zu. Ein Dutzend Managerinnen und Manager einer Modeschmuckfirma rufen uns herüber, erläutern mir ausführlich,

warum es gesundheitsfördernd ist, Magneten in Halsketten ein-
zubauen. Irgendwann sitze ich mit ein paar Französinnen am
Tisch, keiner versteht mehr, was der andere tut oder sagt, und
trotzdem ist es sehr angenehm. Wir würden gern an die untere
Bar gehen, in der es breite weiße Sofas gibt, dort gibt es aber
keinen Service. Wer einen Drink will, greift zu einem Telefon
auf der Bar. Zwei Laienschauspieler, die für RTL2 Reality-Fern-
sehen machen und ein Paar spielen, haben den Ehestreit mit ins
Privatleben genommen und zischen einander an.

In den funktional eleganten, in Grautönen gehaltenen Zimmern erfüllen die Hotelbetten auch in Sachen des erholsamen
Schlafs voll ihre Funktion. Am nächsten Morgen stehe ich vor
einem sehr korrekten jungen Herrn im schwarzen Anzug. Michael Vallant wird bald Vater. Seine Frau hat er hier im Hotel
kennengelernt, sie ist Rezeptionistin, er selbst leitet den Bereich
»Fassbier und Bulette«, wie er sagt, das ist ein Scherz. »Food and
Beverages« heißt die Abteilung, die sich um die Verpflegung der
Tagungsgäste kümmert. Vallant stammt aus der Steiermark,
während seiner Ausbildung war er in verschiedenen Hotels Europas, dann sollte ein Jahr Berlin dazukommen, nur mal so, »fürs
Großstadtfeeling«. Er blieb, das Feeling auch. Wenn das Kind
jetzt kommt, wird es etwa das zwanzigste Estrel-Baby sein, ganz
genau hat keiner mitgezählt, auch andere aus der Belegschaft
fanden schon zueinander. Nun führt er mich durch lange Gänge, Küchen, Hallen, Lagerräume, vor einem Schrank voll weißer
Porzellanteller bleibt er einen Moment stehen und schließlich
an einer überlebensgroßen Teekanne, die für irgendeine Show
gefertigt wurde.

Im Hintergrund, auf der halb aufgebauten Bühne der großen Halle, üben Tänzer spektakuläre Figuren. Ein Mann hebt
seine Partnerin an den Schultern langsam hoch, während sie
sich quasi im Kopfstand befindet. Vallant erklärt weiter. Er sagt

Sätze wie: »Aus den Satellitenküchen können wir zweimal vier-tausend Gäste gleichzeitig bewirten« oder »Die neue Halle wird auch 4700 Quadratmeter groß sein«. Für die Maccabi Games, ein jüdisches Sportfest, das im Sommer 2015 stattfand, wurden 20 000 Porzellanteile neu angeschafft – die bereits vorhandenen wären für die koschere Küche nicht geeignet gewesen. Es gab dann, mal wieder, einen Eintrag im *Guinness Buch der Rekorde*: Das größte Schabbat-Dinner aller Zeiten wurde im Estrel abge-halten, für 2322 Personen. Bisher lag dieser Rekord in Tel Aviv.

Während wir lange durch die Hallen und Hinterzimmer schreiten, sind nicht die Ausmaße dieses Dorfes das Erstaunli-che, sondern die gute Laune der Angestellten. Auch die Presse-sprecherin Miranda Meier begleitet uns, beide wollen zeigen, wie sie sich hier an allem freuen. Es sei auch so kollegial hier, nicht wie irgendein Unternehmen. Als ich vorsichtig nachfrage, höre ich immer dasselbe Stichwort: »Das Familiäre« sei hier so stark. Der Geschäftsführer des Hotels kenne alle fünfhundert Angestellten mit Namen. Er suche auch die Nähe zu »seinen Leu-ten« und rede immer wieder mit Kollegen aus allen Bereichen. Der Gründer Streletzki zeige sich ebenfalls an mehreren Tagen die Woche.

Und außerdem sei es doch immer wieder lustig. Eine kleine Werbeansprache für ihr Hotel spulen die Angestellten wie von selbst ab: Die Eurofurence, die Zusammenkunft der Liebhaber von Ganzkörper-Pelzkostümen, finde zum Beispiel hier statt. Frank Zander gibt hier vor Weihnachten ein Dinner für Tau-sende Obdachlose. Der Dalai Lama war hier, Michael Jackson ließ hier ein Bild seines Doppelgängers von der Wand nehmen, für Neverland.

Im Estrel sind alle gleich. Die in Berlin übliche Coolness und Teilhabe an inneren Kreisen der Szene scheint außer Kraft ge-setzt. Das reizt erstaunlich viele meiner sonst so trendverliebten

Freunde. Die, die mich besucht haben, wollen wiederkommen. Ich höre Sätze wie: »Etwas teuer, aber die Stimmung ist super.« In die Show von Elvis begleitete mich ein Freund, der selbst schon auf Musicalbühnen stand. Die Theaterszenen waren ihm zu »surreal und beliebig«, aber alle musikalischen Teile fand er »bombastisch«.

Das möchte ich Elvis sagen, denn hier sind alle so positiv und freundlich zueinander, ich denke, ich sollte ihm die Wertschätzung zurückgeben, die er verdient hat. Doch Elvis ist weg. Seine Groupies auch. Hoffentlich flüstern sie ihm in einer der anderen Bars ins Ohr, dass er ein wahrer Künstler ist. Er hat es verdient.

Als ich nach drei Tagen meine Sachen packe und das Raumschiff Estrel verlasse, spüre ich zunächst Erleichterung im kühlen Wind des Berliner Spätsommers. Das Hotel ist nicht Neukölln. Es ähnelt eher einer idealtypischen Suburbia und könnte überall sein. Zum Abschluss meines Besuchs treffe ich allerdings noch den Gründer, Ekkehard Streletzki. Er trägt einen eleganten braunen Karoanzug und eine rote runde Brille. Sympathisch wirkt er, gar nicht wie ein Baulöwe. »Ich habe schon immer an Neukölln geglaubt«, sagt er. Und dass die Türken und Araber hier sind, sei doch schön und »lebendig«. Und dann hat er schon wieder keine Zeit mehr – wir sprechen ein paar Worte am Rande einer Präsentation seines Hotels, andere lokale Wirtschaftsgrößen und Politiker stehen schon Schlange, um mit ihm zu reden. Lange habe er überlegt, sagt er mir nur noch, wie er sich für die Flüchtlinge in Neukölln einsetzen könne. Ein paar hat er inzwischen ins Hotel einquartiert. Über Weiteres denkt er nach. Und dann ist er weg.

ERBAULICHES

DAS NEUKÖLLN
DER PARTYS

Anreiseweg acht S-Bahn-Stationen: Über einen Urlaub in der eigenen Stadt

In Filmen gibt es manchmal eine Einblendung, die signalisiert: Jetzt kommt etwas aus der Vergangenheit. Die Vorgeschichte. So eine Einblendung brauchen wir jetzt: »Zwei Jahre zuvor«.

Ich wohne noch in Prenzlauer Berg. Die Sommerferien kommen, und ich möchte mal raus. Es ist nur ein diffuser Wunsch. Irgendwohin, wo etwas los ist. Nach New York oder an die Südküste Ibizas. Oder nach Seoul, in die große Partymetropole von Fernost. Oder eben: nach Neukölln. Und das wird es dann auch, mein Urlaubsziel in diesem Jahr. Denn noch kenne ich es kaum. Das soll sich ändern.

Manche Lebensphasen sind einfach nicht ideal für Urlaub. Mein bester Freund hat drei Kinder. Ich selbst habe auch drei Kinder. Sechs Gründe, die gegen Männerferien am Mittelmeer sprechen. Größere Familien haben nie Geld, und Väter werden zu Hause gebraucht, jeden Tag.

Dabei war alles einst so schön: Als Student ging ich mit meinem Freund wandern im Schwarzwald. Wir klapperten im Audi A8 Rheingau-Weingüter ab. Wir blieben wochenlang in New York und probierten jede Bar im East Village aus. Dann kamen die Kinder. Jahre vergingen. Wir trafen uns kaum noch. Damit wir auch als Väter noch Urlaub machen können, muss eine radikale Lösung her. Warum nicht die eigene Stadt?

Mein Ibiza liegt in diesem Jahr acht U-Bahn-Stationen entfernt. Ich habe die Tasche gepackt und einen lustigen Hut aufgesetzt, den ich in der East 7th Street in New York erstand. Ich habe meiner Frau und den Kindern Küsschen gegeben und gewunken. Papa fährt in den Urlaub.

Achtzehn Minuten später bin ich schon da. Mein Freund und ich haben eine Wohnung in Neukölln gemietet, gleich am Tempelhofer Feld, unserem Park gewordenen Ex-Flughafen, mitten in der neuen Szene von Bars und Live-Bühnen. Eine Woche in Neukölln ist leicht zu machen. Es kann ohne große Planung losgehen, und es gibt viel zu sehen. Andere fahren um die halbe Welt, um hier Bands in Underground-Clubs zu hören. Und Berlin ist noch so rau, wie man es eigentlich liebt. Im »Bierbaum 3«, der Eckkneipe in der Schillerpromenade, kostet der Schnaps ab 1 Euro.

Von Prenzlauer Berg nach Neukölln zu fliehen, dieser kurze Weg hat Symbolcharakter. Vor zehn Jahren, als ich nach Berlin kam, schrieb die *New York Times* über den Prenzlauer Berg: »Eine der aufregendsten Gegenden Deutschlands«. Heute werden in den Läden plötzlich Designtäschchen verkauft und am Kollwitzplatz sogar Vasen und Säulen. Das junge Bürgertum hat, wie gesagt, eine Monokultur für wohlhabende vierzigjährige Deutsche etabliert.

Neukölln dagegen hat einen gewissen Klang. Ein starker neuer Science-Fiction-Film wählt es als Kulisse, *Dr. Ketel – Der Schatten von Neukölln*. Ulrike Sterblichs schönes Buch *Die halbe Stadt, die es nicht mehr gibt*, eine Art West-Berlin-Rundreise, macht hier besonders oft Station. Auch Bowies Song »Neuköln« (falsch geschrieben mit nur einem »l« auf der Platte Heroes von 1978) kann man wieder gut hören. Denn so heißt wieder die inspirierende Gegend der Stadt. Junge Punkbands aus London spielen in der »Frühperle«, in der Weserstraße gibt es Kunst aus Nähgarn, jede Kneipe hat eine Bühne, und in der niedlichsten Gegend des Stadtteils, rund um die Schillerpromenade, sitzen die Laptop-Bohemiens aus Brooklyn mit den rotnasigen Zechern aus Rixdorf an einem Tisch.

Mein Freund und ich mieten unsere Wohnung über das Internet. Bei Diensten wie *Airbnb*, *9flats* oder *Wimdu* kann jeder seine Privatwohnung an Touris vermieten. Manche tun das, während sie selbst verreist sind, andere tun es heimlich ganz kommerziell. Bei uns vermietet Johnny, ein Student, seine Wohnung, angeblich, weil er nach dem Examen auf Weltreise geht. Den Schlüssel gibt's beim Nachbarn. Als wir die einfache, aber hübsche Bude betreten, ist das Lügenmärchen sofort enttarnt: Kein einziger persönlicher Gegenstand, Hausregeln und Ausgehtipps kleben wie in einem Hotel laminiert an der Wand. Diese Wohnung wird wahrscheinlich dauerhaft professionell an Touristen vermietet, mit der Backstory vom Studenten als Zierrat. Trotzdem weiß man hier, was sich gehört. Es gibt eine Bierkiste, eine Stereoanlage und eine alte Sega-Spielkonsole.

In Männerferien sollte man spazieren gehen. Aus der amerikanischen Psychologie stammt die Binsenweisheit: Frauenfreundschaften sind face to face, einander zugewandt, Männer aber side by side, sie wollen gemeinsam etwas machen. Sie brauchen Reize. So auch wir. Also erlaufen (und ersaufen) wir uns den Stadtteil jeden Tag neu. Auf der Hermannstraße, der belebten Magistrale, darf man sich schon mal an die First Avenue in New York erinnern, nur dass diese fest in türkischer Hand ist. Einziges Zugeständnis an die Szene: Es gibt Köfte vegan.

Wenige Schritte entfernt, am Herrfurthplatz, einer verwunschenen Oase mitten im angeblichen Problemkiez, sitzen die Tätowierten, die Penner und die Intellektuellen auf demselben

Bürgersteig. Vor dem Penny betteln gealterte Punks. Im neuen Eiscafé mit leckeren Sorten und dem albernen Namen »Mos Eisley« schläft die Bedienung an einem Tisch. Und dann ist da noch der Weinladen, der vor Jahren aus Schöneberg herzog, weil es hier entspannter ist. Wir sitzen davor auf der Straße, der Chef bietet Rosé und Weißwein aus Italien an.

Während die Sonne langsam hinter der Genezarethkirche untergeht, um lieber den Gärtnern auf dem Tempelhofer Feld beim Technohören Licht zu spenden, die Verstärker stehen in Einkaufswagen mit Mini-Generator, setzen sich Altachtundsechziger zu uns und drehen sich Zigaretten. Es wird über Robert Gernhardt gesprochen, irgendwer holt dessen Bücher, um Gedichte zu rezitieren. Plötzlich eine Irritation: Zwei dunkelhaarige Typen um die zwanzig, mit der typischen, arg weit herausgereckten Brust und dem Ey-Alder-Akzent, treten den Hund des Ladeninhabers. Die kleine Promenadenmischung (heißt natürlich: Elvis) jault auf und huscht in die Ecke mit den erlesenen Gins. Mario, der Chef, bleibt gelassen: »Das ist in deren Kultur begründet. Hunde gelten als unrein, die können da keine Beziehung aufbauen. Einfach freundlich ignorieren.«

Ein junger Typ, der auch dabeisitzt, ist Architekturstudent, arbeitet für ein Immobilienbüro, wie er mir ganz leise gesteht. »Kürzlich musste ich hier um die Ecke eine kleine Dreizimmerwohnung für weit über tausend Euro anbieten.« Das mache man in der Branche so, um mal zu schauen, ob das Objekt zu dieser überhöhten Miete weggeht. Als Experiment. Es gelang nicht. Noch nicht.

Wir ziehen weiter und werfen uns am Rande des Tempelhofer Felds auf den Rasen, um einen Sonnenuntergang zu sehen, den Capri auch nicht besser hinkriegt. Der einstige Flughafen hat 350 Hektar Wiesenmeer, knapp größer als der Central Park. Ein einzigartiges Erlebnis, das man genießen muss – die Büro-

196

kraten der Stadt arbeiteten lange daran, es zu zerstören, ein See sollte da hin und Häuser, natürlich. Zum Glück hat ihnen ein Volksentscheid im Mai 2014 einen Strich durch die Rechnung gemacht. Nach wie vor rasen Kinder in Kettcars über die Landebahnen. Das in Europa einzigartige Parkdenkmal bleibt vorerst, wie es ist. In den unbenutzten Hallen wurden Flüchtlinge einquartiert, weitere Notunterkünfte will die Stadt auf dem Feld selbst aufbauen – darüber wird aber heiß diskutiert, viele Bürger befürchten, dass das Gesetz so ausgehöhlt werden könnte. Am Rathaus Neukölln, oben auf dem wahrlich hässlichen Einkaufszentrum »Arcaden«, ist ein schöner Club installiert: Der »Klunkerkranich«. Wir trinken dort einen Cocktail, stehen zwischen Tomaten und Minze, die hier angebaut werden, und schauen den Fernsehturm an.

Mein Freund und ich wollten miteinander reden, aber es gibt zu viel zu tun, side by side. Die Weserstraße ist die neue ruppige Ausgehmeile Berlins. Da mag es zwar das »Holz-Kohlen« geben, die Cocktailbar mit dem freundlichen Chef, und das »Ä« und das »Fuchs und Elster«, in dessen Keller wir eine kleine Bluesband hören, bevor der DJ kommt. Aber der Spätkauf an der Ecke Weichselstraße ist ihr wichtigster Club. Hier gab es Toiletten und einen Billardtisch, bis der Besitzer keine Lust mehr hatte und an jemanden verkaufte, der einen ganz normalen, langweiligen Shop daraus machte. Traurig. Sogar der Spiegel hatte eine Reportage über den alten »Spätkauf International« veröffentlicht. Aber im Sommer stehen nach wie vor oft hundert Menschen vor der Tür und schließen Bekanntschaften. Und dann strahlt plötzlich Kunst in das Treiben: Am Reuterplatz läuft auf einer Riesenleinwand ein Video des Künstlers Felix Bonowski. Wer will, stellt sich in das Licht – der eigene Schatten wird dann Teil des interaktiven Bildes und kann Farben herumwerfen und Formen um sich fließen lassen. Also hüpfen Mädchen vor dem Bild,

Freunde tanzen, lachen, nehmen sich huckepack. Neukölln wird ein Spielplatz. Der Vollmond scheint dazu.

Spätnachts, wenn alle Konzerte vorbei sind und die Off-Theater schließen, essen wir was bei den Türken am Hermannplatz, die ihr Lächeln nur verlieren, wenn man Alkohol verlangt. Und wenn wir um fünf Uhr morgens in unsere Ferienwohnung kommen, mitten in der Woche, spielen sie noch Darts in der Kneipe gegenüber und jubeln lautstark. Hier ruft niemand die Polizei. Hier setzt man sich dazu.

Der letzte Tag beginnt sonnig, man könnte noch so viel ansehen. Doch mein Freund will früh gehen, die Familie verlangt ihn zurück, sagt er. Die Tür fällt hinter ihm zu, die leere Neuköllner Wohnung sagt mir nichts mehr. Ich muss gehen. Für den Abschiedsschmerz bleibt wenig Zeit. Acht Stationen mit der Bahn, und der Alltag hat mich wieder.

EINE REKTORIN
LÖST ALLE PROBLEME

»Es waren immer nur engagierte Einzelpersonen, die Neukölln vorwärtsgebracht haben«: eine davon ist die Schulrektorin Ruth Weber. Herzlich,
aber streng hat sie an einer Grundschule aufgeräumt. Wenn alle Schulen
es so gemacht hätten, gäbe es die Probleme mit der Integration heute gar
nicht, sagt sie.

Auf der Suche nach einer geeigneten Schule besuchen wir Infoabende. Eigentlich die langweiligste Beschäftigung der Welt, aber,
bald fällt eine besondere Energie auf, die ich so nicht kenne. Als
führe es zu mehr Klarheit, wenn man sich in einer nicht ganz
einfachen Umgebung behaupten muss. Gerade in den schwierigen Bezirken mit Armut und vielen Migrantenkindern, vermu-
te ich, müsse sich das Kollegium sehr engagieren, sonst würde
es untergehen. Ein Freund hatte mir erzählt, dass er sein Kind
bewusst in die Kita in einem stark gemischten Viertel geschickt
habe, weil man dort mehr auf Themen wie gesunde Ernährung,
Bewegung, Sprache achtete. Einfach, weil man es muss. Und eine Person spielt eine besondere Rolle unter Neuköllns Pädagogen, die Rektorin Ruth Weber.

Beim Infoabend fällt sie mir auf. Etwa vierzig Leute sind im
Bewegungsraum einer Schule zusammengekommen. Neben mir
sitzt eine schicke ältere Dame, sehr sympathisch, und mischt
sich mal hier und da in die Diskussion ein. Am Ende erfahre ich:
Sie ist die frühere Direktorin und heute sehr präsent. Die Schule

scheint ihr Lebenswerk zu sein. Diese Frau möchte ich unbedingt noch einmal in Ruhe treffen und ihre Geschichte hören.

Als Ruth Weber durch den Norden Neuköllns zur Rütli-Schule stapfte, war der Stadtteil noch ruhig, regelrecht verschlafen. Sie holte sich ihren Lebertran ab. Die Amerikaner stellten ihn für Kinder bereit, die kleine Ruth war damals fünf, das war kurz nach dem Krieg, im Jahr 1947.

Heute ist Ruth Weber eine Größe Neuköllns, immer wieder höre ich: »Sprechen Sie mit Ruth Weber.« Im Bezirksamt sagt ein Referent: »Es waren immer nur engagierte Einzelpersonen, die Neukölln vorwärtsgebracht haben. Der Sozialarbeiter Gilles Duhem aus dem Rollbergviertel. Oder die Schulrektorin Ruth Weber.«

Schon ihr Großvater stammte aus Buckow, also Süd-Neukölln, ihr Vater war Arzt und hatte seine Praxis am Hermannplatz. Die Familie bewohnte nach dem Krieg in der Weserstraße zwei Zimmer bei einer älteren Dame, drei Kinder und die Eltern, Haare waschen musste man in der Küche, ihre Schwester hat das gehasst und jedes Mal geweint.

Weber ist heute dreiundsiebzig, immer noch engagiert an der Schule, führt den Förderverein, ist oft zu sehen bei Veranstaltungen. Ich sehe sie stets hochelegant gekleidet, sie trägt schwarze und braune Blusen oder Tops, die ihr hervorragend stehen, manchmal einen Schal im Leopardenmuster. Ihre Augen huschen im Raum herum, sie scheint immer hellwach. Lehrerin wollte Weber ursprünglich eigentlich gar nicht werden. Allerdings wollte sie auch auf keinen Fall sofort heiraten. Das hat Zeit, dachte die junge Frau. Also schrieb sie sich an der Uni ein und wurde Pädagogin. Die pädagogische Hochschule kostete damals nichts. So kann man auch zu seinem Traumberuf kommen: beinahe wider Willen.

In der Schule, die Weber jahrzehntelang leitete, lernte sie zunächst selbst Lesen und Schreiben. Es war die »12. Grundschule« Berlins, später wurde sie in Peter-Petersen-Schule umbenannt, nach einem deutschen Reformpädagogen. Weber begann dort mit 23 Jahren als Lehrerin, Mitte der sechziger Jahre war das, und es war schon ein wenig Umbruch zu spüren in der deutschen Gesellschaft. Nur vier Jahre später, 1969, war sie die stellvertretende Schulleiterin. Die Situation in der deutschen Pädagogik war »eigentlich wie jetzt«, sagt sie: Der Großteil der Lehrer eher älter, nahe der Pension, Nachwuchs wurde dringend gebraucht. Die älteren Kollegen und der damalige Schulleiter hätten zum Beispiel sehr oft Hitzefrei gegeben – schon wenn »mit Müh und Not 25 Grad in Berlin herrschten« – und alle seien dann nach Hause gegangen. Eine der jüngeren Kolleginnen habe einmal sehr laut geäußert: »Wir brauchen jetzt kein Hitzefrei, es ist nicht so heiß, und ich will mit meiner Klasse vorankommen.« Hitzefrei musste natürlich bei entsprechenden Temperaturen tatsächlich gegeben werden, es war aber üblich, dass auch die Lehrer dann nach Hause gingen. Weber verkündete irgendwann: »Dann können wir ja endlich die Regale ordnen und Unterlagen durchgehen, Hitzefrei ist doch nur für Kinder da, nicht für uns Lehrer.« Schon nahm der Anteil der Hitzefrei gegebenen Tage im Jahr rapide ab.

Und auch, wenn die Lehrer ihre Klasse zum Zahnarzt brachten, gaben sie ihnen und sich gern den Rest des Tages frei – um zehn Uhr morgens. Weber untersagte das. Dann, als es wieder geschah, wies sie eine ältere Kollegin zurecht. »Das war schrecklich für mich, aber ich wusste, ich muss etwas tun, sonst nimmt mich niemand mehr ernst.« Bei derartigen Maßnahmen ließ sie die Türen des Rektorenzimmers stets offen, damit alle bezeugen konnten, dass sie nicht ausfällig oder aggressiv wurde, aber doch sehr klar ihren Standpunkt vertrat. Und danach leitete sie eine Veränderung ein: Fortan kam der Zahnarzt in die Schule.

Auseinandersetzungen mit älteren Kollegen haben manche Jahre bestimmt, berichtet sie. Als sie eines Tages nach Unterrichtsbeginn noch etwas aus dem Lehrerzimmer holen musste, stieß sie im Treppenhaus auf eine ältere Kollegin, die am Geländer stand und weinte. Sie war mit ihren Schülern überfordert. »Ausgebrannt«, würde man heute sagen, aber die Diagnosen für Stress und Überforderung gab es noch nicht. Das Erlebnis änderte alles. Die beiden sprachen offen über das Problem, und im Lehrerkollegium entstand eine Kultur des gegenseitigen Austausches. Man konnte plötzlich ohne Scham auch über Sorgen miteinander reden, sagt Weber. Es dauerte dann noch Jahre, bis sie die Reformpädagogik etablieren durfte, von der sie seit ihrem Studium überzeugt war. Erst 1994 wurde ihre Schule eine »Jena-Plan-Schule«, in der immer mehrere Jahrgangsstufen zusammen arbeiten und in deren Manifest auch das gemeinsame Feiern als Grundsatz verankert ist.

Neukölln wandelte sich unterdessen. Türken zogen zu, Jugoslawen, Araber. Innerhalb Berlins wurden Gastarbeiter und Flüchtlinge ein wenig an den Rand gedrängt. Deswegen sind der Wedding und Neukölln die Stadtteile, in denen der Anteil der Einwandererfamilien besonders hoch ist, während er im schönen Charlottenburg oder Zehlendorf viel geringer ist.

Im Jahr 1967 kamen die ersten beiden türkischen Mädchen an die Schule, das weiß Ruth Weber noch genau. »Damals hatten wir noch sogenannte Schmuddelkinder«, sagt sie. So nannte man die Kinder, die schlecht angezogen kamen, in zerlumpter Kleidung, schwarze Fingernägel hatten und nicht dem längst etablierten Ideal von Hygiene entsprachen. Nun seien also die beiden Türkinnen in die Klasse gekommen, »sehr hübsch und regelrecht elegant«, und ausgerechnet eines dieser »Schmuddelkinder« sei sofort mit seinem Stuhl demonstrativ ein Stück abgerückt von ihnen und habe gerufen: »Neben so was sitze ich nicht!«

Die Zeit, in der sich Neukölln das Attribut »Problemviertel« erwarb, kam erst Ende der neunziger Jahre. Da kam es aber dann auch dicke. Vor knapp zehn Jahren erschütterte der Fall der »Neuköllner Kofferleiche« das Viertel. Eine Vierzehnjährige wurde tot in einem großen Koffer gefunden – in einem kleinen Park, hundert Meter von Ruth Webers Schule entfernt. Der Fall wurde nie geklärt. Die Polizei verdächtigte einen nur drei Jahre älteren Dealer, dem Opfer in seiner Wohnung aus Versehen eine tödliche Dosis Heroin verabreicht zu haben, danach habe er die Tote verschwinden lassen wollen. Solche extremen Fälle waren selten. Aber die Gewalt war auf den Straßen – und die Gruppe, an der sich alles entzündete, waren immer Jugendliche. Lehrern fiel auf, dass manche Kinder in ihrer Familie die Einzigen waren, die morgens aufstanden. Eltern waren nicht gut erreichbar, Elternabende schlecht besucht.

Auf die Verwahrlosung hat Ruth Weber mit strengen Regeln reagiert. Nahmen Schüler und Eltern den Unterricht nicht ernst, forderte sie das eben doppelt ein. So gab es bei ihr keinen vorzeitigen Urlaub vor den Ferien durch unbegründete Krankmeldungen. Das scheint eine gängige Praxis an Schulen in sogenannten Problemvierteln zu sein. In dem Bestseller *Chill mal, Frau Freitag* widmet die Autorin derartigen Dialogen ein halbes Kapitel. »Frau Freitag, wir fahren aber schon am Montag Türkei«, sagt da einer. »Aber Emre, da sind doch noch gar keine Sommerferien.« – »Is doch egal.« Und dabei bleibt es dann. Offenbar ist es gängige Praxis, die Dinge hinzunehmen. Nur bei Ruth Weber nicht.

Einmal erschien der große Bruder zweier Schüler bei ihr, drei Tage vor Beginn der Sommerferien, um die beiden Kleinen zu entschuldigen: Sie seien leider krank geworden. »Was haben sie denn?«, fragte Weber. »Mumps«, antwortete der junge Mann. »Ach du Schreck! Und wie sehen sie aus?«, fragte Weber zurück und dachte an die unangenehmen Schwellungen im Wangen- und Ohrbereich. »Die haben überall Flecken am Körper, so rote Punkte«, sagte der Bruder der Schüler, und damit saß er in der Falle. Weber verweigerte die Annahme des Attestes. Dann rief sie den Arzt an. Sie brachte aus ihm heraus, dass er die Kinder nicht einmal gesehen hatte, es war ein Gefälligkeitsattest. Also rief Weber die Ärztekammer an. Als die sich stur stellte, redete sie mit einem Anwalt, drohte allen Beteiligten damit, das Recht voll auszuschöpfen. Schließlich gebe es bis zu zwei Jahren Gefängnis für ein solches falsches Attest. (Das ist eigentlich etwas übertrieben. Zwar setzt der § 278 des Strafgesetzbuchs – Ausstellen unrichtiger Gesundheitszeugnisse – dieses Maß als Maximum, in tatsächlichen Urteilen haben die Gerichte aber eher nur die Berufsordnung für Ärzte und die Heilberufsgesetze der Länder angewandt und Geldstrafen verhängt.) An Ruth Webers Schule aber gab es fortan keine Probleme mit lernunwilligen Familien mehr, die sich die Ferien verlängern wollten.

Mit Klassenreisen hat sie es ähnlich streng gehalten. »Klassenreisen sind verpflichtend«, schrieb die Schulkonferenz irgendwann. Der damalige Senator für Bildung sagte zu ihr: »Das geht eigentlich nicht so.« Und Weber antwortete: »Mag sein. Aber solange keiner klagt, bleibt es da drin und gilt bei uns.« An Webers Schule war es fortan nicht denkbar, dass muslimische Eltern ihre Töchter nicht auf Reisen mitschickten, weil sie irgendeine Art von Unsittlichkeit fürchteten. Jedes Kind sollte integriert werden in die Gemeinschaft.

Dennoch versuchte es eine Familie, da wurde das Mädchen vor der Klassenfahrt krankgemeldet, und Rektorin Weber sagte: »Das will ich sehen, fahren Sie mich hin.« Dem Kind ging es prächtig. Am nächsten Tag kam der Onkel, entschuldigte sich wortreich und fuhr das Mädchen dann doch noch die 80 Kilometer zur Klassenfahrt. Weber hat sich immer selbst eingesetzt.

Sie ist auch schon mal mit einem Kind zu einer Klassenfahrt hinterhergefahren in einem ähnlichen Fall. »Ich war sicher weniger in der Oper und im Theater als andere«, sagt sie. »Aber ich sehe das pragmatisch. Mein großes Hobby ist mein Garten. Der wächst notfalls auch von selbst.«

Für ihre Arbeit, ihren Einsatz und sicher auch für ihre Wärme wird sie von Kindern und Eltern geliebt. Hin und wieder lädt sie auch Kinder zu sich nach Hause ein, in ihren Garten. Sie habe ja keine Enkel, sagt sie, also könne sie etwas von ihrer Zeit den Kindern geben, die es brauchen. Als Webers Sohn vor kurzem sehr krank war, kam eine kopftuchtragende Mutter auf sie zu und sagte: »Frau Weber, alle muslimischen Kinder beten abends zu Allah, dass ihr Sohn wieder gesund werden möge.« Weber hatte etwas ganz Ähnliches gerade über die christlichen Kinder und die nahe gelegene Kirche gehört.

Die Familien, die nicht kooperieren wollten, verließen die Schule oder mieden sie gleich. Ruth Webers Schule hatte später einen hohen Anteil an engagierten Eltern. Natürlich auch weiterhin einen hohen Anteil an Kindern nichtdeutscher Herkunft. Das Ergebnis ist ein »Multikulti«, das hervorragend funktioniert. »Leider haben die umliegenden Schulen nicht mitgezogen«, sagt Weber. »Hätten es alle so streng und klar gemacht wie wir, hätten wir in der ganzen Gegend viel weniger Probleme mit der Integration bekommen.«

DIE BÜRGERMEISTERIN WÜRDE
NACH HOLLYWOOD PASSEN

Heinz Buschkowsky, der Ex-Bürgermeister von Neukölln, will zwar nicht mit mir reden, gibt aber eine Kostprobe seiner berüchtigten Berliner Schnauze. Seine Nachfolgerin Franziska Giffey ist eine Politikerin aus der Zukunft: Sie steht für ein paar wenige, aber starke Themen – etwa das Kopftuchverbot in der Verwaltung. Vielleicht ist diese Gemeindevorsteherin genau das, was der nach wie vor problembelastete Stadtteil braucht.

Auf den Straßen Neuköllns herrscht Betrieb. Meist sind Familien unterwegs, manchmal auch nur vier oder sechs Teenager. Die Frauen tragen bunte Kleider, die Männer, selbst die Halbwüchsigen, Anzüge. Es sieht aus wie der Morgen vor Heiligabend, wenn sich alle zu Familienfeiern aufmachen, und es ist auch ungefähr so zu verstehen: Heute ist das Zuckerfest, das Ende des Fastenmonats Ramadan.

Mittags regnet es kräftig, und so ist der Neuköllner Schnäppchenplatz fast leer, als mein Sohn und ich dort ankommen. Der Platz in der Nähe des Rathauses trägt eigentlich einen richtigen Namen, den aber niemand kennt und will. Man nennt die schmale Fläche an der Karl-Marx-Straße nach dem »Schnäppchen-Center«, einem recht armseligen Shopping-Gebäude. Ein paar Marktstände sind leer oder werden gerade recht halbherzig aufgebaut, nur eine Bude mit Zuckerstangen und Gummibonbons funktioniert prächtig, Leo wird sein Taschengeld dort lassen. Ein Polizist schnauzt rüde zwei junge Spanier an, weil sie mit dem Rad über den Festplatz fahren. Zwei Hüpfburgen werden gerade aufgeblasen, eine Torwand steht da, auf die ein paar Jungs lustlos kicken. Dreißig Meter entfernt lungern fünf Gammler herum. Junge Obdachlose, sehen sehr deutsch aus. Bierflaschen und Gestank. Das Übliche. Von der Bühne aus, auf die sie gleich steigt, kann die Bürgermeisterin die Penner beinahe sehen. Auch das ist Neukölln. Man könnte sagen, das Fest ist ins Wasser gefallen.

Eine aber lächelt immer und lässt sich nicht entmutigen: Die Bezirksbürgermeisterin Franziska Giffey steigt auf die kleine Bühne und hält eine fröhliche Rede aus Anlass des islamischen Festes, das hier die türkische und arabische Gemeinde Neuköllns gemeinsam veranstalten. »Wenn man miteinander feiert, dann streitet man sich nicht«, sagt sie zum Schluss.

Giffey kommt auf mich zu und gibt mir die Hand. Mein Sohn Leo, der ja durchaus schon Dinge weiß, was eine Bürgermeisterin und was eine Frau Merkel ist, ist ein bisschen beeindruckt. Nicht ganz so, als wenn mich der Bademeister des Hallenbads persönlich begrüßt hätte, aber immerhin ein wenig. Dass sie mich kennt, liegt daran, dass ich sie verfolgt habe. Ich war ein regelrechter Stalker und habe mir etliche ihrer öffentlichen Auftritte angesehen. Ich bin auf eine Neukölln-Bustour für Unternehmer mitgefahren. Ich saß in der Kneipen-Talkshow von Simi Simon, einer Neuköllner Szene-Institution. Ich war dabei, als sie im Estrel-Hotel eine neue Veranstaltungshalle einweihte. Ich hörte, wie sie Unternehmern die Karl-Marx-Straße vorstellte, wie sie den Bürgern von Britz erklärte, warum neben ihrer Kirche eine kleine Unterkunft für jugendliche Flüchtlinge eingerichtet wird. Den Versuch, sie auch nur eine Woche zu begleiten, musste ich aufgeben: Giffey nimmt jeden Tag zwei bis drei Termine wahr, Sitzungen natürlich nicht mitgerechnet. Sie führt ihre eigenen Bürger am Wochenende durch die architektonisch interessante Hufeisensiedlung, sie besucht ein Musical, sie liest in Kitas vor, und sie begrüßt junge Unternehmer bei deren Firmengründung persönlich. Den Bürgermeister von Berlin-Pankow habe ich in den zwölf Jahren, die ich dort wohnte (Prenzlauer Berg ist ein Teil des Verwaltungsbezirks Pankow) nicht ein einziges Mal gesehen. Franziska Giffey dagegen ist überall.

Die Präsenz und das Auffallende mag sie von ihrem Vorgänger Heinz Buschkowsky geerbt haben. Das wäre dann aber auch das Einzige, was sie mit ihm verbindet. Der SPD-Mann war von Dezember 2001 bis April 2015 Bezirksbürgermeister Neuköllns. Politisch aktiv war er in dem Stadtteil schon seit über vierzig Jahren, aber nun lief er zu Hochform auf. Mit dem Warnruf »Multikulti ist gescheitert« zog er durch Talkshows und über Podien; die aus seiner Sicht scheiternde Integrationspolitik wurde sein wichtigstes Thema. Zugleich liebte er seinen Stadtteil und sorgte unter anderem dafür, dass die Kinder der Migrantenfamilien gefördert werden. Er besorgte dem klammen Stadtteil Millionen an EU-Geldern. »Die Wende, dass es in Neukölln aufwärtsgeht«, sagt mir ein Mitarbeiter des Amtes dort auf dem Gang, »wird immer mit dem Namen Buschkowsky verbunden sein.« Aber auch ein sehr direkter bis rüder Ton. Als Buschkowsky mit dem später als »Quassel-Imam« verschrienen Prediger in der Talkshow von Günther Jauch saß, pfiff er den vielredenden islamischen Geistlichen einmal von der Seite an: »Können Sie mal die Backen halten?«

Diesen Stil bekomme auch ich zu spüren. Mit mir reden möchte Buschkowsky nicht. Auf meine Anfrage hin, ob wir mal durch Neukölln spazieren und ein bisschen plaudern können für ein journalistisches Porträt, schreibt er mir: »Es wurde und wird so viel Blödsinn über das Neukölln des Aufbruchs und der Innovation von Leuten geschrieben, die keine Ahnung über die Historie, das Sozialgefüge und den Bildungsstand der Bevölkerung haben. 6 bis 18 Monate Gentrifier reichen heute aus, um mit eigenen Vorurteilen und vollmundiger, aber inhaltsleerer Pseudoempirie den schnellen Euro im Paperback zu machen.«

Hm. Meint er etwa mein Buch? Auf meine Nachfrage, ob wir uns denn nun treffen können, schreibt er nur noch: »Noch einmal. Ich bin nicht der Neukölln-Erklärbär oder die Volkshochschule.« Außerdem wünscht er mir noch »mehr Professionalität«, als fast allen meiner Vorgänger, also den anderen Autoren von Büchern über Neukölln, gegeben war. Ich bin stolz auf die waschechten Buschkowsky-Mails und hänge einen Ausdruck an unsere Küchentür. Wenn Julia dort vorbeigeht, fällt ihr jedes Mal die Kinnlade runter. So sollte man das aber, denke ich, gar nicht verstehen. Ich glaube, er redet mit jedem so, und er pflegt einfach nur sein Markenzeichen, den unsanft-direkten Ton. Nur eines scheint mir ärgerlich: die Behauptung, er sei nicht der »Erklärbär«. Denn tatsächlich gibt er den mehrmals wöchentlich im RBB-Radio, mit einer Kolumne in der *Bild*-Zeitung, und auch dem *Focus* gibt er gern Interviews. Denn er ist es eben doch: Wie die Sprecher der Sendung mit der Maus, deren Stimme ja auch stets leicht herablassend wirkt, erklärt Buschkowsky der Welt das Phänomen Neukölln.

Dass er über seine Nachfolgerin Giffey mitunter sagt, sie sei keine echte Neuköllnerin, trifft diese ein wenig. »Ich habe ja Migrationshintergrund«, sagt sie, »ich komme aus einem Land, das es gar nicht mehr gibt«, und meint damit die DDR. Jeder habe doch ein Recht darauf, beurteilt zu werden nach dem, was er tue. Wenn nur echte Urneuköllner zählen, seien wir hier schnell aufgeschmissen. »Wer hat denn Berlin vorangebracht? Viele Berliner. Aber auch viele Zugezogene. Es geht nicht darum, woher du kommst, sondern wer du sein willst.« Das könnte man überhaupt ihre Botschaft nennen. Die ersten Zuwanderer vor über 270 Jahren, die Böhmen, haben den Bezirk auch vorangebracht – das

Böhmische Dorf, die Siedlung aus kleinen, beschaulichen Häuschen mitten in der Stadt, wurde von ihnen gegründet. Heute gilt sie als die schönste bürgerlich-gediegene Ecke Neuköllns. Es gibt begrüßenswerte Veränderungen durch die Kreativen und die Start-ups. Immerhin dreizehn Jahre hat sie eng mit Buschkowsky zusammengearbeitet, er fragte sie, ob sie seine Nachfolgerin werden wolle, machte sie zu seiner Fachvertreterin. Ein »bisschen ein anderes Wording« als er habe sie aber schon.

Ich treffe die Bezirksbürgermeisterin zum Gespräch im Rathaus, in ihrem Amtszimmer. Während ich in den dunkel vertäfelten Räumen in einer Ecke des Sekretariats warte, blicke ich auf eine riesige Kristallschale – gestiftet von der Partnerstadt Ústí nad Orlicí, ist da eingraviert, »für den Bezirksbürgermeister von Berlin-Neukölln, für Herrn Heinz Buschkowsky«. Und dazu die Wappen der beiden Orte. Im Vorzimmer der Bürgermeisterin dann wird gelacht: Ihre Assistentin hatte nicht nur einen runden Geburtstag – etliche glitzernde Zahlen aus Pappe verhängen den ganzen Raum und ihren Schreibtisch –, sondern sie war am Vorabend auch beim Konzert von Madonna und trägt ein nagelneues T-Shirt mit dem Bild der Popikone.

Franziska Giffey ist blendend gelaunt – so wirkte sie allerdings immer, wenn ich sie sah, und das war sicherlich zehnmal in den letzten Wochen. Ich gebe zu, dass ich auf ihre Kleidung achte. Diesmal ein Kleid aus einem Stickmuster, ein dunkles Pink, darüber ein Blazer. Es ist grundunfair, dass bei Frauen immer auf die Kleidung geachtet wird, bei männlichen Politikern aber nie davon die Rede ist. Allerdings fand ich es einfach beeindruckend – so im Sinn von Lady Di oder Michelle Obama –, dass Giffey nie zweimal dasselbe trug und nie nachlässige Kleidung. Sie wirkt klein in dem riesigen Zimmer. Wir setzen uns an einen runden Tisch zusammen, sie scheint fröhlich und sagt Wörter wie »cool«. Überall stehen sehr gut gedeihende Orchideen, das ist das Einzige, was sie am Altherrencharme des Interieurs mit seinen dunklen Holzkassetten geändert hat.

Zu der Bemerkung, dass sie so viele Termine im Stadtteil wahrnehme, sagt sie nur: »Es kommt eben auf den eigenen Anspruch an. Die Neuköllner sollen wissen, wer ihre Bürgermeisterin ist.« Sie hat einen kleinen regionalen Akzent, »det geht«, und dann »isset gut so«, kaum hörbar. Vor siebenunddreißig Jahren wurde sie in Frankfurt an der Oder geboren, in eine Familie, in der sie auch gelernt hat, was sparen heißt, sagt sie. Bildungsfern seien die Eltern deswegen noch lange nicht gewesen. Das leitet gleich hin zu dem großen Thema, das auch ihren Alltag bestimmt. Dass Neukölln ein Stadtteil der Probleme ist, habe ich sie bei ihren Reden immer wieder sagen hören. Sie wendet es positiv und sagt zum Start des Kunstfestivals »48 Stunden Neukölln« dann etwa: »Ich freue mich, dass Neukölln mehr ist als die Summe seiner Probleme.« Aber vorbei kommt sie an dem Thema auch nicht. »Die sozialen Problemlagen sind nach wie vor sehr gravierend«, erklärt sie mir. »In den Nord-Neuköllner Schulen sind 80 bis 90 Prozent der Kinder zuzahlungsbefreit, also aus sozial schwachen Familien. In vielen Schulklassen gibt es fast keine Kinder deutscher Herkunft, nach wie vor. 78 000 Menschen leben in Bedarfsgemeinschaften von Hartz IV, ein Viertel der Bevölkerung, und 40 600 sind Langzeit-Leistungsbezieher. Das müssen Sie sich mal vorstellen, diese große Zahl von Arbeitslosen.« Das meint Menschen, die länger als 21 Monate Leistungen beziehen. Manche Kinder kämen in die Schule und hätten die banalsten Dinge noch nicht gelernt, können keinen Stift halten, keine Schere, sich die Schuhe nicht zubinden.

Die Zukunft möchte sie positiv sehen. Viele sagen ihr, der Bezirk sei doch verloren. »Ich glaube das nicht. Wir befinden uns schon in der Phase des Wandels. Hier passiert allerdings vieles gleichzeitig. Junge Kreative kommen, die einstigen Gastarbeiter pflegen ihre Kultur, neue aus Osteuropa wandern ein, und es gibt ja auch noch alteingesessene Deutsche. Manche von denen sagen zu mir: Das ist nicht mehr mein Bezirk. Hier soll aber niemand verdrängt werden.« Doch genau das ist das Problem, das ihr sozusagen von der anderen Seite her im Nacken sitzt. Während der Bezirk weiter mit seiner sozialen Extremsituation kämpft, rücken trotzdem die Investoren ein und sorgen für enorme Mietsteigerungen. Im Reuterkiez, jener nördlichen, an Kreuzberg angrenzenden Ecke des Stadtteils, in der sich besonders viele Bars, Cafés und Modegeschäfte angesiedelt haben, sind die Mieten bei Neuvermietungen zwischen 2008 und 2014 um 80 Prozent gestiegen.

Giffey will Neukölln neu erfinden. So sagt es ein Zwölf-Punkte-Programm, das für die Wahlperiode entwickelt wurde. Ich male ihr ein Neukölln aus, das ich eher nicht will: Die wohlhabenden Bürger kommen (die »Biodeutschen«, so hat die *taz* sie einmal böse genannt), auf jeder Brache entstehen Neubauten, aber nur für die, die es sich leisten können, die Welt der bodentiefen Fenster bestimmt das Gesicht Neuköllns. Wollen wir das? Da lacht sie. »Neuerfinden besteht nicht darin, die Probleme zu verlagern. Wenn wir die armen Familien woanders hinschicken, ist nichts gewonnen.« Sie will lieber erreichen, dass »die Kinder nicht direkt nach der Schule in Hartz IV gehen«.

Dann zitiert sie eine Wandschmiererei, die jemand mal am Richardplatz an eine Hauswand gesprüht habe: »Neukölln bleibt dreckig!« Das sei doch auch nicht der politische Auftrag. Die Stadt müsse sich weiterentwickeln. Das große Kennzeichen der Franziska Giffey ist, dass sie einfach schon jetzt so tut, als wäre das schon geschehen. »Es gibt Probleme«, sagt sie. »Aber ich bin auch stolz auf Neukölln, das ist ein toller Bezirk, hier kann man leben.« Dieser Optimismus, fast ein Verdrehen der Realität zum Besseren, ist es, was sie von Buschkowsky unterscheidet. Der tritt auch heute noch in Talkshows die alten Probleme breit. Sie will schon für das Neue stehen. Womöglich ist es so folgerichtig wie passend, dass auf einen habituellen Kassandra-Rufer eine lächelnde Lady folgt, die durch ihre eigene Erscheinung sozusagen symbolisiert, dass es aufwärts geht. Gefälligst.

Die Einbürgerungen der neuen Neuköllner nimmt sie immer selbst vor. »Die Bürgermeisterin ist stolz darauf, die neuen deutschen Staatsbürger hier in Neukölln einzubürgern«, das sollen sie wahrnehmen. Sie nimmt jedem einen Eid ab, trägt immer die Amtskette dazu. Wegen der Wertschätzung, und weil das ein bedeutender Tag sei. Im Sitzungssaal des Rathauses erklingen dann erst die Hymnen der Herkunftsländer, danach die deutsche. Manchmal hat Giffey auch Tränen gesehen bei ihren neuen Bürgern.

Am längsten reden wir über ihr Lieblingsthema, das Kopftuch. Heute sind die Partei, der Senat und die Berliner Landesregierung auf ihrer Linie, dass religiöse Symbole – Kopftuch, Kippa, Kreuz – nichts in der öffentlichen Verwaltung zu suchen haben. Bei einer Mitgliederbefragung der SPD waren 81 Prozent auf ihrer Seite. Religiöse Symbole hält sie für unvereinbar mit der Wahrnehmung hoheitlicher Aufgaben. Man möge sich nur einmal vorstellen, ein Jugendamtsmitarbeiter mit Kippa nimmt ein Kind aus einer arabischen muslimischen Familie. Oder ein Paar lässt sich ganz bewusst nicht religiös trauen, nur auf dem Standesamt sitzt dann eine Dame mit Kopftuch. Oder ein Jude wird von einer Richterin mit Kopftuch verurteilt. Nein. »Jeder, der in diesem Staat lebt, hat ein Anrecht, neutral behandelt und nicht mit religiösen Symbolen konfrontiert zu werden.« Das ist heute Position der SPD – ausgegangen ist es aber von Franziska Giffey.

Giffey schwärmt mir dann noch von einem Neukölln der Zukunft vor, das nicht wiederzukennen sein werde. 2022 wird die

Autobahn fertig sein und führt dann bis nach Neukölln, zur Sonnenallee. Rund um das Hotel und Kongresszentrum Estrel entsteht ein neues Stadtquartier, wenn dort der neue Hotelturm errichtet wird, der dann eines der höchsten Gebäude Berlins sein soll. Und auch der Flughafen BER werde irgendwann doch noch eröffnen und Tausende Arbeitsplätze schaffen. Dann liege Neukölln mitten im Geschehen. Das werde sich auswirken.

Franziska Giffey vertritt (neben dem Kopftuchthema) keine extrem auffälligen Positionen, tritt nicht für die Legalisierung von Marihuana ein, ist weder die erste Fahrradbürgermeisterin noch steckt sie tief in den supermodernen Themen wie Internet und Überwachung. Ihr Image wäre wohl eher das der modernen, sympathischen Powerfrau. Hin und wieder spielt sie Gitarre, sie schwimmt und fährt Rad und schenkt ansonsten jede freie Minute dem kleinen Sohn. Schließlich sei eine Mama immer die Mama (»da musste einfach selber präsent sein«). Als sie mit mir spricht, fällt mir einmal auf, wie sie eine These in den Raum stellt, aber auch argumentativen Raum für das Gegenteil lässt, beim Zuhören merkt man so etwas eigentlich kaum, sie scheint geübt in einer ausgefuchsten, subtilen Rhetorik.

Bestimmt merkt es noch nicht jeder im Land – aber in Neukölln wird gerade eine große Politikerin geboren. Angela Merkel hat sie zu sich gebeten, um über die Integration der Flüchtlinge zu reden. Von dem Treffen, das im November 2015 im Kanzleramt stattfand, gibt es ein Foto. Da stehen Giffey und Merkel vor dem Schreibtisch der Kanzlerin, im Hintergrund die Deutschlandflagge, ein Globus und das berühmte Adenauer-Porträt von Oskar Kokoschka, das Merkel sich dort hinhängen ließ, wo Gerhard Schröder immer seinen schrillen Baselitz hatte. Davor sieht man also zwei mächtige Frauen, zwischen denen keine parteipolitischen Differenzen zu spüren sind, die alte und die neue Generation der Damen, die den Ton angeben.

Als Franziska Giffey im »Valentin Stüberl« bei der Kneipen-talkshow »Simi will Format« war, hatte das Team der Gastgeberin Simi Simon zur Begrüßung einen seiner hoch professionell gemachten kleinen Filmclips eingespielt. Darin spielte Giffey Bild für Bild den Vorspann der Netflix-Serie »House of Cards« nach. Das Publikum tobte. Der filmische Gag funktionierte so gut, weil die Coolness, das professionell Abgebrühte, aber auch die Cleverness und die gut geschnittene Kleidung einfach wie gemacht war für die Neuköllner Bürgermeisterin. So könnte sie auch ganz lässig über die Flure des Weißen Hauses zu ihrem Amtszimmer schreiten. First we take Neukölln, then we take the world.

»REDEN SIE MIT EINEM ARABER AUF AUGENHÖHE«

Wenn es jemanden gibt, der die arabischstämmige Jugend wirklich versteht, ist das der Sozialarbeiter Abed Chaaban. Er spricht nicht gern mit der Presse, nachdem seine Worte ihm schon oft verdreht wurden. Bei einer Tasse Tee erzählt er mir von den Schikanen bei der Immigration und wie auch er sich jahrzehntelang als Bürger zweiter Klasse fühlte.

Abed Chaaban möchte sich am Rathaus Neukölln treffen. Als ich dort kurz warte, frage ich mich, ob das symbolische Bedeutung hat. Ein freundlich wirkender Herr um die fünfzig kommt auf mich zu. Chaaban trägt ein elegantes weißes Hemd und führt mich erst einmal einen Kilometer die Karl-Marx-Straße entlang. Alle zehn Meter ein anderes kleines Geschäft: Türken, Libanesen, auch Russen, Polen, nebeneinander. »Sehen Sie?«, sagt er, »es funktioniert doch.«

Der gebürtige Libanese hat keinen Wikipedia-Eintrag, keine Internetseite, in den Pressearchiven gibt es keine ausführlichen Interviews mit ihm. Aber das alles sollte es geben, denn Abed El-Halim Chaaban ist eine Integrationsfigur Neuköllns. Wer die arabische Kultur der Migranten verstehen will, geht zu ihm. In den dreiundzwanzig Jahren, die er in dieser Gegend schon lebt, hat er oft mit dem Bezirksamt gearbeitet, mit der Polizei, war aktiv in der deutsch-arabischen unabhängigen Gemeinde, war Sozialarbeiter, Familienhelfer. Zurzeit arbeitet er mit jugendlichen Straftätern.

In dem Shisha-Café, in dem wir schließlich ankommen, um einen Chai mit Minzblatt zu trinken, begrüßen der Wirt und er sich mit vier Wangenküsschen. Und während der zwei Stunden, die wir uns unterhalten, kommen immer wieder Menschen auf Chaaban zu und machen ihre Aufwartung.

Dass die Berliner Boulevardzeitung *BZ* derzeit oft über »kriminelle arabische Clans« schreibe, ist ihm auch aufgefallen. Mindestens dreimal war das Thema in den vergangenen Wochen auf der Titelseite. Von Neukölln aus sei eine Handvoll Familien im Untergrund der Stadt hochaktiv, von Drogen- und Waffenhandel ist die Rede. Chaaban sagt dazu: Medien, das wisse man doch, seien nur ein Geschäft und manchmal zu 80 Prozent Lüge. Es gebe doch Gute und Schlechte in jedem Volk.

Ich möchte wissen, wie es dann aber dazu kommt, dass aus der arabischstämmigen Kultur Neuköllns viele der sogenannten Intensivtäter entsprungen sind, oft schon als Jugendliche. Chaaban antwortet mit Anekdoten darüber, was er all die Jahre von seinen Jugendlichen gehört habe. Stört ein Schüler wiederholt den Unterricht, wird er zehn Tage suspendiert, die Eltern zahlen vielleicht ein Bußgeld. Was macht der Schüler in den zehn Tagen? Gibt es ein Zentrum, das vielleicht ein arabischer und ein deutscher Pädagoge zusammen leiten, wo sie voneinander lernen und wirklich auf die Jugendlichen eingehen können? Nein, nur für kleinere Kinder. Die Jugendlichen stehen an jeder Ecke herum, immer sieben oder acht. Einmal habe er ein paar Teenager zur Rede gestellt, die jemanden geschlagen hatten wegen eines Streits um einen Parkplatz. »Wir haben nichts zu tun, wir hängen nur rum«, sei ihre Erklärung gewesen. Die Lehrer sonderten dann störende Jugendliche aus. Sie werden auf eine der wenigen Schulen geschickt, die sie nehmen, unter anderem die Rütli-Schule. So gebe es in Neukölln einige Schulen mit mehr als 90 Prozent Ausländern und andere mit weniger als 50 Prozent.

Noch ein Beispiel: Handys sind verboten in den meisten Schulen. Manche Kinder holen ihres aber doch einmal heraus und schalten es an. Macht das ein Peter oder ein Sebastian, sagt die Lehrerin: »Steck das ein, mach aus, du weißt, das ist verboten.« Macht es Ali oder Hassan, nimmt die Lehrerin das Handy, bestellt die Eltern zum nächsten Tag ein und weist sie zurecht. So hat sie das Kind verletzt und die Eltern beleidigt. Und die Freundschaft zwischen Hassan und Sebastian hat sie auch noch zerstört. Die Kinder spürten sofort, dass sie schlechter behandelt würden. Für die Schule sind sie dann oft verloren, und Ärzte oder Anwälte werden sie auch nicht mehr. So ist die Logik aus seiner Sicht, und so früh entscheide sich das. »Warum gehen die Kinder ungern zur Schule?«, wird er immer wieder gefragt. Es liege doch auf der Hand, sagt er. Und dann gibt es einige, die voll Wut durch die Straßen ziehen und wahllos Autos zerkratzen. Als er ein paar Jahre Sozialarbeiter in Neukölln war, wurde ihm eine Gruppe von vier Jungs zwischen zwölf und dreizehn zugeteilt, die fünf Raubüberfälle begangen hatten. Einer von diesen Jungs hatte die Geldscheine, die er beim Aufteilen der Beute bekam, noch auf der Straße in lauter kleine Stücke zerrissen. Er wollte kein Geld. Er hatte nur Wut auf Deutsche.

Die Geschichten von den Jugendlichen, die schlechter behandelt werden, höre ich als Ausdruck der Enttäuschung, dass Deutschland sich immer noch schwertut mit echter Integration. (Und erst jetzt, durch die sogenannte Flüchtlingskrise, dazulernen muss.) Das ist auch seine persönliche Erfahrung und die vieler Jugendlicher, die er betreut. Aber allein das Leben mit zwei Grundschulkindern zeigt mir, dass es auch deutsche Rowdys und Störer an den Schulen gibt. Eine Studie der Uni Münster zeigte im Jahr 2014, dass das Gerede von »Ausländerkriminalität« eine Mär ist, auch bei Jugendlichen, tatsächlich begehen Migranten nicht mehr Straftaten als Deutsche. Auch alle Statistiken zeigen das. Wer etwas anderes behauptet, wie es etwa aus Pegida und AfD nach der Kölner Silvesternacht 2015 / 2016 immer wieder zu hören war, der verdreht die Tatsachen. Es gibt allerding das Phänomen, dass Menschen zu mild mit Delinquenten aus Migrantenfamilien umgehen, weil sie Angst haben, sonst als Ausländerfeind zu gelten. In der englischen Stadt Rotherham organisierte eine Bande von Männern mit pakistanischem Hintergrund über Jahre hinweg sexuellen Missbrauch von Kindern. Der Soziologe Armin Nassehi nannte diesen Fall ein Beispiel falsch verstandener linker Toleranz, da die Behörden jahrelang Hinweise ignoriert hatten, um den Vorwurf zu vermeiden, *ethnic profiling* zu betreiben, Migranten schnell als Täter anzusehen. (Der Soziologe untersucht in diesem Zusammenhang die blinden Flecken des linken sowie des rechten Denkens.)

Chaaban jedenfalls arbeitet heute mit straffälligen Kindern und Jugendlichen bei EJF, einem evangelischen Jugendwerk. Ich frage ihn nach den Fernsehbeiträgen von Spiegel-TV über die Gerichtsverhandlungen gegen einzelne Mitglieder der Abou-Chaker-Familie. Auf diese Familie hatten einige Medien sich regelrecht eingeschossen, sie wurde dort seit etwa 2012 unter dem Stichwort der Clan-Kriminalität immer wieder erwähnt. In den TV-Beiträgen sieht man, wie die Brüder und Freunde eines Beklagten auf dem Flur des Amtsgerichts das Kamerateam beleidigen, schubsen und auch bedrohen. Chaaban kennt die Beiträge natürlich.

»Araber sind sehr stolz«, sagt er. Verschiedene Medien hätten diese Familie damals mit Drogenhandel, Prostitution und Waffenhandel in Verbindung gebracht und diese Vorwürfe pauschalisiert auf den Familiennamen insgesamt. Jeder wäre da verletzt und wütend, sagt er. Viele aus dieser Familie kenne er, die sehr beständig und rechtschaffen seien. Und dann stigmatisiert das Fernsehen alle. »Sprich auf Augenhöhe mit einem Araber, wird es immer gelingen. Komm von oben herab, wird es nicht funktionieren.« Diese Menschen hätten alles verloren. Die Familie kommt aus Palästina, musste ganz neu anfangen, das präge. »Wir sind eingebürgert. Aber sind wir Deutsche? Nicht voll. Die Deutschen sagen ›Engländer‹ zu Engländern, ›Amerikaner‹ zu Amerikanern, ›Italiener‹ zu Italienern. Zu allen anderen sagen sie nur ›Ausländer‹.« Er sieht keine echte Integration.

Immer wieder redet er von »versteckter Politik«. Es solle sich kein Ghetto bilden, sei ja unsere Maxime, wie das in Frankreich etwa in den Banlieues geschah. Aber wie kommt es zur Ghettobildung? Zu Hause hat er ein Dokument von 1985, mit Stempel der Stadt, in welchen Gegenden er sich niederlassen darf: Tiergarten, Wedding, Neukölln. Eine Wohnung in Charlottenburg oder Zehlendorf hätte er nicht beziehen dürfen. Das Gleiche hat mir auch die langjährige Mitarbeiterin einer stadteigenen Wohnungsbaugesellschaft gesagt, mit der ich sprach: Das Entstehen der »Problemviertel« ist das Ergebnis einer jahrelang gepflegten Politik der Stadt. Ausländer sollten in bestimmte Bezirke gedrängt werden.

Dann entstehen die sogenannten Brennpunkte. Im Rollbergviertel hat Chaaban auch gearbeitet, beim Al-Huleh-Verein, einem arabischen Verein, der sich für Integration einsetzte. Er hatte mit dem Thema herumliegender Fixerspritzen zu tun, startete eine kleine Aufklärungskampagne. Dann gab es immer wieder Streit in einem Treppenhaus zwischen Arabern und Türken. Die Sozialarbeiter kamen drauf, dass einige Jugendliche Tilidin nahmen, das schmerzstillende Opiat, das als »Amokdroge« oder, besonders perfide, »Migranten-Speed« durch die Boulevardpresse ging. Also ging der Verein in die Familien und klärte sie auf. Bald war das Problem beseitigt, sagt er, das sei alles gewesen. Die Zustände im Rollberg seien viel weniger dramatisch gewesen, als es damals schien. Aber die Medien hätten das ganze Viertel »kaputtgeschrieben«. Chaaban glaubt, dass daraufhin jahrelang keine Araber mehr in das Viertel ziehen durften. Er kenne eine Familie, die inzwischen vier Kinder hat und immer noch in anderthalb Zimmern wohnt. Etwas Größeres hätten sie nie bekommen.

»Davon liest man nie in den Medien.« Diesen Satz sagt Chaaban mehrmals. Ich frage ihn auch nach den Zwangsehen, die es geben soll. Im arabischen Raum und in der Türkei schon, sagt er. Aber er habe in den zweiunddreißig Jahren, die er nun in Deutschland lebe, unter Arabern genau drei Fälle erlebt. Erlebt hat er auch, dass ein Mädchen nach einer solchen Heirat abgehauen sei. Die Imame der damals wichtigen Moscheen hätten die Heirat für ungültig erklärt. Seitdem rede jeder Imam immer zehn Minuten allein mit der Frau, wenn Familien zur Anbahnung einer Hochzeit erscheinen – um nachzufragen, ob sie sich wirklich wohlfühle.

»Die Menschen warten nur auf die Chance, etwas Gutes zu tun für dieses Land«, sagt er noch. »Man muss sie aber auch lassen. Warum lässt die Regierung Leute dreißig Jahre hier, und die sind immer noch im Status der Duldung? Entweder einbürgern oder raus!« Das versteht er nicht.

Den Kontakt mit den Behörden empfand er selbst damals als schikanös und zermürbend. Drei Jahre lang dürfe man nicht arbeiten. Er hatte aber schon ein Angebot und wollte gar keine Sozialhilfe mehr. Am Kaiserdamm habe man ihm immer gesagt: Nein. Dann sagte ein Freund: »Geh doch mal zum Arbeitsamt im Wedding.« Dort ging es plötzlich. Daran musste er sich in Deutschland erst gewöhnen, dass es die viel beschworene Ordnung nicht gab, das Gesetz schien nicht die Hauptrolle zu spielen, eher die Laune des jeweiligen Beamten. (Das deckt sich übrigens mit dem, was mir eine junge Serbin einmal abends beim Bier vor einem Spätkauf in Neukölln erzählte: Als es um ihre

Einbürgerung ging, habe sie bei der Ausländerbehörde ihre Fragen immer mehrmals an verschiedenen Schaltern gestellt, weil die Antworten nie gleich gewesen seien.)

So viel Ballast scheint sich angestaut zu haben, dass es dauert, bis wir zu ein paar schönen Erlebnissen kommen. Ende 2007 wurde in der Flughafenstraße 43 in Neukölln eine neuapostolische Kirche entweiht und verkauft, eine Moschee zog in das Gebäude. Die Boulevardpresse inszenierte einen »Aufschrei«, auch wenn der im Wesentlichen aus ihren eigenen Artikeln bestand. Arnold Mengelkoch, der Integrationsbeauftragte des Bezirksamts, sagte damals schlicht: »Ein Gotteshaus ist ein Gotteshaus.« Das, sagt Chaaban, hätten alle auf der Karl-Marx-Straße und der Sonnenallee wahrgenommen. Plötzlich respektierte sie jemand. Seitdem habe Mengelkoch seinen Platz in der arabischen Gemeinschaft, nur wegen dieses einen Satzes. Heute begrüßen ihn alle auf der Straße. »So funktionieren die Muslime.« Überhaupt: Würden die Politiker zuhören, was Mengelkoch sage, wären sie alle auf dem kurzen Weg, die Integration zu schaffen. Aber es höre keiner hin. Und Menschen wie ihn gebe es selten.

Dass Chaaban integriert ist, liegt auf der Hand, aber wie zum Beweis zählt er auf, was seine Familie erreicht habe, etwa seine Kinder: ein technischer Zeichner, einer bei Daimler, eine Mitarbeiterin im Jugendamt. Sie seien keine Araber mehr, sie können überhaupt kein Arabisch mehr, seine Frau und er lachen zu Hause über die Fehler, die ihre Nachkommen machen, wenn sie es doch einmal versuchen. Seine Kinder sind Deutsche. Deutsche mit einem arabischen Hintergrund, das sagt er noch, den verliere man nie.

Aber wirklich willkommen fühlt Abed Chaaban selbst sich hier immer noch nicht. Er liebt den orientalischen Garten in den »Gärten der Welt« in Marzahn-Hellersdorf. Die Anlage wurde

1987 zur 750-Jahre-Berlin-Feier der DDR errichtet. Der orientalische Garten oder »Garten der vier Ströme«, der aufwendig von einem deutsch-algerischen Landschaftsarchitekten gestaltet wurde, kam vor zehn Jahren dazu. Eine prachtvolle und einzigartige Anlage. Aber Chaaban geht selten hin, er traut sich nicht. »Meine Frau trägt das Kopftuch«, sagt er. »Was tun wir, wenn auf dem Weg sechs Glatzen kommen?« Neukölln, Wedding, Tiergarten, das sind die Gegenden, in denen er sich frei bewegen kann. Wenn er in Brandenburg eine schöne Kneipe entdeckt? Lieber nicht reingehen. Deutschland ist nie ganz sein Land geworden.

Hier in der Shisha-Bar auf der Karl-Marx-Straße ist das Leben in Ordnung. Am Wochenende gibt es immer Live-Musik, dann liegen auch die Deutschen auf Kissen am Boden, rauchen eine Shisha-Pfeife und trinken Tee. Sie schauen Bauchtänzerinnen und eine Band an. Sie essen. »Wie Araber!«, sagt Chaaban und lacht. Wenn er erklärt, wie Deutschland mit den Augen eines arabischstämmigen Bürgers aussieht, ist es leider kein Land der offenen Arme. Aber so viel Trauriges es auch zu besprechen gab, es war ein freundliches, positives Gespräch. Vielleicht dominiert doch der Optimismus.

ZWEI RENTNER HATTEN NIE ANGST AUF DEN STRASSEN

Das alte Neukölln: Sie sind mit Wochenschau und Tischtelefonen im Tanz-café groß geworden, heute plaudern sie eben mit den Türken am Imbiss. Zwei beinahe Neunzigjährige sehen ihren Stadtteil fast ausschließlich positiv.

Für meine Kinder ist es nicht nur neu, dass in ihrem neuen Vier-tel so viele Menschen mit dunklerer Hautfarbe, fremden Namen und Gewohnheiten sowie Frauen mit Kopftuch herumlaufen – ihnen fallen auch die vielen alten Menschen auf, so richtig altein-gesessene Berliner. Und im Gegensatz zu einigen sehr unfreund-lichen Mecker-Rentnern in Prenzlauer Berg haben die meisten von ihnen hier einen flotten Spruch auf den Lippen oder scheren sich nicht um Kindergetöse und wilde Rennereien auf dem Geh-weg. Woran das liegen mag, ist mir unklar. Vielleicht hat es da-mit zu tun, dass sich die Menschen im ehemaligen Ostteil der Stadt stärker gegen die Invasion der jungen (West-)Eltern zur Wehr setzten. Viele waren ja eh nicht mehr übrig, die meisten über die Jahre weggezogen. Aber mit Grauen erinnern wir uns an die Schrei-Oma im Hinterhof unserer alten Wohnung, die al-les niederbrüllte, was unter 15 Jahren war. Oder die ältere Dame, die mit Plakataktionen gegen die Straßensanierung mobil mach-te. Zebrastreifen vor der Schule, vorgezogene Gehwege an Kreu-zungen: Alles, was den Weg für die Kleinen sicherer und letztlich auch für alle Anwohner schöner machen sollte, war bäh. Bei den

Bürgertreffs in der Schulaula meckerten die Rentner regelmäßig herum, weil sie Angst um ihre Parkplätze hatten.

Es gab auch Ausnahmen, zum Beispiel Herrn Latzke bei uns im Haus, der leider irgendwann verzog – ein alter Bahner, geistig rege und erstaunlich humorvoll. Wenn ich die Jungs auf ihren Laufrädern in Richtung Kita scheuchte und dabei einen militärischen Tonfall anschlug, guckte er sich das Szenario aus dem Fenster des dritten Stockwerks an und amüsierte sich einfach nur. Aber das Gefühl, dass gleich einer um die Ecke schnauzt und dass Kinder sich einzuordnen haben, war schon prägend. Vielleicht liegt es auch daran, dass sich die Menschen hier in Neukölln einfach schon viele Jahre lang mit dem Thema Migration auseinandersetzen mussten und sich demzufolge eine gewisse Entspanntheit angeeignet haben, auch was das Thema Großfamilie und Lärm angeht. Jedenfalls sind sich hier wohl alle einig, dass ein nicht unerheblicher Geräuschpegel zum Leben dazugehört. Im Haus kennen wir sie alle schon vom Hören: den asthmatischen Huster, das streitende Paar, das weinende Kleinkind, die Fußball spielenden Jungs im Hof. Und ebenso kennt man uns, da bin ich mir sicher. Und weil keiner was sagt, auch und gerade die zwei liebenswerten steinalten Damen aus dem Vorderhaus nicht, lieben wir das.

Ich mag sie insgesamt also ganz gern, diese Alten. Zwei von ihnen darf ich an einem Samstagnachmittag treffen. Ich würde gern einmal erfahren, wie sie sich eigentlich in ihrem Kiez fühlen, der sich in den vergangenen Jahrzehnten so stark verändert hat. Beheimatet? Fremd? Eine Freundin hat Verwandte, die schon immer in Neukölln leben, also fahre ich hin.

Auf dem Weg zu Inge Nawarra muss ich von meinem Fahrrad absteigen. Auf der Karl-Marx-Straße wird gebaut, und an »Happybet«, »Tattoo & Piercing« und immer wieder an »Nails« ist einfach kein Vorbeikommen. So habe ich mich zuletzt auf dem

Broadway gefühlt, als ich vor Jahren mal ein Praktikum in New York machte. Dies ist die drittgrößte Einkaufsstraße Berlins, sagt die Statistik, das Zentrum im Südosten der Stadt.

Für Inge Nawarra sah das alles einmal ganz anders aus. Wenn sie ihre beiden Kinder zur Schule gebracht hatte, um 1964 war das, ging sie jeden Tag genau hierher, auf die Karl-Marx-Straße zum Einkaufen. Sie kam von der Marienschule in der Donaustraße, und wenn sie um die Ecke trat an der Anzengruber Straße, sah sie nicht viel. Alles war leer. Wo heute Menschenströme auf und ab fließen, zwischen den türkischen Gemüseläden, den Handyshops, Stoff- und Kleiderläden und dem ersten teuren Bioladen, dem ersten Vorboten der Gentrifizierung, herrschte damals Ruhe. Das war, bevor die Gastarbeiter kamen. Neukölln war noch das alte Deutschland. Ganz deutsch. Sehr ruhig. Und etwas öde. Jedenfalls tagsüber.

Ich besuche das Ehepaar Nawarra mit arabischem Gebäck. Günther Nawarra ist fünfundachtzig, seine Frau ein Jahr jünger. Bei den klebrigen, zuckersüßen Pistazien- und Dattelkeksen greifen sie gern zu. Es gibt Kaffee aus feinem Porzellan, wir sitzen an einem weiß gedeckten Tischchen vor der Schrankwand. Der Blick auf die Karl-Marx-Straße ist durch Gardinen verhängt. Seit zweiundzwanzig Jahren wohnen sie in dieser Wohnung nahe des Rathauses Neukölln. Und auch vorher haben sie in dieser Gegend gewohnt. Beide sind gebürtige Neuköllner.

Sein Leben laufe immer in Abschnitten von rund zwanzig Jahren, behauptet Günther. Er spricht viel, möchte alles erzählen, seine Frau kommt erst einmal kaum zu Wort. Also, erst zwanzig Jahre Jugend, mitten im Krieg. Dann zwei Jahrzehnte Bäckermeister, dann noch einmal genauso lange Küster, dann ebenfalls so lange Rentner. 1936 wurde er eingeschult, auf einer katholischen Schule, die allerdings bald danach von den Nazis übernommen wurde. Günthers Kinderarzt Dr. Leise war Jude, erinnert er sich noch. »Dit war noch n Jude«, sagt er, als wäre es etwas, was nur in der Vergangenheitsform denkbar ist. Der sei dann plötzlich weg gewesen. 1937 zog die Familie in die Weserstraße, die heute mit ihren Bars und Kneipen ein Zentrum des Nachtlebens ist. Damals war sie es auch schon. Nur dazwischen war sie einige Jahrzehnte totenstill.

Sein Vater eröffnete also eine Bäckerei, der Sohn arbeitete dort wie aus Versehen. Im August 1945 war er gerade zurückgekehrt von der Kinderlandverschickung und einer Flucht vor den Bomben, die bis nach Wien führte. Der Fünfzehnjährige wollte auf die Albert-Einstein-Schule am Hermannplatz, doch der Direktor wollte ihn schlicht nicht haben. Die Mutter von Inge war mit sechs kleinen Kindern aus Bautzen zu Fuß nach Berlin gegangen, seine Zukünftige also eines dieser Kinder. Als er sie kennenlernte und heiratete, hatte er schon täglich die Bäckermütze auf. Die Familie von Joachim Fest, dem späteren Historiker und Herausgeber der *FAZ*, war Kunde in der Bäckerei, da ist Günther stolz. Sie waren auch in der Eduard-Gemeinde, so etwas merkt der Küster sich. Fests Vater war Schulrat, wurde von den Nazis abgesetzt.

Inges Familie wohnte in der Briesestraße, an der Karl-Marx-Straße, die damals noch Bergstraße hieß, gleich gegenüber der Gemeinde. Inges Vater war Tischler in der Staatsoper Unter den Linden. Nach der Teilung war das immer schwierig, weil er in Ostmark bezahlt wurde, erklärt Inge. Da musste er dann Alltagsdinge wie Brot und Butter drüben kaufen, sonst wäre das Gehalt ja gar nichts wert gewesen.

Beide reden aufgeregt durcheinander, als es um das geht, was sie als großes Glück empfinden: Neukölln fiel dem amerikanischen Sektor zu. »Die Amis hatten wenigstens ein bisschen was zu essen.« Und: »Es gab ein Jugendlager auf der Pfaueninsel. Die hatten da auch Bananen und Orangen, das war paradiesisch.«

Der Ton, in dem Amerika heute kritisiert wird, stört sie. Man denke doch mal an die Luftbrücke! Sie sind dankbar. »Ehrlich!«

Zweimal war Günther auf einer Massenkundgebung. Die erste war »Führers Geburtstag« im Jahr 1939. »Wir wollen unseren Führer sehen«, schrien die Menschen auf dem Wilhelmplatz. Den Platz gibt es heute nicht mehr, das ganze Areal nahe dem Brandenburger Tor und des heutigen Mahnmals für die ermordeten Juden wurde nach dem Krieg umgebaut, die DDR setzte dort Plattenbauten hin. Und die zweite Großveranstaltung, auf der die Nawarras dann zu zweit waren, war im Juni 1963 die Rede John F. Kennedys vor dem Rathaus Schöneberg. Sie hörten ihn, den berühmten Satz: »Ich bin ein Berliner.«

Ab 1970 wurden die Bäckereien, so sieht es Günther jedenfalls, von den neuen Supermärkten verdrängt. Er warf hin und wurde Küster bei der Gemeinde St. Clara. »Damit die Rente stimmt.« Als ich sage: »Ungerecht für die Frau, dass sie als Hausfrau keine Rente bekommt, nicht wahr?«, da kichert Inge nur.

Ihr Neukölln ist ein anderes als das heutige. Eine deutsche, nicht sehr wohlhabende, aber doch gutbürgerliche Ecke von Berlin. Traditionsreich und nicht sehr spektakulär. In der Anzengruberstraße haben sie gewohnt, da gab es im Winter an der Ecke zur Sonnenallee Eislaufen, und die Musik hörte man schon von Weitem. An das Gefühl erinnert Inge sich gern. »Früher war mehr Nachbarschaft«, sagt Günther. In der Bäckerei seiner Eltern blieben die Kunden sitzen und plauderten. Weserstraße, zwischen Finow- und Innstraße. Der große Sportplatz, der da heute ist, war eine Kiesgrube, wurde mit Schutt vom Krieg zugeschüttet. Sie haben immer die Wochenschau im AKI angesehen, dem »Aktualitätenkino« in der Karl-Marx-Straße. Vorher liefen Trickfilme für die Kinder.

Kennengelernt haben die beiden sich in dem Tanzrestaurant, in dessen Räumen heute die Neuköllner Oper ist. Immer spielte eine Liveband, Capri-Fischer und andere Tanzmusik. In den Kindl-Festsälen wurde am Rosenmontag Karneval gefeiert. Der Rixdorfer Karnevalsverein hatte einen Elferrat, auf der Sitzung gab es richtige Büttenreden. Diese Tradition ist hier längst gestorben. Genau wie die Fronleichnamsprozession der Kirche über die Lessinghöhe zum Körnerpark und zurück. Und noch etwas fällt ihnen ein: Nach dem Krieg war Silvester immer richtig schön, da knallte nichts, das hatten die Alliierten nämlich verboten. Gemütlich. Man trank, traf Leute auf der Straße.

In den Siebzigern veränderte sich ihr Neukölln, sagen sie noch einmal. Dass da plötzlich viele Türken in der Gegend lebten, kam fließend. »Man hat das erst gar nicht so wahrgenommen.« Als Küster, der gleichzeitig auch Hausmeister war, hatte Günther Nawarra oft mit Handwerkern zu tun. Damals fiel ihm auf, dass öfter auch Türken kamen, die bei den Handwerksfirmen angefangen hatten.

»Das ist heute wirklich ein buntes Völkergemisch, das hier an einem vorbeizieht«, sagt Günther und grinst. Für ihn funktioniert Multikulti. Zwei Türken haben sie gerade erst in ein wunderbares Gespräch verwickelt, an der Imbissbude auf dem Schnäppchenplatz, wo sie gern gemeinsam sitzen. Als sie im Taxi zum Britzer Garten rausfuhren, hat der Taxifahrer in schönsten Farben Istanbul ausgemalt und ihnen geraten, sie mögen mal hinfahren. Warum viele Deutsche da so abweisend sind, verstehen Günther und Inge nicht. »Auch unter unseren Landsleuten haben wir Gauner und Typen, die man nicht ausstehen kann.«

Muss man diese Aussagen noch hinterfragen? Vermutlich mache ich, der fremde Journalist, der mit Tonband und einem Haufen Fragen zum Kaffee vorbeikommt, auch nicht den Eindruck, als könne oder solle man mit mir über Ausländer lästern. Aber Günther und Inge Nawarra machen keineswegs den Eindruck, als würden sie wegen irgendetwas ein Blatt vor den Mund nehmen. Ich glaube ihnen, dass sie gern und gut mit den Nachbarn anderer Herkunft zusammenleben.

Sein Urologe sei ein Palästinenser, erzählt Günther. Wenn der im Sommer zu seiner Familie fahre, sage er immer: Ob er zurückkommt, weiß er noch nicht. Jeder will zurück in seine Heimat, das ist doch klar, findet Günther. Wenn kein Krieg mehr wäre »da unten«, in all den Ländern, würde auch kaum jemand von dort fliehen wollen.

Jeden Donnerstag geht Inge allein zum Kirchenchor, kommt nach elf spätabends erst zurück. Noch nie sei etwas Auffälliges passiert, sagt sie. Nicht einmal eine Pöbelei habe sie erfahren oder auch nur wahrgenommen. Über einen berüchtigten *Spiegel*-Artikel, der 1997 von Schießereien auf der Straße berichtete, lacht sie nur laut, als ich davon erzähle. »Ich fühle mich hier immer wohl«, sagt Inge.

Dabei nehmen sie die Veränderungen schon wahr. Von der Sonnenallee bis rauf zum Hermannplatz, »da sieht man schon viele Türken und Araber«. Im Kirchenchor seien keine, aber in der Kirche. Vor allem aber viele Koreaner und Japaner. Und Zigeuner. Obwohl, verbessert Günther sich schnell, die dürfe man ja gar nicht mehr so nennen. Das Betteln finden sie sehr auffällig, und es ist ihnen zu viel. Die zitternden alten Omas, die ein tief ins Gesicht gezogenes Kopftuch trügen, damit man nicht sieht, dass sie eigentlich ganz jung sind. Und dann komme irgendwann ein dicker Mercedes, und sie lieferten dort die Einnahmen ab. Das hätten die Nawarras schon beobachtet, wenn sie auf dem Platz an der Karl-Marx-Straße saßen. Vor dem Hertie sei das gewesen, den es längst nicht mehr gibt, dort ist jetzt ein Fitness-Center. Traurig sei das, bei Hertie fand man doch immer das, was man braucht, sagen sie.

Immerhin gibt es noch den Media Markt in den Neukölln-Arcaden. Günther wundert sich jedoch, was er da manchmal sieht, etwa letztens, als er einen Rasierapparat kaufen war: »Die Leute reißen ja die Verpackungen auf und nehmen sich da Ersatzteile raus.«

Was jetzt etwas verrufen ist, die Hasenheide, war einmal ein schöner Erholungspark. Da waren sie viel mit den Kindern. Und dort habe man Mitte der Neunziger zum ersten Mal gemerkt, dass nun wirklich viele Türken da sind. Kopftücher habe man auf dem Spielplatz gesehen. Die Drogendealer, die zurzeit unübersehbar in Gruppen herumstehen, gab es damals noch nicht. Und ganz früher war dort das Amüsierviertel. Die »Neue Welt«, »Klimms Festsaal«, das »Resi«. Da gab es Tischtelefone, und jeder kannte den Slogan »Ich seh Sie – heut Abend im Resi!« »Da standen wir auch mal auf den Tischen am Ende einer Feier«, sagt Günther. Auch in der Weserstraße war zum Wochenende ein Alleinunterhalter in der einen oder anderen Kneipe. Man hörte von fern den immer gleichen Aufruf: »Und jetzt alle!« Wenigstens einen Geiger gab es in jeder Kneipe. Im »Helmig« oder im »Meudtner« in der Karl-Marx-Straße. Die Tochter des Besitzers war eine berühmte Revuetänzerin, Ilse Meudtner. Bald nach dem Krieg war das alles vorbei. Meudtner war um die ganze Welt getourt und gab 1958 im »Saalbau« in ihrer Heimat Neukölln die letzte Show.

Ein gefährliches Pflaster, wie der Spiegel damals in den Neunzigern erstmals und später dann immer wieder behauptete? »Wer das geschrieben hat, der war nie hier«, sagt Günther. »Ich fühle mich zu einhundert Prozent sicher hier«, sagt Inge.

Als ich nach dem Abschied durch das einfache Treppenhaus wieder hinuntergehe, bleibe ich im zweiten Stock einen Moment stehen und lausche. Da übt jemand am Klavier ein Menuett von Haydn. Ein ziemlich schweres.

ZEITUNGSARTIKEL GEGEN GRAFFITI,
BEVOR ES DAS WORT GAB

»Ein unschöner Unfug wird gegenwärtig von der Jugend in Neu-kölln täglich in großem Umfange verübt. Es werden nämlich über-all, wo sich nur Gelegenheit bietet, die Mauern der Häuser, die Zäune, die Türen und Pforten, Ladenschilder usw. mit Kreide be-schrieben und beschmiert, so daß die Straßen an vielen Stellen dadurch einen recht häßlichen Eindruck machen. Überall sieht man besonders Jungen mit Kreidestücken in der Hand umherlau-fen, um dieser eigenartigen »Malerei«, die gegenwärtig einen be-sonderen Reiz auf die Jugend auszuüben scheint, nachzugehen. Wie diese neue Passion auf einmal entstanden ist, ist schwer zu sagen. Aber ein Kind scheint es dem andern nachzumachen. Oft artet diese Sucht, alles mit Kreideinschriften zu versehen, sogar, wie man wahrnehmen kann, in Unflätigkeiten aus. Es wäre an der Zeit, daß Eltern und Erzieher die Kinder von diesem unästheti-schen Unfug zurückhalten.«

Aus der *Neuköllnischen Zeitung* vom 26. April 1916

ÜBER DEN DÄCHERN LIEGT DER STRAND: EINER DER BESTEN CLUBS EUROPAS

Der »Klunkerkranich«, eine Art Club über einem Einkaufszentrum, steht für das neue, moderne Neukölln: improvisiert, gegen Widerstände verwirklicht, ein bisschen zu schön, um wahr zu sein. Der zurzeit beste Neukölln-Film, die Doku *Du musst dein Ändern leben*, porträtiert die Macher und das Projekt. Das alles ist die perfekte Traumwelt für moderne Hippies, hätte die Idylle nicht einen kleinen Knacks: Die drei Gründer streiten sich mittlerweile vor Gericht. Das sagt viel aus über die Chancen von freien, alternativen Projekten – Neukölln schien ihre Spielwiese zu sein.

Florian hat sich etwas Geniales überlegt, teilt er mir mit. Und ich soll unbedingt kommen. Florian ist Musikjournalist und DJ, früher hat er heiße Partys veranstaltet. Nun hat er zwei kleine Kinder, deswegen der »geniale Plan«: Er macht einen Abend auf dem »Klunkerkranich«, und alles ist wie früher, nur viel besser, er verlegt es einfach so circa sechs Stunden vor. »Ihr kommt um vier, mit Kindern, und die tanzen dann auch mit. Die DJs machen nicht so laut.« Ab 20 Uhr, wenn die Kinder gehen, wird das Ganze zu einer Party für die Erwachsenen, es gibt dann auch Bier und Longdrinks, und um eins ist schon wieder Schluss. »Damit wir alle früh ins Bett können und nicht so fertig sind am nächsten Morgen.«

Der Mann hat erkannt, was ich brauche, also mache ich mich auf – zum Einkaufszentrum am Rathaus Neukölln. Es ist nicht gerade das schönste der Welt. Die Gänge sind zwar breit, ein ovales Atrium in der Mitte müsste ein Gefühl der Freiheit spenden. Nur, das funktioniert alles nicht, man fühlt sich überall beengt. Die Läden sind entweder Filialen der üblichen Ketten oder sonst wie ramschig. Im Media Markt habe ich einmal belauscht, wie ein Kühlschrankverkäufer einen Kunden angemeckert und verhöhnt hat, weil dieser ein Gerät tauschen wollte, das schon einen Tag benutzt war. Neuköllner Rohheit. Nur die Bücherei im vierten Stock ist hübsch. Allerdings berichten Polizei und Medien: »Ein beliebter Übergabeort für Zwischenhändler und Drogenkuriere sind die Toiletten der Helene-Nathan-Bibliothek am Rathaus, gleich hinter der Ausleihe und den Bestsellern, auf dem Weg in den Kinderbereich mit der schönen Kuschelecke.« Auf die stahlgrauen Aufzüge wartet man immer mehrere Minuten, im Erdgeschoss kocht die Stimmung unter den Ungeduldigen.

Und dann das kleine Wunder: Geht man im fünften Parkdeck durch das Parkhaus und schlängelt sich die Fahrbahn noch eine Etage höher, steht man im Grünen – im »Klunkerkranich«. Auf dem Dach des Einkaufszentrums parken seit drei Jahren keine Autos mehr, hier residiert eine Mischung aus Garten, Club, Disco, Bar, Flohmarkt und Spielplatz. »Kulturdachgarten« nennen es die Betreiber. 25,8 Meter über den Straßen rund um das Rathaus kann man das aktuell aufregende Neukölln besuchen. Schon nachmittags rennen hier Kinder zwischen den Tischen mit Kaffee- und Biertrinkern entlang, ein Maler steht da mit Zylinderhut, geblümtem Kittel und Crocs, pinselt scheinbar dilettantisch auf eine große Leinwand. Freitags um neun tanzen etliche in dem Holzhaus, das in der Mitte des Parkdecks errichtet wurde, damit die Party auch im Winterhalbjahr weitergehen kann. Man sucht sich den Weg durch die etwas labyrinthisch wirkenden Gänge zwischen vielen Pflanzen und Kräutern hindurch, zahlt an einem an Kirmes erinnernden Holzhäuschen drei Euro, niemals mehr, und jeder kommt rein. Und dann ist man in der Parallelwelt. Wer nicht an der Bar steht oder tanzt, schaut auf die Stadt – Berlin liegt unter uns, der Fernsehturm, das Allianzhochhaus, der Potsdamer Platz. Die meisten kleben stundenlang am Geländer für diesen Ausblick, rauchen, trinken und palavern dabei. Kommt man sonntags auf das Dach, ist immer ein kleiner Klamotten-Trödel aufgebaut, in einem Gartenhäuschen stellen Aktivisten ihre Initiativen und Ideen vor, vom Bio-Hof bis zur Esoterik-Zeitschrift, Musiker spielen Ethno-Sound dazu. Wir befinden uns in einem gut organisierten Paradies für moderne Hippies.

Clubs, die aussehen, als habe ein Baumarkt gut an ihrem Entstehen verdient, geben in Berlin seit zehn Jahren den Ton an. Es fing an mit der »Bar 25« und dem »Kater Holzig«. Wer ausgehen und zu Techno tanzen wollte, musste dies in Bretterverschlägen tun, die eine Atmosphäre von Abenteuerspielplatz für Erwachsene ausstrahlten. In diesem Design spiegeln sich offenbar die Do-it-yourself-Philosophie, das Ökologisch-Alternative sowie das Labyrinthische einer Architektur wider, die sich jedem Funktionalismus verweigert. Alles Dinge, die schwer den Nerv der Zeit zu treffen scheinen. Plötzlich sahen in Berlin alle Clubs so aus – das »Sisyphos«, das »R19«, die »Else«, zuletzt auch »Jonny Knüppel«. Berliner, die abends ausgehen, fragen sich langsam, wann der Stil der Holzverdübelungen wohl wieder verschwindet, »Gypsy Clubbing« nennen ihn manche. Auch der »Klunkerkranich« gehört dazu. Aber dann ist da ja noch etwas ganz eigenes, nämlich der alles überspannende schöne urbane Garten. Man sitzt oder tanzt umwuchert von Kräutern und Blumen. Eines der fünf besten Rooftops Europas, urteilte ein Magazin kürzlich.

Die Geschichte dieses neuen Typs von Club ist untrennbar mit Neukölln verbunden. Seine beiden Geschäftsführer, Dorle

Martinek und Robin Schellenberg, lebten in der Weserstraße in einer Art Kommune und gründeten ebenda den Club »Fuchs und Elster«, der lange als einer der interessantesten der Gegend galt. Dann probierten sie ein Projekt in der stillgelegten Kindl-Brauerei, das noch vor der Eröffnung an den Kosten scheiterte. Und schließlich kam der Kranich. Alles Neukölln, alles wurde als das »neue Berlin« wahrgenommen. Etwas anarchischer, etwas egalitärer und etwas mehr mit einer Vision, als das bisher üblich war. Die Chancen, ein solches Experiment zu erfinden und auch umzusetzen, dürften in anderen Teilen Deutschlands eingeschränkter sein – Mieten sind zu hoch, Räume schlicht schon überall besetzt, die Experimentierfreudigkeit ist nicht da. Man muss sich daher auch diesen Club sehr genau ansehen, wenn man Neukölln verstehen will. Auch das, was man Underground-Kultur nennt, lebt oder scheitert zurzeit vor allem hier.

»Abends, wenn ab zehn alle tanzen, auch ein über siebzigjähriger Stammgast, fühlt es sich schon wie Club an«, sagt Robin Schellenberg, einer der Chefs. »Aber es ist nicht nur das. Tagsüber studieren hier türkische Jugendliche Theaterstücke ein, und die jungen Wahlberliner zeigen ihren Eltern und Freunden die Stadt von hier oben.«

Ich treffe Robin Schellenberg in den Räumen der Kommune/WG/Schaltzentrale seiner Clubs. In dem zentralen Wohnzimmer arbeitet er an einem Tisch von neutestamentarischen Ausmaßen, geeignet für mindestens zwölf Personen. Während unseres Gesprächs stolpert ein langer Kerl aus einem Wohnwagen vor dem Fenster, kommt schlaftrunken rein und beginnt sich wortlos in der Küche einen Kaffee zu machen. Gut sichtbar hängen die Hoden des jungen Herrn links aus seiner knappen Unterhose. Schellenberg reagiert kühl: »Macht es dir was aus, deine Eier einzupacken«, ruft er dem Lulatsch rüber. Der Angesprochene ziert sich erst, folgt dann aber der Anweisung. Ein klein wenig taut der Hoden-Mann noch auf, entwickelt so etwas wie Höflichkeit und bietet auch mir einen Kaffee an, den ich aber ablehne.

Schellenberg ist so interessant wie sein Laden. Er arbeitete als Headhunter in der Gesundheitsbranche, war ein gefragter Mann, der immer am Telefon hing. Er trug eines dieser Schlauch-Headsets, die den Schall ohne Elektrik ans Ohr übertragen – Geräte für Menschen, die sich um ihre Gesundheit ängstigen, wenn sie zehn Stunden am Tag das Handy am Ohr haben. Dann kam die Wende. In dem Friedrichshainer Club »Salon zur wilden Renate« lernte er seine spätere Partnerin Dorle Martinek kennen. (Für diejenigen, die es kennen: Die »Renate« ist ebenfalls so ein Club, der in seiner Innenarchitektur das Improvisierte zum Stil erhoben hat.) Schellenberg zog in das gemeinschaftliche Wohnprojekt ein, die Wohnung hinter dem »Fuchs und Elster«, in der die Nächte durchgetrunken, diskutiert, geweint und getanzt wurde. Martinek und er sind heute Geschäftsführer und Köpfe auch des »Klunkerkranich«.

Das Bizarre und Eigenwillige dieses Ortes habe ich sofort wahrgenommen. Meine Tochter spricht nur noch von der Puppe. »Puppe macht – neeeeeein«, sagt sie und hebt den Zeigefinger in die Luft. Und: »Puppe hat da Penis.« Maja fand den riesigen Pimmel, den ein Witzbold einer Puppe gegeben hat, die neben der Tanzfläche in einem Stuhl sitzt, so faszinierend wie unheimlich. »Maja angstet Puppe.« Jeden Tag fragt sie: »Gehen wir Puppe heute?« Ich denke, vermutlich ist es hilfreich, Objekte der Angst, die keine sein müssten, einfach nur genauer anzusehen. Wir müssen also wieder hoch.

Hoch in die Welt, in der ein neues Leben ausprobiert werden soll. Jedenfalls kann man diesen Eindruck gewinnen, wenn man einen der interessantesten Filme sieht, den es über alternative Kulturprojekte gibt. *Du musst dein Ändern leben* ist ein glücklicher Zufall. Der Regisseur Benjamin Riehm hält sich einfach oft in der Hausgemeinschaft auf, die das Basislager des »Fuchs und Elster«-Teams ist, in der Weserstraße, wo alles begann. Während ein paar Schritte weiter am Hermannplatz die Betrunkenen, Kleingangster und Prostituierten bei der weltbekannten Hamburger-Kette Pause machen, brüten ein paar Nachtschwärmer bei viel zu viel Bier neue Ideen für die Ausgehszene aus. Sie fühlen sich wie eine Familie, sind die Kommune 1 des neuen Jahrtausends. In einem anderen Kulturverein hatte er von dem Parkdeck gehört, das ein Club werden soll. Er geht hin und merkt, dass hier etwas Aufregendes passieren könnte, und greift zur Kamera. Im Laufe der Dreharbeiten wächst er immer mehr in diese Wahlfamilie hinein.

Der Film lief im Sommer 2015 in Berlin, und wenn er etwa im Freiluftkino am Mariannenplatz gezeigt wird, einem sozusagen geschichtsträchtigen Ort der linken Kultur, besungen im »Rauch-Haus-Song« von Ton Steine Scherben, sitzen da auch Hunderte Interessierte und feiern mit. Aber deutschlandweit ist der Film, der nach wie vor keinen Verleih hat, kein Erfolg. Das ist bedauerlich, denn er weist weit über sich hinaus. Hier geht es nicht nur um Berlin und nicht nur um eine Handvoll Träumer aus Neukölln, sondern darum, ob Unternehmungen eine Chance haben, die sich – auch wenn das jetzt schwer nach linker Sozialromantik klingt – nicht dem unterwerfen wollen, was Unternehmen nun einmal so passiert: Einer steht an der Spitze, wird immer mächtiger, Profite müssen sichergestellt werden, Kollegen entwickeln Konkurrenzdenken, das Gefühl von Freiheit erstickt. Man kann es, wenn man überstrapazierte Floskeln nicht scheut, das Diktat von Kapitalismus und Effizienzdenken nennen.

Benjamin Riehm ist, vielleicht ohne es zu wollen, zum Chronisten der Neuköllner Szene geworden. Er wurde einzig und allein durch eine Crowdfunding-Kampagne mäßig unterstützt. Eigentlich ist Riehm Erzieher. Er kommt aus dem Saarland, lebt aber schon lange in Berlin, ist in diese »Fuchs und Elster«-Familie reingerutscht. Wie sich die Gruppendynamik entwickelte, wie man mit Konflikten umging, beeindruckte ihn. »Das Projekt war für alle gedacht«, sagt er. »Dass heute vielleicht viele Hipster da hochgehen und die Fläche in den Augen einiger etwas okkupieren, war absehbar und gefällt den Machern selbst nicht nur. Die kommen ja selbst eher aus einer Subkultur, in der eine etwas punkige Haltung vorherrscht.« Frisst es sich auf, weil es so erfolgreich geworden ist? Muss die hippieske Idee sterben, wenn über hundert Angestellte zu verwalten sind? Solche Dinge frage ich Riehm. »Ja und nein«, sagt er. Der Erfolg sei zwar nicht von der Hand zu weisen, aber es gebe auch Regentage, an denen kaum Publikum kommt, außerdem werde in immer neue Baumaßnahmen investiert. »Die werden nicht reich damit, da irrt man sich.«

Der Film zeichnet nach, wie aus WG-Gesprächen eine Idee entsteht, wie sie plötzlich greifbar wird, wie dann viele Hindernisse im Weg stehen. Die Idee besteht darin, einen ganz besonderen Ort zu schaffen, einen Treffpunkt für Menschen, denen das Nachtleben zu straff organisiert ist und die linkspolitische Diskussionskultur zu lasch. Was der Film aber vor allem nachzeichnet, und das macht ihn so großartig, sind Gefühle, Hoffnungen, Ängste. Wenn sich das Team auf die Lippen beißt und nervös hin und her trappelt, weil kurz vor der lang ersehnten Eröffnung noch einmal das Amt für einen sehr ausführlichen Prüftermin da ist, fühlt man mit: die Angst vor dem ganz großen Scheitern. Es geht nicht mehr darum, dass ein Herr aus der Stadtbürokratie die Unterschrift verweigern könnte. Es geht darum, dass Träume platzen könnten – und das tut weh.

Es geht zwar alles gut, und im Juni 2013 eröffnet der eigenwillige Dachclub. Aber es gibt Tränen im Film. Denn das Liebespaar, das im Zentrum der »Fuchs und Elster«-Familie steht, geht plötzlich auseinander. Martinek und Schellenberg trennen sich als Paar, bleiben aber Geschäftspartner. Die Trennung ist ein Glück für den Film: Es bricht etwas tief Menschliches hervor, und immer mehr der Protagonisten reden offen. Einer aus dem Team kommt aus Indien zurück und hatte einen Nervenzusammenbruch. Andere reden darüber, dass sie psychische Probleme hatten oder haben. Riehm selbst hat sich auch dem oft intimen Dialog geöffnet und von sich erzählt. Er hat ein Kind, hat aber auch eine Trennung hinter sich. Auch in seinem eigenen Privatleben beschloss er, Gemeinschaft und ein Familiengefühl mit seiner früheren Partnerin zu erhalten. »Wir sollten beweglich bleiben und anerkennen, dass das Leben mehr ist als die altbekannten starren Formen«, sagt er. Und die vielbeschworene Familien-Analogie im »Kranich«-Team funktioniert, weil es diesen zentralen Ort gibt, das Loft, in das jeder kommen kann, um sein Herz auszuschütten oder einfach nur zu rauchen oder zu trinken. Unter Tränen, aber gefasst, beschließen die frisch Getrennten im Film schließlich, sich weiter zu lieben, jetzt wie Bruder und Schwester, und das gemeinsame Projekt auch weiter voranzutreiben. Ein rührender Moment.

Riehm sieht dahinter ein Grundproblem, das junge Menschen haben, die ein alternatives Lebensmodell suchen. »Wir haben nur das Vorbild der eigenen Eltern, wollen aber nicht genauso leben wie die«, erklärt er. »Eine Familie zu entwickeln, zu scheitern, alles noch einmal neu zu denken – das schmerzt. Der Schmerz ist aber produktiv.« Natürlich spielt das Feiern und der Rausch auch eine Rolle, aber es sollte nie ein Partyfilm werden. »Mich interessiert, wie Menschen gemeinsam an eine Idee glauben und ihre Utopie dann zu verwirklichen versuchen.«

Du musst dein Ändern leben will viel, vielleicht zu viel. Die eigene Biografie noch mal umdrehen, noch mal was anderes machen – auch das soll das Thema sein. Dorle Martinek war Lehrerin, Robin Schellenberg in der freien Wirtschaft.

Wie riskant das Neuerfinden des eigenen Lebens ist, zeigte sich seit Mitte 2015. Die Idylle ist erst zwei Jahre jung, aber hinter den Kulissen schon wieder in Gefahr. Benjamin Riehm sollte seine Kamera wieder zur Hand nehmen, denn mittlerweile gibt es Streit in der Familie. Zerschnitten ist das Tischtuch zwischen Dorle und Robin einerseits und dem Berliner Nachtleben- und Musikmanager Dorian Mazurek andererseits. Der ist seit fünfzehn Jahren eine Größe der Berliner Szene und hatte die Fläche, auf der der »Klunkerkranich« errichtet wurde, einst entdeckt. Er kam auf das Parkdeck Nr. 6, um sich zu entspannen, und rollte hier auf dem einsamen Dach mit seinem Skateboard umher. Dabei, und nur in seinem Kopf, entstand die Vision, hier eine Art Club zu bauen. Weil er es allein nicht schaffte, suchte er Partner – und fand Martinek und Schellenberg. Sind sie im Film noch Freunde, fällt heute kein Wort mehr zwischen ihnen ohne Anwalt. Wer da recht haben mag, ist von außen überhaupt nicht zu entscheiden – Mazurek fühlt sich ausgebootet, Martinek und Schellenberg fühlen sich alleingelassen. Man geriet oft in Streit, behandelte sich in der Hitze des Gefechts herablassend, irgendwann ging nichts mehr. Das Trio wollte die Betreibergesellschaft eigentlich unter dem Namen »Sche Ma Ma« gründen – Schellenberg, Martinek, Mazurek, das wäre ein schöner Name gewesen. Es kam nie dazu. Mazurek ist raus. Dass nun Richter darüber entscheiden müssen, ob das rechtens war, ist nicht nur für die Beteiligten bitter. Für gut dreihundert Personen ist das Dach zugelassen. Das Stadtmagazin *zitty* behaupte unlängst, an einem Abend würden hier leicht 10 000 Euro Umsatz gemacht, und vor allem, dass es nur noch ums Geld gehe. Wenn das stimmt, stirbt hier auch ein wenig vom Traum der freien und gleichberechtigten Gemeinschaft, in der alles durch Diskussion und Empathie geregelt wird. Immerhin, beide Parteien reden nach außen hin fair übereinander. Dass sie wieder zusammenfinden, schließen sie dennoch aus.

Deswegen sitzt das Team etwas betreten am Mitarbeiter-Tisch, als ich sie an einem Freitagabend noch einmal besuche. Es ist der letzte schöne Spätsommertag, die Terrasse ist voll, die Tanzfläche drinnen aber auch. Auf einmal kommen immer mehr Mitarbeiter an den Tisch, trösten einander ein bisschen, alle gehen besonders lieb miteinander um. Man wünschte sich, sie würden sich alle wieder vertragen, auch die drei Gründer, und ihren schönen Club gemeinsam weiter pflegen. Die *New York Times* hat ihn als etwas Einzigartiges empfohlen. Nun muss man auch zugeben, dass die *New York Times* alles in Berlin sehr liebt, aber ihr Tipp Nummer eins: »Klunkerkranich«. Vermutlich gibt es so etwas kein zweites Mal auf der Welt. Irgendwann lasse ich mich auch mitreißen von der Stimmung aus Party, familiärem Beisammensein und Stolz, etwas Besonderes mitzuerleben – jedenfalls wenn man sich überhaupt für Szene und Nachtleben interessiert.

Auch meine Tochter Maja habe ich dann noch einmal mitgenommen in den »Klunkerkranich«, ich plante eine kleine Konfrontationstherapie. Die Puppe mit dem Penis muss doch ihren Schrecken verlieren, wenn man sie noch einmal genauer ansieht. Doch als wir reinkommen, ist sie schon weg. Wahrscheinlich war sie ein Kleinkunstobjekt, das nur temporär neben dem DJ im Sessel sitzen durfte. »Oh, Puppe ist weg!«, sagt Maja mehrmals. Aber dann hat sie schon etwas anderes entdeckt: »Tanze! Tanze, will tanze!« Und das kann man nun wirklich gut hier oben.

Der »Kranich« ist eine so schwierige wie wunderbare Welt, in der ich allerdings Gast bleiben werde. Ich habe mich für ein anderes Projekt entschieden, für eine Familie mit drei Kindern. Verglichen mit den Leuten vom »Kranich« sind wir sehr bürgerlich. Aber wir dürfen immer reinschauen, der Eintritt ist nachmittags frei.

WARUM DAS ROHE,
UNFERTIGE VIERTEL DIE
INTELLEKTUELLEN ANZIEHT

»Der einzige Ort Deutschlands, der ein bisschen wie New York ist«: Warum es Autoren und Schriftsteller nach Neukölln zieht und was die zeitgeistorientierte Zunft hier sucht.

In jeder Stadt gibt es Viertel, die Künstler magisch anziehen. Manchmal entsteht dann etwas Großes, wie in der Lower East Side der Achtziger oder Londons Soho zehn Jahre vorher. Ein Philosoph könnte sagen: Das Szeneviertel ist eigentlich ein seltsames, schwer durchschaubares Dispositiv. Eine Zeit lang sind bestimmte Menschen da, die die Kultur des ganzen Landes vorantreiben. Es entstehen unvorhersehbare, interessante Dinge – Künstlerkollektive, Szenekneipen, Clubs und Orte, von denen keiner so genau weiß, ob sie eine Boutique, ein DJ-Laden, eine Bar oder einfach eine offene Privatwohnung sind. Jedenfalls aber trifft man junge Menschen aus aller Welt, die Inspiration entweder suchen oder schon versprühen. Die Berliner Szeneviertel sind zurzeit Kreuzberg und Neukölln. Gerade in Neukölln sind seit vielleicht acht Jahren extrem viele interessante Angebote entstanden: die Clubs »Frühperle«, »Loophole« und »Sameheads« mit einem schrillen Musikprogramm und Performancekunst, das Bühnenprojekt »New Theater«, das inzwischen nach New York übergesiedelt ist, die kleinen Galerien mit Barausschank und DJ. Und es leben viele schreibende Menschen hier. Gerade solche, die besonders eigenwillig und interessant denken, finde ich. Ich mache mich auf, drei Autoren zu treffen, die in Neukölln leben – mal seit zwanzig Jahren, mal erst neuerdings.

»Neukölln, du Gutes!«, schreibt etwa die Autorin Kathrin Passig einmal auf ihrer vielgelesenen Facebook-Seite. »Es tut mir leid, dass ich circa 2007 mal über dich sagte: Heimat, wie, Heimat? Hier stehen halt Häuser rum, das ist alles.« Aber das stimmte dann nicht mehr. Irgendwie ist Neukölln dann doch mehr als ein Ort geworden, an dem man einfach nur so lebt, weil der Zufall es so wollte. Wenn die Vordenkerin eines modernen Technik-Journalismus hier gern lebt, eine Frau, die im Internet oder anderen freien Sphären existiert, lohnt es sich nachzufragen. Passig gründete das Kollektiv »Zentrale Intelligenz Agentur« mit und gewann mit einem enorm gegen den Strich des Literaturbetriebs gebürsteten Text im Jahr 2006 den Ingeborg-Bachmann-Preis in Klagenfurt. Sie schrieb Bücher, zweimal mit Sascha Lobo, dem männlichen Kopf der deutschen Onlineszene. Zurzeit unterhält sie unter anderem ein Technikblog, in dem sie gemeinsam mit zahlreichen Gastautoren beobachtet, wie Technik das Alltagsleben dominiert, wie sie immer wieder auch zum Fetisch wird und wie lächerlich das rückblickend aussehen kann. (Man denke nur daran, wie die Handys um 2000 immer kleiner wurden oder wie die MiniDisc kam und sofort wieder einging.)

Für all das muss man nicht nach Neukölln. Mit solchen selbstgebastelten Jobs und dem freien Denken schwebt man über dem Silicon Valley, oder vielleicht hat man ein Loft in Mitte, weil sich dort damals vor fünfzehn oder zwanzig Jahren doch die frei denkenden Berliner Künstler und Ähnliche zusammenfanden. Stimmt aber alles nicht. Passig ist schon immer in Neukölln, in der Weserstraße. Zu ihrer Facebook-Nachricht stellt sie das Bild einer der vielen Matratzen, die in Neukölln oftmals nicht zum Recyclinghof gebracht werden, sondern zum nächsten Baumstamm vor der Tür. Nur dass hier jemand ein schlafendes Smiley-Männchen draufgesprüht hat und die Worte: »Home street home. Prost!« Ihre Straße kennt sie zunächst als totenstille, vergessene Nebenader der Stadt, in die nie jemand zu Besuch kam, sie kennt sie irgendwann als das neue heiße Ding der Berliner Kneipenszene, dann als von Jungtouris überrannte Spaßmeile, jetzt als in der (immer etwas seltsamen) Kategorie der Angesagtheit wieder abflauende Ansammlung einiger guter Bars, die die Bezeichnung Kneipenmeile nicht verdient und deren südliches Ende der Gentrifizierung sowieso hartnäckig widersteht. All diese Stadien ihres Kiezes mochte sie.

Schon deswegen ist es herrlich, mit jemandem wie Passig zu reden. Sie kam Mitte der Neunziger in die Gegend, nahm ihr erstes Gemeinschaftsbüro in dem Souterrain unter einer Kita. Dort gab es eine »Standleitung« – so nannte man sein DSL damals –, und zu Hause hatte man keins. Also saß sie dort mit anderen Mitgliedern dessen zusammen, was später die digitale Boheme hieß.

»Es gab in alle Richtungen nichts. Wer in eine Kneipe wollte, musste über die Stadtteilgrenze nach Kreuzberg. Dort ging es sofort los mit Kneipen und Zivilisation, hier in Neukölln gab es niedrige Mieten und sonst nix. Und überall, wo jetzt eine Hipsterbar eingezogen ist, gab es so alte Alkoholikerkneipen mit Länderwimpeln im vollgestellten Fenster und Gartenzwergen und Stammgästen, die an der Theke klebten.« Auch den Versuch der neuen, jungen Wirte, beide Publikumsschichten zu halten, hat sie beobachtet. »Das klappt gar nicht.« Die modischen jungen Zugezogenen passen nicht zu den alten Trinkern. Irgendwann stellten die Bars doch ganz auf das neue Publikum um.

Hatte man Angst in dieser Gegend? Die Antwort kommt wie aus der Pistole geschossen: »Nee! Überhaupt nicht!« Den *Spiegel*-Artikel mit den Drive-by-Shootings fand sie »damals schon lächerlich«. Sie meint damit einen Artikel, den das Hamburger Nachrichtenmagazin im Oktober 1997 brachte. Dort tauchten Sätze auf wie »Szenen wie diese gehören zum Alltag im Berliner Bezirk Neukölln« – nachdem eine Schießerei inklusive einer Art Genickschuss-Hinrichtung beschrieben wurde. Ferner war davon die Rede, dass der Polizeibericht nahezu wöchentlich eine Schießerei registriere, was nachweislich nicht der Fall war. Der Autor Peter Wensierski schrieb Bücher über Religionsthemen und über die DDR, drehte auch Dokumentarfilme zum Thema, eigentlich ist er ein Mann ruhiger Betrachtungen. Wer weiß, was ihm widerfuhr, womöglich wurde der Artikel redaktionell noch bearbeitet. Der Artikel »Endstation Neukölln« war jedenfalls die Urszene der Neukölln-Panikmache, die sich fortan in den Medien halten sollte und – etwa in Form der *Bild*-Zeitungskolumne des Ex-Bürgermeisters Heinz Buschkowsky – immer noch hält.

Passig hat nichts gemerkt von den Schüssen, die ihr angeblich um die Ohren peitschten, die Kriminalität war unsichtbar. Die Autorin war meistens nachts unterwegs, hatte nie irgendwelche Probleme. Die Kriminalität, die hier durchaus höher war als anderswo, war eine interne Kriminalität, die sich unter Libanesen, Türken oder Arabern abspielte. Wer nicht mit dem Drogenhandel zu tun hatte, nahm sie nicht wahr. Von der damals angeblich hochgefährlichen Rütli-Schule, neben der sie wohnt, weiß sie nicht mehr als jeder Zeitungsleser.

Ein gewisses Heimatgefühl? Vielleicht mehr als früher. Früher musste man für alles, was man in Berlin machen wollte, woandershin. In Neukölln konnte man nur Essen kaufen. Und es gab billige Schuhläden auf der Sonnenallee. Dann kamen das »Freie Neukölln« und das »Kinski«. Szenekneipen. Aber hat es jemals genervt, wenn Leute feiern? Auch diese Antwort kommt prompt: »Überhaupt nicht. Fünf Minuten nach Beginn irgendwelcher Veränderungen melden sich immer schon Leute zu Wort, die sagen, früher war es besser.« Das hält sie für Unsinn. »Es war sicher nicht schlecht hier, aber es war einfach sehr langweilig.«

Einst habe es auf der späteren Partystraße nur dicke Hundebesitzerinnen um die sechzig gegeben. Dann auch mal eine sympathisch aussehende jüngere Frau, die sich gab, wie ein mittelmäßig bürgerlicher Habitus es will: etwas modisch also, etwas auf Lässigkeit bedacht. Plötzlich immer mehr Menschen, die man früher hier nicht sah, jünger waren sie, irgendwie anders. Später ein Asiate, oder man hörte Spanisch auf der Straße. Der Wandel war da. Viel Deutsch hat man im Neukölln der letzten Jahre noch nie auf der Straße gehört. Früher war es Türkisch und Arabisch, heute ist es Englisch, Spanisch und Italienisch. Passig mag das. Das fühlt sich international an. »Berlin hat immer von sich behauptet, dass es international sei, das war immer eher nur Wunschdenken; nun aber fühlt man es erstmals wirklich ein wenig.« Wenigstens in Neukölln. »Passiert ist das über Nacht, innerhalb von ein oder zwei Jahren.«

»Auch wenn hier Tag und Nacht gröhlende Spanierhorden durch die Straße ziehen, das würde mich auch nicht stören. Ich sitz das aus.« Im Übrigen sei es nicht wahr, dass hier früher eine andere Kultur vorgeherrscht habe und diese dann durch internationale Bürgerkinder verdrängt wurde. Nein, es habe früher nichts gegeben, insofern sei auch nichts verdrängt worden.

Da ich schon einmal dabei bin, besuche ich weitere Schriftsteller und Autoren in der Gegend. Schreibende Menschen gibt es überall in Berlin, aber vielleicht hält die Neuköllner unter ihnen etwas zusammen. Ein paar Schritte von Kathrin Passig entfernt lebt die zwanzig Jahre jüngere Theresia Enzensberger, die ganz allein ein interessantes Magazin herausgibt, es heißt *Block* und befasst sich mit Themen des modernen Lebens: Blogs, Feminismus, urbane Kultur. Es ist eines dieser Projekte, die von

Großverlagen abgelehnt werden, weil zu riskant; die dann ein mutiger Mensch in Eigenregie macht, und plötzlich funktioniert das Ergebnis aus eigener Kraft. Das Heft wird über Crowdfunding finanziert, das heißt, man kauft es im Internet, noch bevor es existiert. Finden sich 1300 Leser, wird gedruckt. Das klappte bisher schon dreimal.

Wenn es irgendwo um Theresia Enzensberger geht, kommt schnell dieser Satz ins Spiel: »Und, ja, sie ist verwandt!« Als dürfe man es nicht aussprechen, dass sie die Tochter des angesehenen Essayisten Hans Magnus Enzensberger ist (und somit auch die Nichte des wunderbaren Übersetzers Christian Enzensberger). Und es geht ihr genau, wie es jedem vernünftig denkenden Menschen ginge: Sie möchte ungern danach beurteilt werden. Allerdings ist diese Angst sicherlich unbegründet, in der Berliner Medienwelt ist sie längst als sehr eigenständige, angenehm sperrige Persönlichkeit etabliert. Das fing an, weil sie gerade nicht mitschwingen wollte. Sie wollte schreiben, als Journalistin, fand aber den Tonfall, den sie suchte, nirgends. »Als Leser bekommt man das Gefühl, bei deutschen Zeitungen und Zeitschriften schreiben sie alle gleich, vermutlich von deutschen Journalistenschulen geformt«, sagt sie. Das wollte sie nicht. Ein Text aus ihrem eigenen Magazin beginnt als Essay und endet in Gedichtform. Die Texte aus *Block* sind eher Versuchsanordnungen. Sie sind zum Teil wesentlich fortgeschrittener als die allgemeine Debatte. In einigen Zeitungen gab es hämische Kritik, als Lann Hornscheidt von der Berliner Humboldt-Uni forderte, mit Profx angeredet zu werden, also geschlechtsneutral. Dass Hornscheidt weder Mann noch Frau sein möchte, konnten zahlreiche Kommentatoren nicht ertragen (und der Internet-Mob sowieso nicht). In *Block* erschien ein viel radikalerer Text, in dem die Autorin Leslie Allison problematisiert, dass sie kaum nach Deutschland reisen könne – das Personalpronomen zwinge einen, zwischen Mann und Frau zu entscheiden, anders als im Englischen. Und sie wisse nicht, wie sie ihre Liebe zuordnen solle – die ist nämlich weder noch.

Enzensberger hat auch einmal in Prenzlauer Berg gewohnt. Dann ging sie auf ein College in Amerika, und auf dem Rückweg war guter Rat teuer: Würde man sich wieder daran gewöhnen können, in einer so homogenen Gesellschaft wie der deutschen zu leben? Also ging sie nach Neukölln. Ein anderer Stadtteil wäre nicht mehr infrage gekommen. »Mit der Rückkehr nach Deutschland war ein umgekehrter Kulturschock verbunden: Alle sind weiß, alle sehen gleich aus, alles war so homogen. Das hab ich nicht ausgehalten. Neukölln war der einzige Ort, der ein bisschen diverser und vielfältiger ist.«

Und natürlich sei es ein guter Ort für Schriftsteller, aus den bekannten Gründen: »Es ist billiger. Deshalb kommen die sogenannten Kulturschaffenden.« Dass dann der ganze Kreislauf der Gentrifizierung losgeht, weiß auch sie. Wir entdecken ein schönes Thema, nämlich, welche Indikatoren einem zeigen, dass ein solcher Wandel, den man eigentlich nicht will, gekommen ist. Theresia zählt auf: Plötzlich haben die Menschen Putzfrauen. Autos auch, die man ja in der Großstadt gar nicht braucht. Natürlich Wohneigentum. Und Anwälte. Es gibt unglaublich viele Rechtsstreitigkeiten: Scheidungen, Geschäftssachen. »Ich leide jetzt schon unter Schuldbewusstsein, dass ich hier lebe. Wir sind schuld daran, dass die Mieten steigen.«

Von der gebildeten Schicht, aus der und für die sie schreibt, spricht Enzensberger mit aller Selbstverständlichkeit: »Die Intelligenzija ist in den USA einfach größer, das ist der schieren Größe des Landes geschuldet.« Dies sei auch der Grund, weshalb dort alternative Magazine wie *n+1* besser funktionierten. Als sie aus Amerika zurückgekommen sei, sei sie größenwahnsinnig gewesen. In der kleinen Medienwelt würde man doch schon einen Platz finden, erst recht, weil es doch um eine Generationensache gehe, ein Magazin der neuen Jungen.

Um auch bei diesem Thema noch einmal einen Schritt zurückzugehen, alles noch mal ganz von vorn durchzudenken, treffe ich Adriano Sack. Wenn man mit ihm nicht die Frage ergründen kann, was Szenenviertel eigentlich sind und wozu wir sie brauchen, dann mit niemandem. Sack hat mehrere humorvolle, kluge und manchmal melancholische Bücher geschrieben, darunter das Sachbuch *Elternabend* über die Achtundsechziger-Generation und uns, ihre Kinder. Er lebte in New York, leitete das Kulturressort der *Welt am Sonntag*, gründete ein Modemagazin, verfasste ein Drogenbuch und schreibt heute über Stil. Aber biografische Eckdaten fangen nicht ein, dass er ein begehrter Gesprächspartner zu allen Aspekten von Zeitgeist und Popkultur ist und schon vielen Journalisten zu einer zündenden Überschrift, einem guten Buchtitel oder der entscheidenden, letzten Idee, die ein Projekt aufregend macht, geholfen hat. Er wohnt am Landwehrkanal, quasi auf der Grenze zwischen Kreuzberg und Neukölln, und das schon seit fünf Jahren – kam also schon zu einer Zeit, als ich den Glauben an Prenzlauer Berg und Mitte noch nicht verloren hatte.

»In Berlin liegen die Szeneviertel an der U8-Achse, zwischen Wedding und Neukölln«, sagt er. »Das Miet- und Sozialniveau muss so sein, dass sich ein interessanter Kiez bilden kann, das geht nur in Vierteln, die nicht fertig und nicht zu teuer sind. Expats und Studenten müssen es sich leisten können.« Das könne man sagen, unter der Einschränkung, dass, wer eine Affinität zu Szenevierteln hat, sich wohl gegen den Begriff wehren dürfte. Zudem gebe es ja verschiedenste Szenenviertel – Prenzlauer Berg sei womöglich auch noch eins, eben das der etwas wohlhabenderen jungen Eltern, die hübsch leben möchten. Was wir aber mit Szeneviertel meinen, ist: Es gibt viele Leute, die ausgehen wollen, die sich sexuell noch orientieren, die mitunter eine gewisse Neigung zu Drogen haben, die sehr an Kunst und Kultur aller Art interessiert sind, gerade der unüblichen.

»Die Kulturen der Altlinken und der Türken, die beide hier schon sehr gewachsen sind, tun der Gegend gut«, sagt Sack. »Dieses Gewachsene, die Geschichte ist es vielleicht auch, was Prenzlauer Berg und Friedrichshain fehlt. Die Bevölkerung wurde nach der Wende einfach ausgetauscht. Die Viertel sind auf eigenartige Art geschichtslos.« Für den Bereich, der heute »Kreuzkölln« heißt, gilt das ganz und gar nicht. Adriano Sack erinnert sich an sein erstes Wochenende in Berlin, noch vor dem Mauerfall, er geriet damals in eine riesige WG nahe des Maybachufers. Auf dieser kompletten Hinterhofetage spürte er zum ersten Mal ein Berlin-Freiheitsgefühl – etwas Besonderes, das es in Hamburg oder Köln nicht gab.

Er sieht da aber noch ein Phänomen, das die Emphase bezüglich der Szeneviertel ein wenig einzuschränken geeignet ist oder jedenfalls zu denken gibt: »Ich bin schon immer in Städte gekommen, in denen mir dann alle gesagt haben, du kommst zu spät.« Hamburg, New York, Berlin waren es bei ihm, immer hörte er: Vor ein paar Jahren war es noch richtig gut. »Da mischen sich Hochmut und Nostalgie, was ja nie besonders gut ist.« Vielleicht ist das ein noch untersuchenswertes Phänomen, das immer und überall gilt. Auch ich war in New York, als man von den New Yorkern immer hörte: »Früher war es besser, ist jetzt schon passé.« Ich war ein paar Monate in Warschau, als das große Aufbruchsgefühl angeblich schon wieder weg war und der irre Lesbenclub »Le Madame« wieder schließen musste. Es könnte gut sein, dass alle Leute immer und überall das Gefühl haben, an ihrem Ort sei es vielleicht ganz okay, aber richtig verrückt großartig sei es früher einmal gewesen. Ich stelle mir vor, dass selbst Andy Warhol zu seinen Freunden gesagt haben könnte: »Leute, wir machen hier wirklich lustige Abende, aber richtig gut war es vor zehn Jahren in New York.«

Überhaupt: New York. Es gibt mehrere Gründe, warum es in den Gesprächen immer wieder erwähnt wird. Erstens lieben die New Yorker Berlin, und wenn sie eine Zeit lang hier leben, dann in Neukölln. Zweitens ist es, auch wenn das Nachtleben dort derzeit sehr geordnet sein soll, sicher das Urbild für Szene in der westlichen Kultur. Erst in New York ist Sack klar geworden, wie sehr man in Deutschland – selbst in der Großstadt – in einer weißen Mittelstandsgesellschaft verkehrt, die sehr eng wirken kann. Freunde, Kollegen, Bekanntschaften von Abendveranstaltungen oder Bars und Partys – alle sind weiß, haben Abitur, sind studiert.

In Kreuzberg und Neukölln ist es immerhin so, dass selbst die Fleischverkäuferin bei Edeka zwei, drei Brocken Englisch spricht, wenn sie mit den amerikanischen Studenten redet. Geht man eine Straße im Norden Neuköllns entlang, hört man Englisch, Spanisch, Italienisch, man fühlt sich nicht mehr wie in der Provinz gefangen (wenn die Provinz einen denn abschreckt), sondern wie in einer wirklich weltoffenen Stadt, in der Menschen von überall sich ganz selbstverständlich bewegen. »An guten Tagen ist das eine Benetton-Welt. Und das ist die eine Riesenqualität.«

Wenn Sack in dem türkischen Supermarkt am Kottbusser Damm einkauft, ist er jedesmal vom Schauspiel der Passanten fasziniert. Der gleiche Eingang führt zu dem Billig-Fitnessstudio«. An dieser Straßenecke sieht er Amerikaner, übertrainierte Türken und Araber, junge körperbewusste Schwule, die die Nächte im Club »Berghain« verbringen. »Eigentlich müssten die sich alle die Köpfe einhauen, könnte man denken, weil die Sozialisationen und Überzeugungen kaum unterschiedlicher sein könnten«, sagt er. »Aber es funktioniert. Hier siehst du, dass die Welt ein bisschen größer ist, als deine Abiturklasse in Hannover es war.«

Und man sieht auch, wie Integration funktioniert. Sein Friseursalon, der jahrelang durch ein arg mürrisches Personal auffiel, wurde jetzt renoviert, hat nun keinen türkischen Namen mehr, sondern heißt »Kreuzkölln«. Man wird dort immer freundlich und mit einem Tee begrüßt. Man ist gern dort. Das ist der Weg, solche Dinge müssen passieren. Auch der »Voo Store«, der einzige neue und auffällige Laden in der Oranienstraße im benachbarten Kreuzberg, ist das Baby zweier türkischer Brüder.

Und weil das ein wenig bunter ist als Stuttgart, Dachau oder Harburg, leben hier eben auch die jungen und modernen Menschen, die Vielfalt brauchen. Die türkischen und arabischen Gemüseläden, den Friseur, der einem mit einer Stichflamme die Ohrhaare abfackelt, das japanische Ramen-Restaurant und das kleine koreanische Geschäft, aus dem man sich Zutaten holt, um zu Hause sein Bibimbap zuzubereiten.

»Junge Menschen sind nun mal interessanter als alte Menschen«, sagt Adriano Sack, der wie ich auch schon über vierzig ist. »Es wäre lächerlich, nur deswegen hierherzuziehen. Aber ich will Spaß haben und mitbekommen, was los ist, was vielleicht das Gleiche ist. Wenn man sich immer nur in seiner Gruppe aufhält – finanziell, kulturell, sexuell und was das Alter betrifft –, droht auch schneller die Versteinerung.«

POPSONGS ÜBER NEUKÖLLN

DAVID BOWIE – »Neuköln«
Die düstere Saxofon-Improvisation erschien auf dem (mit Brian Eno geschriebenen) Album »Heroes«. Bowie schrieb Stadtteile Berlins gern falsch, sprach auch immer von »Kreuzburg«.

MOGWAI – »Hasenheide«
Ein Mitglied der schottischen Elektro-Ambient-Rockband lebt im Stadtteil und führt dort mit seiner Frau die Bar »Das Gift« in der Donaustraße. Kurz nach deren Eröffnung erschien diese Nummer, die irgendwie mit dem Bowie-Song verwandt ist: Könnte auch irgendeinen anderen Namen tragen.

GABI DECKER & KURT KRÖMER – »Neukölln«
Albernes Cover des Hits »I got you babe« von Sonny und Cher. Zwei Kabarettgrößen singen Zeilen wie »Ob bei Regen oder Schnee, wir lieben dich Sonnenallee!« Doofer Song auf dem Niveau einer Umdichtung, die Verwandte bei Hochzeitspartys zum Besten geben. Eigentlich unter der Würde des klugen Krömer.

DEEPCHILD – »Neukölln Burning«
Der australische DJ Rick Bull, weltweit angesehen in der Techno-Szene, benannte eine ganze Platte nach seiner Wahlheimat. Breiter, harter Sound.

OTTO KUHNLE – »Neukölln ist auf Scheiße gebaut«
Der Kabarettist, der auch schon in Wim Wenders' *Himmel über Berlin* eine kleine Rolle hatte, hat damit den »Neukölln Song Contest« im Kulturzentrum Heimathafen gewonnen. Krude Akkordeon-Schunkelei.

YELLOW SNOW – »Manche tanzen schon / Sound of Neukölln«
Kaum bekanntes Elektro-Duo aus Neukölln, aber der Song ist vielleicht der lustigste dieser Liste. Tanzbar, dadaistisch sinnleer und mit einem bescheuerten Video unterlegt.

EXXAR & KIDDKEY – »Das ist Neukölln«
Zwei Rapper, die wirklich aus Neukölln kommen, stimmen eine Art Lamento der Sozialverlierer an (»In ihren Augen sind wir nur gesetzlose Jungs!«). Sie sind die Jungs von der Straße, die »hierbleiben trotz Mieterhöhung«. Auch wenn man Gangsta-Rap nicht mag, ist ihnen damit aller Erfolg zu wünschen.

MAD MAKS FEAT. BEPPO – »Neukölln / New York«
Noch zwei Berliner Rapper. Machen sich einen Watschenmann aus den jungen Touristen, die von Club zu Club ziehen und im Rausch die Orientierung verlieren. Dazu Wahrheiten wie: »Boxerei? Nicht so geil!« Treibender Bass, musikalisch eine einfache, aber solide Elektronummer.

ATZENKABARETT – »Neukölln Hipster Song«
Noch so ein allzu humoriges Cover. Der »Banana Boat Song« von Harry Belafonte wird zur Verhöhnung der modischen Cafébesucher. Offenbar ist Hipster-Hass immer das Erste, was einem einfällt.

KALKOWSKI – »Neukölln, du alte Hure!«
Dunkle Gitarren-Ballade über die Chancenlosigkeit in der Unterschicht. »Der Geruch von Urin, Teig und Rindfleisch in der Luft, eine leere Bierbüchse rollt in den Rinnstein.« Mehr Klischee geht nicht.

HERR STENZEL – »Polonaise durch Neukölln«
So klingt es, wenn ein Alleinunterhalter den Elektro-Stil von 2raumwohnung oder Stereo Total nachahmen will. »Auch wenn die Mie-

ten steigen – uns kann man nicht vertreiben«, skandiert der »Wim Thoelke des Elektropop« mehr, als dass er singt.

ALI BUMAYE – »Neukölln King«
Fetter Rap im Stil Bushidos, erscheint ja auch auf dessen Label. Folgt einem beliebten Hip-Hop-Schema: Sentimentaler Rückblick auf die harte, aber schöne Jugend.

BIER GIBT'S NUR
AUF ENGLISCH

Auch sie sind Ausländer in Neukölln. Das Nachtleben des Stadtteils ist fest in der Hand britischer, australischer und amerikanischer Gäste. Sie gründen Bars, Clubs und Musiklabels, sie buchen DJs und steuern die Off-Kunst. Manchmal darf man sein Bier auf Deutsch bestellen – etwa bei Barry Burns von der Band Mogwai.

Es ist mein Geburtstag. Mit ein paar Freunden will ich das Konzert einer Sängerin aus den USA besuchen, die ich kenne und die gerade in Berlin zu Gast ist. Aber auf dem Weg dorthin springe ich noch in eine Bar, die von außen einen guten Eindruck macht. »Kann ich nachher, so um elf, mit sechs bis acht Leuten vorbeikommen, oder wird es sehr voll bei euch?«, frage ich. Der Barkeeper schaut mich mit großen Augen an. Ich überlege, ob etwas an meiner Frage falsch war, komme aber zu dem Schluss, dass sie außerordentlich angemessen und griffig und einfach formuliert war. Erst als der schlaksige Typ mit einer schwarzen Out-of-Bed-Frisur irgendwann sagt: »Could you say it in English, please«, dämmert mir was. Ausführliche Recherchen an den Theken haben mich mittlerweile zu der Erkenntnis gebracht, dass in bestimmten Gegenden Neuköllns, etwa an der Grenze zu Kreuzberg, teils aber auch rund um den Hermannplatz, die Standardsprache in Kneipen Englisch ist. Das bedeutet oft, dass niemand, weder der Inhaber noch sein Personal, überhaupt ein Wort Deutsch spricht.

Mein Bekannter Boris, der fünfzehn Jahre jünger ist, erklärt mir einmal die Veränderungen im Nachtleben Berlins: »Damals bei euch«, sagt er und meint die Jahre kurz nach der Jahrtausendwende, als man nachts immer auf illegale Partys in leer stehenden Häusern ging, als Berlin eine Spielwiese war, die gerade erst erschlossen wurde – »damals bei euch waren das doch alles Westdeutsche, die unter sich blieben. Heute spricht man abends Englisch. Die Szene ist international.«

Manchmal hat mich das geärgert. Ich hatte sozusagen einen kleinen fremdenfeindlichen Reflex. Würde sich irgendjemand erlauben, in New York eine Bar zu eröffnen, aber nicht Englisch zu sprechen?, dachte ich dann. Oder: Können die nicht mal Deutsch lernen? Leben seit drei Jahren hier, haben eine deutsche Freundin, und dann so was. Aber all diesen Unmut lerne ich zu schlucken. Denn ich bin natürlich höchst dankbar, dass sie da sind. Jahrelang haben wir beschworen, wie international Berlin endlich wird, also sollte man sich jetzt gefälligst freuen, dass es so weit ist.

Wir als Familie können uns sogar langsam und in Ruhe daran gewöhnen, denn zunächst sind andere Dinge wichtiger. In den Wochen nach unserem Umzug standen, wie so oft im Leben von Eltern, die Kinder im Vordergrund. Würde der Schulwechsel ihnen guttun? Finden sie neue Freunde? Kommen sie auf den Straßen klar? Solche Fragen stellten wir uns, diskutierten sie in der noch kaum eingerichteten Wohnung bis in die Nacht, sprachen mit den Kindern darüber. Wenn in Prenzlauer Berg etwas bunt und auffällig plakatiert ist, ist es keine Kunstaktion und kein Theaterstück, sondern das auffällige Neubauprojekt irgendeines Investors, in dem man sich für nur 5000 Euro pro Quadratmeter ein Domizil kaufen soll. Doch bei uns gilt: Auch Mama und Papa wollen abends noch mal ausgehen. Meiner Frau und mir hat der Umzug also ohnehin gutgetan. Eigentlich sind wir, nach Jahren in einer immer langweiliger werdenden Gegend, richtig überrascht, wie viel man hier erleben kann. Es macht wieder Spaß, abends die Stadt zu erkunden.

In der Donaustraße, ganz nah an der Sonnenallee, besuche ich Rachel und Barry Burns. Burns ist Keyboarder der international berühmten Band Mogwai und ist soeben von zwei großen Konzerten in Spanien wiedergekommen. Gemeinsam mit seiner Frau lebt er seit 2009 in Berlin und hat damals mit ihr eine alte Eckkneipe übernommen. Tagelang mussten sie putzen (»Du glaubst nicht, was für ein Dreck das war«) und konnten sich dann ihren Traum erfüllen, eine eigene Bar zu eröffnen. Sie heißt »Das Gift« und ist, nachdem lange erst einmal kaum jemand kam, heute gut besucht und sehr etabliert im Norden Neuköllns. Manchmal gibt es Ausstellungen, und am Anfang war auch der Künstler Phil Collins mit ihm Team – nicht der Sänger und Schlagzeuger, sondern der andere Collins, ein Video- und Konzeptkünstler, der einmal beinahe den Turner-Preis gewonnen hätte (eine Art Oscar der Kunstwelt), für ein scheinbar echtes Büro mit echten Journalisten, die in der Ausstellung arbeiteten.

Abgesehen davon, dass die Bar ein Magnet für die Kunstwelt ist, ist sie auch einfach richtig schön. Rachel und Barry ließen die gesamte Einrichtung der Eckkneipe drin und baten bloß die Künstlerin Suzanne McAleer, ihnen ein knallbuntes, von psychedelischen Mustern und Elementen dominiertes Gemälde an die Wand zu malen. Denn das hatte sie einst auch im »Nice N Sleazy« getan, ihrer Lieblingskneipe in ihrer Heimatstadt Glasgow.

Nach Neukölln sind sie gekommen, weil ihnen jemand diesen Tipp gab. Barry fragte damals die Leute bei seiner Hamburger Plattenfirma PIAS, und die sagten ihm: »Wenn Berlin, dann Neukölln.« Anfangs dachten Rachel und Barry noch, es sei gefährlich, nach Neukölln zu gehen. »Wir kommen aus Glasgow,

da sind die Wege kurz. Dann waren wir zum ersten Mal in Neukölln auf einer kleinen Party, und allein die Taxifahrt war be-
ängstigend. Der Stadtteil hat einen Ruf, der erst einmal ein-
schüchtert, und außerdem ist er riesig.« Und trotzdem haben sie
sich mit der Gegend angefreundet. Taschendiebe gibt es manchmal in der Bar, wie überhaupt in Berlin momentan viel. Aber
draußen vor der Tür oder überhaupt in der Gegend haben sie nie
Probleme. »Doch«, sagt Barry plötzlich. Kürzlich hätten sie eine
Schlägerei in der nahe gelegenen Pflügerstraße gesehen. »Eine
in sechs Jahren!«, ruft Barry. »In Glasgow gibt es jeden Abend
fünf.«

Ganz am Anfang kamen die typischen Mogwai-Fans in die
Bar, die schwarze Hoodies trugen und auf den Boden starrten.
Sie verschwanden dann bald wieder, und Burns ist froh darüber.
Er will eine Kneipe für die Nachbarschaft, und er bestreitet natürlich, ein Popstar zu sein. Hundert Tage im Jahr ist er allerdings weg, auf Tour mit Mogwai. Seine zweite Band Sums hat er
nun in Berlin mit dem Künstler und Klangtüftler David Letel-
lier alias Kangding Ray gegründet. Aber wenn er in der Kneipe
steht, will er einfach nur Wirt sein. Die alten Eckkneipen-Kun-
den von damals hätten sie noch zu halten versucht, berichten
Rachel und Barry, aber es ging nicht. Irgendwas scheint nicht zu
passen. Das ist vielleicht traurig, aber doch offensichtlich. Im
»Gift« sitzt das lässige junge Berlin-Publikum, bei den größeren
Grüppchen hört man meist Englisch, an Zweiertischen sitzen
Paare hinter Weinschorlen, die Austauschstudenten und die Väter, die sich für einen Abend davongemacht haben (ich meine
mich), trinken sich durch die große Auswahl an »Craft-Bieren«
kleiner Brauereien. Barry Burns stört nur eins: Die Deutschen
verlangen bei ihm oft Guinness. »Was hab ich damit zu tun?
Hundert Meilen quer übers Meer ist dieses Irland, da brauen sie
das Zeug, und schmecken tut es nicht.«

Meine Frage, was die Künstler und die Freaks aus der Subkultur aus aller Welt nach Berlin führt, ist nicht leicht zu beantworten. »Es gab sonst nichts Schönes«, sagt Burns. In Großbritannien gab es keine gute Option, London sicher nicht, die Stadt ist zu teuer und den beiden eingefleischten Schotten wohl auch etwas suspekt. Er mag Deutschland einfach. »Wenn man auf einer Insel aufwächst, will man auch mal dahin, wo alles passiert«, sagt Rachel. Wir wollen alle nach Berlin, na klar, so etwas hört man immer von den (westlichen) Ausländern. In Brooklyn habe letztens wieder jemand zu Rachel gesagt: »Wow! Man hört, es sei wie New York in den Siebzigern!«

Da liegt eine Parallele zu Neukölln auf der Hand. Das East Village, die Lower East Side, diese Gegenden, in denen eine Szene von Kunst und Nachtleben entstand, die New York lange prägte, galten als gefährlich. »Geprägt von Einwanderern und der Arbeiterklasse«, schrieb die New York Times einmal. Noch in dem Film *Downtown 81* von Jean-Michel Basquiat, einem Freund und Günstling Andy Warhols, sieht man in den Außenaufnahmen ein Village, in dem sich niemals eine Boutique niederlassen würde: Kinder spielen auf den Straßen, weit und breit herrscht Ruhe, keine Passanten verirren sich in diese heute so teure Gegend, Fassaden bröckeln.

Die Kunst- und Kulturszene, die ich in den Bars treffe, leidet an einem Dilemma: Alle haben Angst, es könnte sich auch hier wiederholen, was New York und London für Künstler kaputtgemacht hat. Aber alle wissen, dass sie Teil dieses Prozesses sind. »Aus internationaler Sicht ist Neukölln noch nicht so gentrifiziert und so teuer«, sagt Rachel Burns. »Aber das ist in vollem Gang. Die Bio Company ist aufgemotzt worden. Ein lustiger türkischer Laden, der mit viel Glitzer ausgestattet war, ging.« Barry fügt hinzu: »Wir sind ja Teil des Problems Gentrifizierung.« Aber er wollte wenigstens keine typische Mitte-Bar aus seiner Kneipe machen. Früher hieß sie »Donau-Eck«, es gab Cowboy- und Mallorca-Partys. Die Bar ist mit einem Holzaufbau überdacht, da lagen Heuballen drauf. Der Nebenraum hatte eine Waikiki-Hütte, wie am Strand. Sie wollten »respektvoll« mit der Einrichtung umgehen. Die Bar blieb, auch die Butzenscheiben vor dem Regal und der Boden.

Er wundert sich, dass Nachbarn überall die Musikszene zerstören können. Ein einziger Nachbar, der ein paarmal die Polizei anruft, genügt, damit eine Bar schließen muss. Deswegen gebe es kaum noch Live-Musik in der Stadt, ein riesiger Bereich der Kultur stirbt. Deutsch kann er noch nicht sehr gut, aber dieses eine Wort lernte er gleich am Anfang kennen: »Lärmschutz«.

Und dann reden wir über das Thema, das Männer weltweit verbindet: Fußball. England spielt im Moment wieder besser? »Na toll«, sagt der Schotte Burns und rollt die Augen zur Decke. »Anyone but England«, sagt man in Schottland. Weil ich Hamburger bin und man als (wenn auch nur entfernter) Fußballfan dieser Stadt schwer zu leiden hat, finden wir gleich Parallelen.

Ein paar Schritte weiter, aber etwas versteckter, auf dem Weg ins ruhige Rixdorf, kann man den besten kleinen Club Neuköllns finden – wenn man weiß, wo man suchen muss, denn kein Schild weist das »Sameheads« aus. Seine großen Schaufenster sehen aus wie die eines Modegeschäfts für sehr kindisch gebliebene Punks; einige Puppen tragen bunt gehäkelte Gesichter, Wände leuchten silbern. Auf den ersten Blick ist schwer zu entscheiden, ob dies eine Kneipe, ein Café, ein Atelier, ein Geschäft oder einfach nur die Wohnung eines sehr extrovertierten Menschen ist.

Ein wenig ist es all das. Tagsüber wird im Nebenraum wirklich Mode verkauft. Abends verwandelt sich das »Sameheads« in eine Bar und noch später, wenn der Keller öffnet, in einen Club. Das Musikprogramm wird live über Internetradio versendet, und hinter dem Club haben mehrere kleine alternative Musiklabels ihre Büros. Die Musik erscheint auf Kassetten, die unter Fans von Hand zu Hand gehen. Wenn sich die Bar abends füllt, glaubt man, eine Zeitreise in die Achtziger angetreten zu haben. An einem Freitagabend sehe ich eine Frau in einem glänzend silbernen Overall ohne Ärmel, ich sehe knallrote Miniröcke und Netzstrümpfe, weite, schräg geschnittene Gewänder. Männer kommen in Lederjacken wie von dem Cover der Michael-Jackson-Platte »Bad«. Warum die Bar das Achtziger-Gefühl so anzieht, weiß hier keiner. Vielleicht ist es das Innendesign mit Röhrenfernsehern, nackten Schaufensterpuppen, Discokugeln und Vitrinen mit buntem Schnickschnack.

Gute Clubs sind doch vermutlich immer die, in denen wie aus Versehen etwas entsteht. Niemand zwingt die Menschen, sich hier ein wenig bunt zu verkleiden. Und es zwingt sie auch niemand, gut gelaunt zu kommen und an der Theke einen Smalltalk mit Fremden zu beginnen, als wäre man auf einer Privatparty unter Freunden. Doch so funktioniert dieser Ort. Internationale DJs, die am Samstagabend im großen »Berghain« spielen, geben hier oft am Vorabend einen geheimen Gig. Plattenfirmen aus Seattle oder Magazine aus New York schmeißen hier ihre Partys. Larry Tee, ein Pate des Electroclash (einer humorigen Kreuzung aus Punk, Techno und Wave-Pop, die um 2000 sehr gefeiert wurde), tritt hier auf.

Zwei Brüder aus Südengland leiten das »Sameheads«, gegründet haben sie es vor beinahe zehn Jahren. Dennoch gibt es keine Artikel und Interviews in den Zeitungen und Stadtmagazinen. Nathan, einer der Brüder, setzt sich aber doch auf ein paar Bier zu mir. »Es ist wie mit interessanten Menschen«, sagt er. »Stell dir vor, du lernst auf einer Party jemanden kennen, findest die Person aufregend, ihr werdet Freunde. Alles ist großartig, aber wenn ihr dann zusammenzieht, in eine WG, kann alles wieder scheitern, dann verliert der andere sein Geheimnis. Das Geheimnis ist aber das Wichtigste.« So erklärt er mir, warum er nicht mit Journalisten spricht. Wir reden dann noch lange darüber, wie er die Gentrifizierung so lange es geht bekämpfen will (etwa durch niedrige Bierpreise) und wie man es schafft, dass ein Club jahrelang ein Insidertipp bleibt – Details kann ich nicht verraten, das Geheimnis soll bleiben. Von einem aber ist Nathan überzeugt: Möglich ist so etwas nur in Neukölln, in der internationalen und etwas schmutzigen Gegend Berlins.

Und dann, nach einem langen und interessanten Abend im internationalen Nachtleben fahre ich nach Hause, und in der Straße um die Ecke gibt es Aufruhr. Ein Dutzend Personen schreien ein paar Polizisten an, es kommt zur Rangelei. Ich verdrücke mich schnell, lese aber tags darauf die Polizeimeldung: Ein Neunzehnjähriger und seine Mutter hatten sich nachts so laut gestritten, dass Nachbarn die Polizei anriefen. Als die Beamten den jungen Mann, der vor dem Haus auf dem Gehweg stand, ansprachen, schlug er sofort zu und stieß Beleidigungen aus. Mama eilte hinzu und wurde ebenfalls von ihrem eigenen Sohn angebrüllt. Zehn bis fünfzehn Personen, die sich als Familienangehörige ausgaben, seien hinzugeeilt, hätten laut auf die Polizisten eingeredet und versucht, die Festnahme des Gewalttäters zu verhindern.

Die Entschlossenheit mancher Nachbarn, die staatliche Ordnungsmacht nicht anzuerkennen, stinkt auch mir mächtig. Und auch für großmäulige Neunzehnjährige, die Polizisten schlagen und ihre Mutter anschreien, habe ich kaum Sympathie. Das hat auch mit Angst vor den albernen Alphamännchen zu tun, die ihre Wut auf der Straße auslassen. Mir ist dabei egal, ob es sich um die Nachkommen eingewanderter Palästinenser, aus Sachsen zugezogene Nazis oder Berliner Rocker und Biker handelt.

So etwas kann einem das schöne Nachtleben gleich wieder vergällen. Oder, wie es ein (sehr besonnener) Araber ausdrückte, der auch Vater ist und mit dem ich mal ein paar Worte gewechselt habe: »Sogar für mich sind einige Bereiche von Neukölln etwas gewöhnungsbedürftig. Ich bin Familienvater und habe nachts um eins nichts mehr draußen zu suchen« (an dem Punkt waren er und ich schon uneinig), »ich bleibe in meinen behüteten vier Wänden.«

Meine alten Freunde aus Prenzlauer Berg hatten heute Abend keine aufregende Achtziger-Bar voller gutaussehender, offener Leute. Die saßen bloß in der etwas überteuerten Weinbar, die um Mitternacht schließt. Aber dafür hatten sie auch keine Massenschlägerei, die dich, wenn du daran vorbeifährst, am Anstand der Menschen zweifeln lässt, an der allgemeinen Achtung vor der Staatsmacht und auch am Verstand einzelner Nachbarn.

DER MITTELSTAND
RETTET SICH SELBST

Gerade ein Stadtteil, der lange nicht zu den begehrten Lagen gehörte, lebt von kleinen Unternehmen. Denn Gucci und Prada zieht es nicht in solche Gegenden. In Neukölln bestimmten die kleinen Ladengeschäfte seit hundert Jahren das Bild. In den Neunzigern dominierte Ramsch, erst heute geht es wieder aufwärts. In der Wirtschaftsförderung des Bezirks erinnert man sich noch an die Zeit, als sich endlich die ersten Unternehmer meldeten, die kein Nagelstudio aufmachen wollten.

Manchmal hat Birgitt ihr Fenster aufgerissen und gerufen: »In meinem Hof werden keine Mütter gefickt!«

Das waren die Tage, an denen die Teenager wieder vor dem kleinen Jugendzentrum herumlungerten und sich den ganzen Nachmittag nur in der Trias des Dummsprech unterhielten. Erstens: »Du Opfer.« Zweitens: »Hurensohn!«, mit leicht gerolltem R. Und drittens, natürlich: »Ich fick deine Mutter.«

Wenn Birgitt Claus ruft, ist erst einmal Ruhe. Die Unternehmerin, obwohl eigentlich eine eher zierliche Person, kann durchaus Eindruck machen. Leise ist sie nicht. Vielleicht ergibt sich das, wenn man sich zwanzig Jahre lang in Neukölln durchschlägt, immer selbständig, in diesem Fall ungewöhnliche Gastronomie-Konzepte erfindet und aufbaut, ständig Lieferanten, Kunden und Künstler jongliert, und das noch zeitweise als Alleinerziehende.

Ich sehe sie oft mit meinen Kindern. Wenn wir am Wochenende spazieren waren oder in das schöne, aber maßlos überteuerte Stadtbad gegangen sind, kommen wir hinterher am Körnerpark vorbei. Meine Jungs rasen dann schon die Treppen hinunter, sonntags spielt dort im Sommer eine Band, vor allem aber gibt es einen Grill und einen Stand mit Kuchen. Dort werden Quinn und Leo sich herumdrücken, bis der nette Herr, der die Burger wendet und aussieht wie ein japanisch-indonesisch-indianischer Stadtbuddhist, ihnen ein Brötchen schenkt. Der beeindruckende Griller gehört zum Café. Seit zwei Jahren leitet Birgitt das »Zitronencafé« im Körnerpark, eine Oase in einer Oase. Dort am Rand in einer Orangerie ist das Café gelegen.

Birgitt kam im Januar 1989 nach Neukölln. Vor siebzehn Jahren dann gründete sie »eßkultur«, das Unternehmen, das sie heute noch leitet. Das Konzept dazu hatte sie schon immer im Kopf. Sie wollte kochen, Catering anbieten und dazu auch gleichzeitig Kultur, also manchmal Musik, vor allem aber Lesungen. Seit Jahren veranstaltet sie also Essen, zu denen ein Schauspieler liest – die Gerichte passen zur Geschichte.

Das ist keine schrille Off-Kunst, sondern wird von allen Altersgruppen gut besucht. Es passt in die kleine bürgerliche Ecke Neuköllns, den Richardplatz und das böhmische Dorf, wo die Chefin wohnt und sich all dies ausgedacht hat. Dort in ihrer kleinen Villa neben der uralten Dorfkirche führt sie seit fünfzehn Jahren einen Salon, mit Musik oder kleinen Theaterstücken, und jahrelang haben die Gäste sich gewundert, so etwas tief in Neukölln zu erleben.

Erst fünf Jahre ist es her, da stand Birgitt Claus in ihrem Vordergarten und wurde überrascht. »Da spazierte eine Frau vorbei, mit so roten Gummistiefeln mit Blümchenmuster drauf. So eine richtige Prenzlauer-Berg-Type, solche Leute sah man sonst hier nie«, erklärt sie. »Und die sagte dann auch noch: Ach, das ist aber schön hier.« Das war das erste Mal, dass Birgitt so etwas gehört hat: Jemand findet es schön hier. Das erste Mal nach fünfundzwanzig Jahren in Neukölln. Da wusste sie, irgendetwas passiert hier. Beinahe am selben Tag kam ein Freund auf sie zu und erzählte: »Stell dir vor, ich war im Lidl und habe ein Gespräch belauscht. Ein Mann sprach die Verkäuferin an, fragte nach Karotten, weil er keine mehr gefunden habe, ob noch welche zu bekommen seien, und sie antwortete. Alles ganz normal mit ›bitte‹ und ›danke‹ und ›Guten Tag‹ und ›Auf Wiedersehen‹.« Auch das war neu. Vorher hatten sie im Supermarkt immer nur Dinge gehört wie: »Ey, Alter, verpiss dich, mach schneller da vorne.«

Ruhig war es nie. Die Jugendlichen, die wie Gangs durch die Straßen zogen, habe es sehr wohl gegeben. Aus deren Richtung sei man mitunter angepöbelt worden auf der Straße. Kinder hätten ihr immer wieder die Blumen im Garten abgebrochen. Einmal habe sie welche erwischt und angesprochen – das sei doch schön, alle freuten sich, warum sollte man die zerstören? »Ey, du gibst doch nur an, du machst das doch nur mit deinen Blumen hier, um anzugeben«, sagte ein etwa Vierzehnjähriger zu ihr.

Sie wollte gehen, wollte Neukölln verlassen. Nur weil ihr Haus ihr gefiel, blieb sie – sonst hätte sie die Durststrecke, als der Stadtteil an seinem Tiefpunkt war, nicht ertragen. »Es kippte eine Zeit lang ganz gewaltig in die Richtung, dass Neukölln so eine Art Bronx wird. Jetzt erst ändert sich wirklich etwas.« Das rüde, aggressive, schlecht erzogene Neukölln ist nicht weg. Aber es kommt noch ein neues dazu.

Dafür, dass sie überhaupt noch hier ist, ist auch Clemens Mücke verantwortlich. Er verantwortet die Wirtschaftsförderung des Bezirksamts – und zwar seit gut zwanzig Jahren.

Hört man den Unternehmern zu oder ihrem Förderer aus dem Amt, dann muss man sich das Neukölln der Neunziger als kaputtes Areal vorstellen, durch das der Wind pfeift und wo

Zeitungspapier über einsame Straßen weht. Die lokale Wirtschaft lag brach. Viele Deutsche waren weggezogen. Wohnungen wurden in Annoncen mit dem Attribut »Kreuzbergnähe« angepriesen, das Wort Neukölln wurde gemieden. Unternehmer haben im Kontakt mit Geschäftspartnern aus anderen Teilen des Landes nicht offengelegt, dass sie in Neukölln sitzen, und an der Postleitzahl hat es ja zum Glück keiner erkannt. Kam Geschäftsbesuch, wurde es schwierig. Der fuhr dann an Moscheen vorbei, an dem Sperrmüll, der überall herumstand, und der Eindruck war im Eimer. Also versuchte man sogar das zu vermeiden.

»Damals war Neukölln verrufen«, sagt Clemens Mücke. Andere Kollegen lachten ihn aus, weil er Wirtschaftsförderung in einem solchen Stadtteil machen wollte. Aber er wollte etwas erreichen. Ab 2002 zog er durch die Straßen, notierte sich, wo ein Ladengeschäft nicht belegt war. Es waren viele, deren Jalousien dauerhaft unten blieben. In den Ladengeschäften gab es immer nur kurzfristig einen Abverkauf von irgendetwas; nach ein paar Monaten war das Objekt vermüllt, die Firma pleite, wieder weg. Dann haben die Eigentümer gar nicht mehr vermietet. Das Bezirksamt begann, diese leer stehenden Ladengeschäfte an Künstler und Unternehmensgründer zu vergeben. Mietfrei, nur für Betriebskosten, ein Jahr lang. Und dann plötzlich war hier und da etwas zu sehen, Bürger blieben stehen und wunderten sich. Es gab wieder mehr Leben. So begann der Prozess der Aufwertung.

Zuerst kamen Kulturschaffende. Dann kleine Geschäfte, geteilte Büros, später öffneten Cafés, weil die Arbeitenden nicht immer nur den Filterkaffee aus dem Späti wollten. Eine kleine lokale Ökonomie lebte auf. Endlich konnte man die Wohnungen im ersten Stock auch mal vermieten, denn sie waren nicht mehr kalt. Da erst wurde Neukölln wieder interessanter. Vorher sah alles so aus, als würde der ohnehin enorme Leerstand immer extremer. Manche Gegenden standen vor der Verwahrlosung.

Irgendwann kamen Unternehmerinnen wie Birgitt Claus, Dinge, wie Musik zum Essen, Lesungen, Kochkurse, Kunst. Das alles hörten die erstaunten Beamten des Bezirksamts hier zum ersten Mal. Das war vor knapp zehn Jahren, als in der Wirtschaftsförderung des Bezirks bei manchem Antrag der Stoßseufzer umging: »Endlich mal kein Nagelstudio!« Mücke rief die kleinen Unternehmer zusammen. Donnerstagsfrüh um sieben begann er mit ihnen zu rudern – bei der Rudergemeinschaft »Wiking« auf dem Teltowkanal. Bei diesen Treffen ist mittlerweile schon mancher Deal gemacht worden, und, vor allem, vielen Unternehmern wurde im Gespräch die Angst genommen vor Neukölln. Die Aussage, dass es immer einzelne, hochengagierte Personen waren, die den Stadtteil wieder vorangebracht haben, weil sie mehr getan haben als Dienst nach Vorschrift, scheint auch hier wieder zu passen.

Mehr als 120 Modeunternehmen gibt es inzwischen in Neukölln, und im Rathaus freut man sich darüber. Ich besuche den Showroom von Mumi Haiati und bin – gefühlt – in London oder New York angekommen. Haiati ist einer der wichtigsten PR-Experten der Modewelt. Das heißt, er sorgt dafür, dass kleinere oder jüngere und in seinem Fall meistens sehr exklusive Modemarken auch bekannt werden. Der große Raum, den seine Firma Bureau Haiati im Süden der Sonnenallee bezogen hat, gleich bei den Gleisen des S-Bahn-Rings, ist eigentlich mehr eine Halle. Knallweiß, natürlich, mit langen Tischen und ein paar wenigen Designlampen, die etwas Industrielles ausstrahlen. Man fühlt sich wie in einem kleinen Kunstmuseum. An den Wänden wird Mode präsentiert, nicht zum Verkauf, hier hängen nur Prototypen. Händler oder Journalisten, auch aus anderen Ländern, kommen, um sich neue Kollektionen zeigen zu lassen. Da hängen dann die Ledermäntel des Heidelberger Designers Leon Emanuel Blanck, kleine Kunstwerke, die eher wie unregelmäßige, aus dem Weltraum stammende zweite Häute aussehen. Oder das Berliner Label »Enso Art«, das faszinierende Biker-Lederjacken präsentiert, die keine sind: Reißverschlüsse und kreisförmig zurückgebogene Lederflächen erzeugen verspielte Wölbungen und lösen das männlich Machistische solcher Jacken auf. Kurzum: kluge Mode, die Erwartungen und Ideen miteinander kommunizieren lässt – ultramodern, so wie Mumi Haiati, der all dies nach Neukölln gebracht hat, vielleicht auch selbst ist.

In den Stadtteil kam er zufällig; einfach weil eine Freundin ihm eine Wohnung vermitteln konnte. Damals, um 2009, sagten Freunde aus der Modewelt zu ihm: »Mumi, it's not glossy enough for you« – der Glanz fehle in Neukölln. Haiati hatte aber seinen eigenen Kopf. Der Sohn persischer Eltern, der in Düsseldorf aufwuchs, war überall auf der Welt gewesen: in London, Barcelona, New York und Paris. »Vielleicht fühlte ich mich in Deutschland nicht richtig zu Hause, vielleicht war ich deshalb so viel unterwegs«, überlegt er heute. »Aber dann fiel mir auf, dass ich es immer verteidige, wenn das Thema darauf kommt.« In Neukölln fand er die Supermärkte, das Multikulturelle. Er blieb.

Neukölln ist eine Welt des Mittelstands. 25 000 Gewerbetreibende sind hier gemeldet. Biotronik, ein Hersteller von medizinischen Geräten, das Hotel Estrel und der Zigarettenkonzern Philip Morris sind die einzigen großen Unternehmen im Bezirk. Heute eröffnen zwischen den kleinen vollgestellten Läden mit Wasserpfeifen oder Secondhand-Elektro immer wieder auch Cafés, die sich an die jungen Eltern oder Studenten und Gaststudenten richten. Da stehen dann geölte Holzmöbel, und es liegen Sandwiches auf den Tellern. Ein großer Getränkeladen heißt »Tante Frizzante«, das ist das gleiche semantische Umfeld, in dem man seine Söhne Emil und Luis nennt oder seine Firma

271

eine »Manufaktur«, egal was sie bietet, und sei es nur Salat. Da ist sie punktuell wieder, da scheint die Welt von Prenzlauer Berg oder Hamburg-Ottensen oder Frankfurt-Sachsenhausen wieder auf. Und ich weiß gar nicht, ob ich das so toll finde.

Allerdings hat sie noch nicht alles andere verdrängt. Der, wenn man das Wort benutzen will, deutschtürkische Besitzer unseres liebsten Späti-Kiosks, der den Laden mit seinem ganztürkischen Vater betreibt, erklärte kürzlich: Das Geschäft läuft dieser Tage gut. Denn das Monatsende naht, und die Kunden bekommen das Hartz IV ausbezahlt. Dann sind sie bei ihm. Da er das weiß, lässt er auch anschreiben, jedenfalls von denen, deren Gesicht er kennt. »Ich habe gute Kunden«, sagt er. »Es kommen inzwischen auch viele Touris.«

Man sucht auf den Hauptstraßen auch weiterhin vergeblich einen brauchbaren, das pfennigniveau überschreitenden Klamottenladen. Gute asiatische Küche gibt es auch nirgends.

Geht man die Hermannstraße entlang, reiht sich ein Kiosk, ein Grillrestaurant, ein Handy-Shop an den anderen. Dazwischen gibt es türkische Friseure, türkische Supermärkte, einen Shisha-Laden, schillernde Abendmoden, An- und Verkäufe für Haushaltswaren, Pfennigshops, Sportschuhe, Decken und Matratzen. In den neun Monaten, die wir hier leben, haben exakt zwei Läden eröffnet, die die junge Szene hierhergetragen hat. Einige wenige alteingesessene Geschäfte haben sich bis heute gehalten: Zwei Blumenläden, diverse Alt-Berliner Eckkneipen, in denen vom Pils bis zum Futschi alles serviert wird, und der »Zauberkönig«, ein einzigartiges Fachgeschäft für Zauberei, Masken, Scherzartikel. Wie auch dieses immer noch leicht ranzige Ende der Hermannstraße nach und nach gentrifiziert wird, sieht man vor allem in den Seitenstraßen. Dort gibt es mittlerweile schon einige Szenekneipen zwischen den Sport- und Shisha-Bars. Was uns definitiv fehlt: eine mittelständische Buchhandlung, ein gut sortiertes Schreibwarengeschäft, ein Klamottenladen. Dafür muss man immer noch bis zum Hermannplatz fahren – zu Karstadt. Und der liegt auf der Westseite des Platzes, scharf an der Stadtteilgrenze. Also eigentlich in Kreuzberg.

Meine Frau kommt rein. Ich hatte sie gebeten, mir von dem arabischen Konditor um die Ecke ein paar Süßigkeiten mit Datteln mitzubringen. Sie druckst etwas herum und zieht dann eine altmodische Verpackung hervor: ein fester Pappteller, darauf das Konfekt, alles eingeschlagen in Seidenpapier mit dem Aufdruck des Geschäfts. Toll! Allerdings ist nichts mit Datteln dabei, und mir ist das Zeug, das sie da ausgesucht hat, insgesamt zu süß und klebrig. Ich bin etwas sauer. Meine Frau ist sichtlich in Erklärungsnot, sie windet sich förmlich in der Küche herum, bis sie zugibt, dass sie ein bisschen Angst hatte in dem Laden und nicht wusste, wie sie sich verhalten soll. Es sei so eng und unübersichtlich gewesen, sagt sie, und dann seien noch drei Arabisch sprechende Männer direkt hinter ihr mit hineingegangen und hätten sofort mit dem großen bärtigen Besitzer ein sehr lautes Gespräch angefangen. Es gab für alle, auch meine Frau, ein Stück Quarktasche in die Hand, zum Probieren, was sie gar nicht wollte, und dann habe sie erst mal gewartet, bis die Männer fertig geredet hätten. Und als sie dran gewesen sei, habe sie der Verkäufer nicht so recht verstanden und sie ihn auch nicht, die Theke war zu lang und unübersichtlich, und meine Frau, die jahrelang im Ausland gelebt hat und eigentlich beachtliche interkulturelle Kompetenz aufweist, hat dann wohl einfach zu allem genickt, was der Bärtige ihr da auf den Teller gelegt hat.

Gut, denke ich. Dafür gehe ich nicht so gern zum türkischen Supermarkt unten an der Hermannstraße, auch wenn der tolle Sachen im Angebot hat. Ich mag nämlich nicht, dass man da alles auf der Straße abwiegen lassen muss. Mindestens drei Typen stehen da Tag für Tag, reden lautstark miteinander in einer Sprache, die ich nicht verstehe, trinken schwarzen Tee und sind höflich distanziert. Frauen mit Kopftüchern ziehen Trolleys voll mit Fleisch, Gewürzen, Fladenbrot und Gemüse hinter sich her, verhandeln irgendetwas mit den Verkäufern und wirken dabei weitaus selbstbewusster als ich, wenn ich leise mein »Danke« murmele. Ich weiß einfach nie, was und wie viel ich in dieser Situation sagen soll.

TÜRKISCHER GESCHÄFTSGEIST

Wohin man in Neukölln auch sieht – die Migranten sind es, die mit Unternehmenssinn gesegnet sind. Sie machen sich gern und oft viel schneller als die alteingesessenen Deutschen selbständig. Wenn es überhaupt sinnvoll und zulässig ist, Gruppen bestimmter Herkunft eine Eigenschaft zuzuweisen, müsste man feststellen: Die Türken und ihre Nachfahren sind die Könige im hochaktiven Mittelstand.

Orhan Demirel hat jahrelang Möbel verkauft. Heute zapft er Bier. Aber eins nach dem anderen. Sein Laden in der Weichselstraße bot Antiquitäten, gehobenen Trödel. Genau die etwas heruntergekommene Siebziger-Einrichtung, die in Bars und Cafés beliebt ist: Lampen, Sessel, Nierentischchen. Die Hipster kamen, er hatte Retro-Möbel. Alles lief gut – eine Zeit lang. Für Demirel schien das gute Ende eines langen, manchmal beschwerlichen Wegs gekommen. Vor dreißig Jahren reiste er aus Ankara nach Deutschland. Das war 1986, drei Jahre nach Ende des Militärputsches. Demirel war Kommunist, er hatte Angst vor dem, was aus seinem Land wieder werden könnte. In Berlin traf er bald eine Deutsche, mit der er heute noch zusammenlebt, sie bekamen fünf Kinder. Und nachdem er jahrelang nur gejobbt hatte, eröffnete er zur Jahrtausendwende eben einen An- und Verkauf, wie viele seiner Landsleute; er spezialisierte sich auf Möbel. Das taten dann aber immer mehr andere auch, das Geschäft ebbte ab. Schließlich war Demirel so weit, dass er aufgeben wollte. Im

Jahr 2009 hängte er ein Schild ins Fenster, auf dem stand, dass er einen Nachfolger für das Ladengeschäft suche.

Auf einmal kamen Interessenten. Etliche. Viel mehr, als er erwartet hatte. Demirel verstand die Welt nicht mehr. Er fragte sie alle: »Was willst du denn hier machen?« Und alle sagten: »Eine Kneipe.« Also nahm er das Schild wieder ab und beschloss: Das kann ich selbst. Angesagte Möbel waren ja schon da.

Der Reuterkiez war jahrelang eine ziemlich tote Gegend gewesen. (Als ich Ende 2002 kurz dort wohnte, kam mich abends nie jemand besuchen.) Erst Ende der Nullerjahre entwickelte sich eine lebendige Kneipenszene. Von alldem hatte Demirel nichts bemerkt, und er wusste auch nicht, worauf es ankommt. Also besuchte er die anderen Bars. Er studierte die Getränkekarten, merkte sich, was getrunken wurde, welches Bier am liebsten, welche Drinks. Er investierte, baute in seine Räume Schallschutz ein, neue Toiletten, eine Lüftung, eine Bar. Die »Kachellounge 54«, so heißt seine Bar nun, wirkt wie ein Wohnzimmer. Nicht so kühl wie die meisten umliegenden Kneipen, etwas familiärer. Oft steht Orhan Demirel frühabends an der Tür seiner noch leeren Bar und wirkt etwas nachdenklich. Erst wenn Gäste kommen, blüht er auf und unterhält sich.

Mit ihm zu reden ist daher einfacher, als den Kontakt zu manch anderem türkischen Unternehmer zu finden. Das wollte ich aber. Zuerst hatte ich an das Naheliegendste gedacht, den Supermarkt, in dem wir fast täglich Wachtelbohnen, Petersilie, Fladenbrot oder sauer eingelegtes Karişik Turşu kaufen. Im Sommer lieben meine Kinder die medizinballgroßen Wassermelonen, die man an der Straße erwerben kann, und staunend gehen sie durch die Regale mit den exotisch anmutenden Süßwaren oder Nüsschenmischungen. Doch meine Mail an die mittelgroße Kette von Gemüseläden blieb unbeantwortet. Der Versuch, den Chef ans Telefon zu bekommen, dauerte drei Tage, immer war jemand anderes mit kaum vorhandenen Deutschkenntnissen am Apparat und hatte deutlich Mühe, mein Anliegen zu verstehen. Als ich nach einigen »Wen wollen Sie denn? Big Boss?« endlich den Big Boss an der Strippe hatte und von Interview und Buch sprach, sagte er bloß freundlich: »Nein, da hab ich keine Lust«, und legte auf.

Eine zweite Kette türkischer Supermärkte war etwas offener. Immerhin erklärte man mir, dass der Chef immer auf dem Großmarkt sei und eigentlich keine Zeit zum Sprechen habe. Jedenfalls heute nicht. Morgen vielleicht, mal sehen. Und ich könne dann auch nur kurz am Telefon reden. Ich gab auf. Vielleicht war die Idee, einen erfolgreichen Gemüsehändler zu sprechen, zum Scheitern verurteilt. Ich dachte, ich spreche den Vertreter einer urmigrantischen Zunft, jemanden, der Deutschland und unsere arme, mickrige Frischekultur wirklich bereichert hat, einen Helden. Doch die Helden dachten einfach nur: Keine Zeit, keine Lust.

Ein Bekannter, der schon seit Jahren beruflich mit Einwanderern zu tun hat, sagt mir dazu: Das sei doch klar. So umfassend sei die Sichtweise der türkischen Unternehmer noch nicht. Die interessierten sich nicht unbedingt für deutsche Medien. Und das Denken, dass man der Gesellschaft auch einmal etwas zurückgibt, wenn man erfolgreich ist, sei auch nicht sehr stark ausgeprägt. Das sei halt eher amerikanisch. Jemand, der hier hart arbeitet, auch wenn er dann Chef eines großen Unternehmens ist, sieht im Gespräch mit einem Journalisten weder einen Dienst am Allgemeinwohl noch seinen eigenen Vorteil, etwa weil es ihn ja auch bekannter machen könnte.

Dass klingt in sich logisch, kann aber nicht die ganze Wahrheit sein. Schließlich hört man aus Neuköllns Mittelstand auch höchst überraschende Nachrichten. Etwa von dem türkisch geführten Unternehmen, das keine muslimisch geprägten Handwerker anstellen mag, weil unter ihnen die Familienbande oft so ausufernd und wichtig sind, dass sich zu häufig jemand krankmelde, weil irgendetwas mit den Tanten, Onkeln oder Großeltern sei. Die deutschen Tugenden wie Pünktlichkeit und Zuverlässigkeit sind gefragt.

Einen gewissen Geist, Dinge möglich zu machen, auch unter kreativer Ausdehnung der Regeln, haben wir schon auf unserem Weg nach Neukölln kennengelernt. Beim Umzug. Wir hatten zwei Unternehmen angerufen, ein deutsches und ein türkisches. Das türkische wurde uns von einem Freund empfohlen, der selbst gerade umgezogen war. Das deutsche war eine Art Traditionsunternehmen, dem wir viel zutrauten, das aber auch um einiges teurer war. Und wir stellten schnell fest, dass sie in ihrer Herangehensweise tatsächlich unterschiedlicher nicht sein konnten.

Der Herr des deutschen Unternehmens ist beim Besuch in unserer alten Wohnung laut, leicht unfreundlich und mit einem etwas aufdringlichen Humor gesegnet. In Schuhen und Windjacke geht er durch alle Zimmer und hält auf einem Formular exakt fest, wie viele Kartons und Möbel verladen werden müssen. Als er unseren Wunschtermin für den Umzug erfährt, winkt er ab. Das sei ganz und gar unmöglich. Schon in drei Tagen? Mindestens eine Woche würde es dauern, bis an der neuen Wohnung in Neukölln eine Halteverbotszone eingerichtet sei. Ohne ginge das auf gar keinen Fall, doziert er, was würde man da für einen Ärger bekommen, wenn man die ganze Straße mit dem Transporter blockiere. Zunächst sei also ein Antrag beim Amt einzureichen.

Danach kommt der Herr des türkischen Unternehmens. Er sieht gut aus, ist höflich, zieht an der Wohnungstür die Schuhe aus und signalisiert uns in jeder Hinsicht, dass alles machbar sei. Er entpuppt sich als charmanter Verkäufer. Auf dem Formular werden Rabatte angekreuzt, Extrapreise gemacht, und das mit der Halteverbotszone sei gar kein Problem. Vorrang habe unser Wunsch, möglichst schnell umzuziehen. Als ich erwähne, dass vor der neuen Wohnung gebaut werde und daher eh ein Halteverbotsschild aufgestellt sei, also möglicherweise eine Parklücke vorhanden, sofern die Arbeiter diese nicht okkupierten, lacht der Herr. »Wissen Sie, wie wir das machen? Wir haben da jahrelange Erfahrung. Sollten die Bauarbeiter ihren Wagen oder irgendwas da abgestellt haben, stellen wir ihnen einfach eine Kiste Bier hin, und dann läuft das schon. Machen Sie sich keine Sorgen.«

Grob wird aufgezeichnet, wie viele Kisten und Möbel transportiert werden müssen, zwei kleine Transporter würden vollauf genügen, sichert er uns zu. Sogar an die Kinder denkt er. Als ich zu bedenken gebe, dass alles bis 16 Uhr über die Bühne sein muss, weil wir dann unseren Nachwuchs aus Schule und Kita abholen müssten, fragt er, ob er einen Vorschlag machen dürfe. Sollte es wider Erwarten länger dauern, solle ich mit den Kollegen schon in die neue Wohnung vorfahren, während meine Frau ganz entspannt die Kinder abholt. Kein Problem. Und für all das verlangt er satte 500 Euro weniger als sein deutscher Kollege.

Wir entscheiden uns für den Türken und den frühen Termin und hoffen, dass das alles wirklich kein Problem wird, wie er uns mehrfach beteuert hat. Doch am Tag des Umzugs fängt es schon damit an, dass die Arbeiter eineinhalb Stunden zu spät kommen. »Stau am Kottbusser Tor, sorry, wir kommen gleich«, rufen sie ins Handy. Wo es nun aber schon mal so ist, nutzen wir die Zeit, um noch ein paar Kisten zu packen. Am Ende stopfen wir herumliegende Legokleinstteile einfach in unsere Hosentaschen.

Einige Zeit später stehen sechs enorm junge Kerls in der Tür, drehen Hip-Hop-Musik auf und beginnen mit dem Runtertragen der Kisten. Dabei machen sie die ganze Zeit flotte Sprüche, als ob wir nicht da wären. Na ja, denke ich, ist ja auch ein Knochenjob, vielleicht kann man das nur so aushalten. Meine Frau ist nicht so begeistert. Man scheint sie überhaupt nicht zu beachten. Irgendwann haben sie beim Stapeln der Kartons den Zugang zum Flur verbaut, und meine Frau sitzt im ehemaligen Schlafzimmer fest. Sie versucht noch, die Situation mit Humor zu nehmen: »Hey, Jungs!«, ruft sie über die Barriere hinweg, »ihr habt was vergessen!« Zwei von ihnen gucken kurz und arbeiten dann ungerührt weiter. Meiner Frau bleibt der Mund offen stehen. Später wird mir einer erläutern, wie ich das Kabel der Waschmaschine festklebe. »Die Frau hält das Kabel, und du machst das so hier rum«, sagt er und blickt mich an, obwohl Julia direkt danebensteht.

Zur Wohnung in Neukölln lassen die Umzugshelfer mich dann doch nicht wie vereinbart mitfahren. »Sorry, mein Freund, der Wagen ist voll, leider, siehst du ja.« Also nehmen Julia und ich die U-Bahn. Die Stimmung verfinstert sich. Uns ist klar, dass die Jungs das nie und nimmer bis 16 Uhr schaffen werden. In Neukölln angekommen (es ist wirklich ein Parkplatz frei!), machen sie erst einmal Pause, was ja auch in Ordnung ist. Einer hat beim Abbau des Kinderbetts einen Splitter ins Auge bekommen und geht zum Arzt. Später bringt er einen Typen als Verstärkung mit, der aussieht, als sei er spontan auf der Straße angesprochen worden: schmächtig, blass, bekleidet mit einem schwarzen Blouson. Julia hat die Nase voll und fährt nach Prenzlauer Berg zurück, um die Kinder abzuholen, mein Schwager kommt als Verstärkung hinzu, und gemeinsam machen wir das, was die Träger nicht schaffen: Wir hieven alle Kartons vom obersten Treppenabsatz in die Wohnung hinein. Dass wir im 5. Stock im Hinterhaus, also quasi »extrem« wohnen, wussten die Kollegen nicht. Um sie zu motivieren, denn sie sehen inzwischen völlig fertig und übel gelaunt aus, gehe ich irgendwann eine Runde Bier und Limo kaufen. Ich versuche ein Gespräch, und tatsächlich lockern sich die Gesichter ein wenig, der Umgangston wird freundlicher. Meine Schuldgefühle lindert das nicht wirklich. Die habe ich, obwohl die sechs ja eigentlich nur ihren Job machen. Ich hatte ihrem Chef einen eindeutigen Auftrag erteilt. Dachte ich.

»Was bist du von Beruf?«, fragt mich einer.

Als ich »Journalist« sage, haut er einen Karton mit Museumskatalogen auf den Fußboden. »Ey, ich geb dir mal einen Tipp«, sagt er mit Verschwörermine. »Schon mal was von E-Books gehört?« Da sage ich schon gar nichts mehr und denke nur noch: Tief einatmen, durchziehen. Wir schaffen das. Irgendwie. Am Ende des Tages, es ist jetzt ungefähr 19 Uhr, gebe ich ein ordentliches, eigentlich ein absurd hohes Trinkgeld. Nicht weil die Jungs so toll gearbeitet hätten, aber sie haben es geschafft, und irgendwie habe ich den Eindruck, etwas gutmachen zu müssen. Und: Wir sind umgezogen! An unserem Wunschtag! Mit den korrekten Deutschen hätte das nicht geklappt.

Seit ich darauf achte, habe ich schon eine richtige Sammlung mit interessanten Nachrichten über türkisch-deutsche Unternehmer angelegt. Unter anderem war da ja noch die Firma Mutanox, die in einem kleinen Industriegebiet beim S-Bahn-Ring sitzt, nahe der Station »Neukölln«, und Zäune, Tore, Stacheldraht und Gitter herstellt. Talat Deger und Murat Ekrek, die Chefs, bekamen im September einen lukrativen Auftrag: 175 Kilometer Nato-Draht sollten sie liefern, der mit messerscharfen kleinen Klingen bestückte härteste Stacheldraht der Welt. Der Verkaufswert lag über einer halben Million Euro. Doch sie lehnten ab. Der Auftraggeber saß in Budapest, es war die ungarische Regierung des Rechtspopulisten Viktor Orbán. Sie wollte damit ihren Grenzzaun bauen, der Flüchtlinge mit brutaler Geste von der Einreise abhalten soll. Den Draht, der normalerweise auf Mauern platziert wird, etwa in Gefängnissen, verlegen die Ungarn dabei am Boden.

Das sei darauf angelegt, dass Menschen sich verletzen, sogar sterben könnten, fanden die Firmengründer und nannten es eine Zweckentfremdung. In den zahlreichen Interviews, die sie nach ihrer Entscheidung gaben, sagten sie auch einmal: Sie selbst seien die Nachfahren von Menschen, die einst ihr Heimatland verlassen haben und in ein anderes eingewandert seien. Das Bestreben, Menschen mit tödlichem Draht davon abzuhalten, schien ihnen falsch.

Wie es immer so ist in Deutschland dieser Tage – es gab zwar viel Lob, aber auch einige Hassmails. Es gab Menschen, die den beiden Unternehmern »undeutsches« Verhalten vorwarfen und drohten, ihnen »die Bude abzufackeln«.

NACHWORT
IDYLLE, TEILWEISE

Am Hermannplatz, gleich bei den verkramten Elektroläden, die wegen des Verdachts auf Hehlerei immer wieder mal von der Polizei kontrolliert werden, spaziere ich los und schlendere einmal die ganze Weserstraße entlang – die Partymeile Berlins, über deren junge Szene es sogar eine eigene Seifenoper im Internet gibt, »Ecke Weserstraße«. An ihrem nordwestlichen Ende sieht man, wie aufregendes Nachtleben stirbt: Der erste Großraum-Inder ist da. Ein günstiges Restaurant mit vielen Plätzen und seelenlosem Design. Die neuen Bars in diesem Bereich: vor allem teuer. Nur 700 Meter weiter die beste Bar der Gegend, das »Tier«. Und mit dem »Ä« noch eine andere alteingesessene, die an die Zeit erinnert, als hier alles ein Geheimtipp war.

Wandert man weiter, ist die kurze Partymeile abrupt vorbei. Es wird ruhig. Dann plötzlich wieder: Ein paar Läden erobern sich die Straße zurück. Hier wird gerade ein Off-Kino gegründet, das »Wolf«. In dem linken Café-Kollektiv namens »k-fetisch« sind Laptops verboten. Und in der Kneipe »Heiners«, hinter deren Theke ein freundlicher Typ namens Heiner steht, stellt der Musiker Daniel Roth gerade seine neue Platte vor, ohne Label, nur für Freunde. Man setzt Kopfhörer auf und hört ungewöhnlichen Konzeptpop mit vielen Stadtgeräuschen, Musik, als wären Pink Floyd heute ganz jung. Die Weserstraße ist zweieinhalb Kilometer lang. Danach kommt noch ein türkisch-arabisch geprägter Teil mit Handyshops und Shisha-Cafés, dann ein Industriegebiet, und ganz am Ende meint man, mitten auf dem Land zu stehen, zwischen hohen Bäumen, neben einem Motorradhandel, im Niemandsland.

Touren, die die Vielfalt Neuköllns zeigen, haben wir viele unternommen mit den Kindern. Fährt man etwa über die Stadtautobahn und dann über den Teltowkanal nach Süden, wandelt sich das Viertel. Plötzlich sieht man nicht mehr überall schwarzhaarige Jungs aus den Palästinenserfamilien, die nagelneue knallrote Sportschuhe tragen und allein durch die Gegend flanieren, sondern eher sechzigjährige Herren in beigefarbener Funktionskleidung, die eine gefütterte Schirmmütze auf dem Kopf tragen und ihren kleinen Hund ausführen. An der Ecke zur Blaschkoallee besteht ein trauriges Einkaufszentrum nur aus einem großen Erotikhandel, einer Spielhalle, einem italienischen Friseur und einem islamischen Bestatter.

Dann kommt die Hufeisensiedlung. Die Wohnanlage mit ihrer sachlichen Eleganz ist heute Weltkulturerbe. Bruno Taut plante die Siedlung als strenge und sozialistische Antwort auf den bürgerlichen Jugendstil. Die Ruhe ist bedrückend. Ich vermisse die Halbwüchsigen, die Krach schlagen. Eine Freundin ist vor Jahren hierhergezogen. Ich besuche sie. An ihrem Gartenzaun reden wir mit einem Musiker, der witzelt: »Wir nennen sie die national befreite Zone, unsere Siedlung.« Migranten gibt es hier kaum.

Neukölln verstehen ist wie Hegel lesen: Ständig sind zwei Sachen gleichzeitig wahr, die nicht zueinanderpassen. Und man grübelt wie verrückt, wie sich das wohl auflösen lässt. Man hätte noch viel mehr über Neukölln sagen können. Über das Treppenrennen in der Gropiusstadt, wo Sportler die 29 Stockwerke des höchsten Wohnturms Deutschlands hinaufrennen, das seltsam dörfliche Heuballenfest in Rixdorf, die Gangsta-Rapper, den kurdischen Imbiss, in dem es zu jedem Gericht eine Lehrstunde in Vorderasien-Geschichte dazu gibt. Am ersten Tag, an dem ich für das Buch zu recherchieren begann, sagte eine junge Kunstmanagerin in kleiner Runde: »Dann musst du in jede Sozialstation, jedes Quartiersmanagement und jedes Stadtteilbüro gehen, sonst wird das Buch nichts.« Eine ältere Dame mischte sich ein und meinte: »Nein. Vielleicht ganz gut, wenn mal jemand von außen einen Blick darauf wirft, jemand, der noch nicht so tief drinsteckt.«

Neukölln könnte durchaus das neue Deutschland sein. Oder, es zeichnet – bei all seinen Problemen – den Weg vor. Das Jahr 2015 hat Deutschland eine massive Zureise von Hilfesuchenden aus Kriegsgebieten gebracht, und verändern wird dieses Land sich so oder so. An Neukölln kann man schon einmal studieren, worum es dabei gehen wird. Wir fühlen uns wohl als Familie, auch wenn wir Eltern einen skeptischen Blick beibehalten werden. Die Gewalt, den bisweilen rauen Ton, den Dreck, die Armut können wir nicht ignorieren.

Aber manches ist hier einfach auch schöner. Es ist Samstag, wir wurschteln alle in der Küche herum, und plötzlich klingelt es. Spontane Reaktion, leicht misstrauisch: »Wer ist denn das jetzt?« Forsch greife ich zum Hörer und rufe: »Ja, hallo?« Es kann eigentlich nur der Paketbote sein, da muss man schnell zupacken, bevor er wieder verschwindet und die Post bei jemand anderem unterstellt. Die meisten scheuen den Weg in den fünften Stock. Da antwortet eine leise Stimme: »Ja, hallo, hier ist Mara, kann Leo zum Spielen runterkommen?« Ich bin so baff, dass ich gar nicht weiß, was ich antworten soll. Zum ersten Mal seit neun Jahren, also seit Leos Geburt, klingelt ein Kind spontan bei uns, um sich zu verabreden. So ganz ohne Vorankündigung, ohne langwierige elterliche Interventionen vorher – »ja, da muss ich erst mal mit Maras Mama telefonieren« etc. Toll! Wie früher. Da hat meine Mutter auch keine Treffen für mich arrangiert, ich war ganz allein dafür verantwortlich. Man ist halt rüber zum Basti und hat ihn rausgeklingelt. Oder am Samstag: Da sind alle zum Fußballplatz gekommen, das war unausgesprochene Regel. Und alle hatten auch Zeit, keiner war verplant oder im Schrebergarten oder sonst wo. Manchmal kamen sogar die Papas mit zum Kicken. Und die waren damals unter der Woche ja noch so richtig voll berufstätig. Trotzdem hatten sie Lust, etwas mit den Kindern zu machen. In Prenzlauer Berg ist uns das nie passiert. Da waren immer die Eltern mit involviert, hatten Pläne mit den Kindern, waren die Schaltzentrale zwischen ihnen und ihren Freunden. Sie hockten auch immer mit auf dem Spielplatz. An den Eltern, ihren Vorstellungen und ihrem Terminkalender mussten die Kinder erst mal vorbei.

Selbstverständlich fühle ich mich nicht fremd auf den Straßen. Die allermeisten Migranten bemühen sich sehr um Integration, manche sind deutscher als Deutsche. Ich sehe auch mehr aufwendig geschminkte junge Mädchen als verhüllte oder auch nur Kopftuch tragende auf der Karl-Marx-Straße oder der Sonnenallee. Die Nichtdeutschen tragen zu einem florierenden, interessanten Leben bei, ich bin froh, dass sie da sind.

Mein Sohn Leo kommt ein paar Wochen nach seinem migrantenfeindlichen Wutanfall auf mich zu und sagt: »Papa. Ich will jetzt Türkisch lernen. Du musst hier etwas unterschreiben, damit ich den Kurs in der Schule besuchen darf.« Hastig kritzele ich meinen Namen auf das Blatt. Woher der Sinneswandel? »Damit ich verstehe, was die anderen über mich reden.« Na gut. Das ist noch nicht unbedingt Völkerverständigung, aber es ist ein Anfang.

Als in Dresden der Pegida-Anführer Lutz Bachmann wieder einmal sagte, er sehe ja, »was zum Beispiel in Neukölln passiert«, und er wolle »etwas bewegen, bevor es zu solchen Zuständen kommt«, reagierte das Internetmagazin *Neukoellner.net*. Die Aktion »Dresdner Welcome!« lädt alle Pegidisten ein, das eigene Feindbild näher kennenzulernen und im Rahmen einer »völkerverständigenden Bildungsreise« nach Neukölln zu kommen. Die Redakteure wollen ihnen dann Eckkneipen und Gemüsemärkte zeigen und Falafel mit ihnen essen. Auf dass man mal schaue, ob das Abendland wirklich untergeht. Bisher hat sich noch niemand gemeldet. Es wird Zeit.

VIELEN DANK AN

Philipp Albers, Birgitt Claus, Gilles Duhem, David Deißner, Paul Sonderegger, Andreas Heilmann, Andrej Holm, Adriano Sack, Theresia Enzensberger, Kathrin Passig, Christian Stahl, Clemens Mücke, Armin Mengelkoch, Armin Langer, Manuel Ehlers, Benjamin Riehm, Robin Schellenberg, Dorian Mazurek, Claudia Lampert, Christiane Matzen, Sascha Castrup, Regina Lechner, Torsten Thissen, Robert Baricevic, Peter Rossberg, Claudia Weingärtner, Martin Steffens, Thorsten Schlenger, Ben Buschfeld, Andreas Marquardt, Jon Berry, Rachel und Barry Burns, Mumi Haiati, Nicole Dolif, Christoff Jenschke, Karlheinz Gaertner, Max Pitegoff, Markus und Frank Zander, Clemens Trautmann, Sabine Thümler, Ruth Weber.

Julia Heilmann, Thomas Hölzl und Kathrin Liedtke.